UNTERSUCHUNGEN ZUM PROBLEM DES FEHLERHAFTEN STAATSAKTS

BEITRAG ZUR METHODE
EINER TELEOLOGISCHEN RECHTSAUSLEGUNG

VON

DR. ERNST VON HIPPEL
O. Ö. PROFESSOR AN DER UNIVERSITÄT KÖLN

ZWEITE DURCHGESEHENE
UND WESENTLICH ERWEITERTE AUFLAGE

SPRINGER-VERLAG BERLIN HEIDELBERG GMBH
1960

ISBN 978-3-540-02559-7 ISBN 978-3-642-88578-5 (eBook)
DOI 10.1007/978-3-642-88578-5

Ursprünglich erschienen bei Springer-Verlag OHG. Berlin - Gottingen - Heidelberg 1960

Herrn Dr. med. h. c. Dr. phil. h. c. Ferdinand Springer
in Verehrung und Dankbarkeit

VORWORT ZUR ZWEITEN AUFLAGE

Die Neuauflage vorliegender „Untersuchungen zum Problem des fehlerhaften Staatsakts. Beitrag zur Methode einer teleologischen Rechtsauslegung“ erfolgt fast gleichzeitig mit dem Neudruck von Walter Jellineks Schrift „Der fehlerhafte Staatsakt und seine Wirkungen“, die 1958, das heißt genau 50 Jahre nach ihrem ersten Erscheinen, unverändert bei dem Verlag J. C. B. Mohr (Paul Siebeck) in Tübingen herauskam.

Es stand hier Walter Jellinek, der leider 1955 bereits verstarb, mit seiner Schrift noch ganz auf dem Boden des um 1900 herrschenden Positivismus, der sich durch ein naturalistisches Verfahren der Rechtsauffassung wie der Rechtsauslegung kennzeichnet und nicht, wie seine juristischen Anhänger meist meinen, durch besondere Gesetzes- oder gar Rechtstreue. Dies kam bereits im Titel oben genannter Studie zum Ausdruck, indem nämlich Jellinek nicht von der *rechtlichen Bedeutung* fehlerhafter Staatsakte, sondern von deren *Wirkungen* sprach. Die Rechtsfolge wird also wie ohne Bezug zur Rechtsnorm im Bereich der äußeren Natur gesucht, wobei die „Wirkungen“ des fehlerhaften Staatsaktes etwa so vorgestellt werden wie die eines fehlgerichteten Schusses, dessen Wirkung es aufzusuchen und zu beschreiben gilt.

Nun verdient trotz dieses Verfahrens der Mut größte Anerkennung, mit dem der junge Jellinek sich an ein so grundsätzliches und schwieriges Problem heranwagte, das offenbar vom Boden des geschriebenen Rechtes aus nicht ohne weiteres beantwortet werden kann, während es andererseits praktisch wie theoretisch zu bedeutsam ist, um als solches einfach vernachlässigt werden zu dürfen.

Andererseits aber verkannte Walter Jellinek mit dem Positivismus, daß es nicht darum geht, „Wirkungen“ fehlerhafter Staatsakte im Bereich des äußeren Daseins aufzusuchen, was allenfalls die Soziologie interessieren könnte, sondern normwidriges Verhalten staatlicher Stellen gemäß seiner rechtlichen Bedeutung juristisch einzuordnen. Diese Bedeutung aber kann offenbar nur festgestellt werden durch eine *Bewertung* des jeweiligen Verhaltens im Hinblick auf einen konkreten Rechtssatz, einen Normzusammenhang wie zuletzt auf die Rechtsidee und den Ideenbereich als solchen. Es bewegt also mit andern Worten der Jurist bei der Feststellung der Rechtsfolgen fehlerhafter Staatsakte sich nicht *aufweisend* im Bereich der *äußeren Natur* und ihrer Gesetzlichkeit, sondern *wertend* im Bereich menschlicher *Freiheit, Vernunft* und *Moralität.* Und indem er dies tut, kommt er zunächst zu dem Ergebnis, daß auch der *Staat* juristisch *unter* dem Rechtsgedanken steht, den er nicht wie eine Naturgewalt willkürlich durchbrechen darf, wie dies mit dem Positivismus die moderne Despotie annimmt. Denn der Staat als *moralische Ordnung,* nicht als *beliebiges Machtverhältnis,* wird durch den Rechtsgedanken mit konstituiert, und er bleibt Staat im Rechtssinne nur, wenn und soweit er das Recht anerkennt. Damit aber können auch die Rechtsfolgen fehlerhafter Staatsakte begründet nur angesetzt werden im Hinblick auf verbindliche Sinngehalte, die als solche gegeben oder anzunehmen sind.

So etwa waren die Erwägungen, die den Verfasser seinerzeit veranlaßten, das Problem des fehlerhaften Staatsaktes „teleologisch" zu behandeln, d. h. im Hinblick auf Zwecke und Wertgesichtspunkte von rechtlicher Bedeutung. Ein Verfahren, das keineswegs gesunde Logik ausschließt, sondern gerade betätigt. Nur ist diese Logik eine *materielle,* d. h. sie wird betroffen durch die Ideen des Sachbereichs – hier also des rechtlichen –, auf dem sie angewendet wird. Denn aus der *formalen* Logik als solcher lassen sich sachliche Ergebnisse von rechtlicher Bedeutung nicht herausspinnen, wie dies der juristische Positivismus meist meint. Gehören doch Form und Inhalt notwendig zusammen, und folgt so nicht aus der an sich leeren Denkform bereits zwingend ein rechtliches Ergebnis. Denn Recht kann nur aus Recht hervorgehen.

Nun sind seit der 1924 erschienenen Erstauflage der hier neu vorgelegten Arbeit immerhin Jahrzehnte verflossen, was es wohl notwendig macht, den Anlaß der Neuauflage zu begründen, wie auch die Art, wie diese vorgenommen wird, zu rechtfertigen.

Es ergab sich hier der Anstoß zu einer Neuauflage für den Verfasser zunächst aus dem Neudruck der Schrift von Walter Jellinek, gegen deren Verfahren er sich ursprünglich vor allem gewendet hatte. Denn wer fähig und willig ist, die Verheerungen einzusehen, die der Positivismus gerade auf dem Bereich des Rechts wie der Politik in aller Welt angerichtet hat, kann nicht damit einverstanden sein, daß unwidersprochen seine Ansätze erneuert werden. Eben dies aber geschieht auf einem Teilbereich durch die unveränderte Neuauflage der Schrift von Walter Jellinek.

Ein solcher Widerspruch als ein grundsätzlicher und durchgeführter aber würde fehlen, wenn nicht auch die hier vorgelegte Schrift durch ihre Neuauflage erreichbar gemacht wäre. Denn nicht nur ihre ursprüngliche Ausgabe von 1924, sondern auch der Neudruck von 1931 sind seit langem vergriffen und auch durch Bibliotheken schwer zu erhalten. Wenn daher das Anliegen des Verfassers seinerzeit ein ernsthaftes war, so kann er sich auch heute nicht für berechtigt ansehen, die Dinge einfach laufen zu lassen und also das Feld zu räumen, solange ihm noch die Stimme bleibt.

Bei der jetzigen Auflage ist der ursprüngliche Text nur an wenigen Stellen und auch dort meist nur aus Gründen der Satzgestaltung oder Genauigkeit der Aussage geändert worden. Dagegen wurden die Anmerkungen überprüft und der heute üblichen Art der Zitierung angeglichen. Vor allem aber ist der Text um ein Schlußkapitel erweitert worden, das in Rückblick und Ausblick das teleologische Verfahren verteidigt und vertieft.

Im übrigen bittet der Verfasser, in diesem Zusammenhang auch auf diejenigen seiner Arbeiten hinweisen zu dürfen, die das hier aufgegriffene Problem fortführend behandeln. Können sie doch in diesem Zusammenhang leicht übersehen werden, zumal sie meist nicht unmittelbar auf dem Bereich des Verwaltungsrechts liegen, auf welchem der fehlerhafte Staatsakt zunächst gesucht wird. Und so könnte der Eindruck entstehen, als habe der Verfasser in seiner Erstlingsschrift etwas in Angriff genommen, zu dem seine späteren Arbeiten dann keinen Bezug und kein Interesse mehr zu verraten scheinen.

Nun hat aber der fehlerhafte Staatsakt sein Hauptgewicht garnicht im Verwaltungsrecht, wo er heute ohnehin meist in den Bereich des Rechtsmittelsystems fällt, sondern in der Sphäre des Staatsrechts, wo es etwa um Setzung einer Verfassung, um die Verbindlichkeit von Gesetzen oder „Führerbefehlen" wie um die Methode der Rechtsauslegung als solche geht. Und insofern bedeuten jene gesammelten Aufsätze, die 1959 unter dem Titel: „Mechanisches und moralisches Rechtsdenken" bei dem Verlag Anton Hain in Meisenheim herauskamen, schon eine Fortsetzung des hier Begonnenen. Denn wenn dort etwa den Lehren Hans Kelsens entgegengetreten wird, der durch Gleichsetzung des Staates mit der Rechtsordnung Staatsunrecht für logisch unmöglich hält oder durch quantitative Gleichbewertung aller Rechtsinhalte jede sinnvolle Rechtsauslegung verleugnet, so ist damit auch direkt wie indirekt vom fehlerhaften Staatsakt die Rede. Und Gleiches gilt dort, wo etwa die Frage nach der Verbindlichkeit sittenwidriger Gesetze sich erhebt, oder wo das Problem des Widerstandes gegen rechtswidrige Machtausübung erörtert wird. Insbesondere aber wird bereits durch die Gegenstellung von „mechanischem" und „moralischem" Rechtsdenken an sich wie bei der Behandlung dieser Frage eben jene Methode erneut und fortführend angewendet, die der Verfasser als eine „teleologische" einst dem Naturalismus einer positivistischen Jurisprudenz entgegenhielt. Und so ist der Hinweis auf diese Aufsätze wohl sachlich begründet. Auch sei des Verfassers „Einführung in die Rechtstheorie" hier genannt (4. Aufl. 1955), zumal in ihr das Problem der Rechtsauslegung grundsätzlich behandelt wird.

Die vorliegende zweite Auflage widmet der Verfasser Herrn Dr. h. c. Dr. h. c. Ferdinand Springer, der einst die Arbeit des Anfängers in wirtschaftlich schwerer Zeit aus Liebe zur Wissenschaft selbstlos verlegte.

Michaeli 1960 ERNST VON HIPPEL

Inhaltsverzeichnis

Erster Teil

Einführung

Dritter Teil

Notwendigkeit und Verfahren teleologischer Rechtsauslegung

Vierter Teil

Versuch einer teleologischen Behandlung des fehlerhaften Staatsakts

Erster Teil

Einführung

I. Der Begriff des fehlerhaften Staatsakts im Sinne vorliegender Arbeit

1. Der Begriff des Staatsakts

Eine Arbeit, welche Untersuchungen zum Problem des fehlerhaften Staatsakts zu liefern verspricht, beginnt füglich mit einer Bestimmung ihres Gegenstandes. Was also ist zunächst unter einem Staatsakt zu verstehen? – Zur Beantwortung dieser Frage muß offenbar ausgegangen werden vom Kreise derjenigen Handlungen, welche sich juristischer Betrachtung als öffentlich-rechtliche darstellen. Denn kann auch formell einmal ein Staatsakt nach privatrechtlichen Normen zu beurteilen sein, so bleibt doch materiell der Staatsakt die publizistische Handlung schlechthin.

Die heute meist anerkannte Unmöglichkeit selbst materieller apriorischer Abgrenzung des privaten und öffentlichen Rechts [1]) macht

[1]) Siehe KAUFMANN, ERICH: Das Verwaltungsrecht und seine Scheidung vom bürgerlichen Recht in: STENGEL, KARL VON, u. MAX FLEISCHMANN (Hrsg.): Wörterbuch des deutschen Staats- und Verwaltungsrechts. 2. Aufl. Bd. 3. Tübingen 1913/14, S. 701 ff. Zahlreiche Versuche der Abgrenzung bei HOLLIGER, JACOB: Das Kriterium des Gegensatzes zwischen dem öffentl. Recht und dem Privatrecht. Diss. Zürich 1904/05. – Vom Standpunkt der Rechtslogik aus beseitigen den Dualismus von privatem und öffentl. Recht WEYR, FRANZ: Zum Problem eines einheitlichen Rechtssystems in: Archiv f. öffentl. Recht. Bd. 23. Tübingen 1908, S. 529 ff. und KELSEN in seinen Schriften, insbesondere: Zur Lehre vom öffentl. Rechtsgeschäft in: Archiv d. öffentl. Rechts. Bd. 31. Tübingen 1913, S. 53 ff., 191 ff. Verwandte Gedankengänge lassen bereits früher JOHN AUSTIN: Lectures on jurisprudence or The Philosophy of positive law. 3. Aufl. London 1909, S. 69 ff., 770 ff. den Gegensatz von privatem und öffentlichem Recht leugnen. Siehe ferner KRABBE, H.: Die Lehre von der Rechtssouveränität. Groningen 1906. Auf Grund der Rechtspraxis verwirft den Rechtsdualismus Frhr. v. SCHENK: Die Abgrenzung des öffentl. und privaten Rechtes in: Österreich. Zeitschr. f. öffentl. Recht. Bd. 1. Wien 1914, S. 62 ff. Dagegen kommt TEZNER, FRIEDRICH: System der obrigkeitlichen Verwaltungsakte in: Österreich. Zeitschr. f. öffentl. Recht. Bd. 1. 1914, S. 1 ff., 361 ff. in § 6 zu einer „Koinzidenz von Verwaltung und öffentlichem Recht, von Rechtsprechung und Privatrecht". Über den Unterschied von privatem und öffentlichem Recht handelt neuestens BAUMGARTEN, ARTHUR: Die Wissenschaft vom Recht und ihre Methode. Bd. 1, S. 344 ff., Bd. 2, S. 1 ff. Tübingen 1920–22.

aber notwendig auch den Versuch, bestimmte Handlungen von vornherein als Staatsakte festzulegen, utopisch. Dagegen wird weder hierdurch noch durch die Annahme formaler Gleichheit aller Rechtssubjekte die rechtliche Eigentümlichkeit, welche eine Handlung als Staatsakt bietet, überhaupt aufgehoben. Denn auch die Anerkennung *formaler* Gleichheit aller Rechtssubjekte beseitigt nicht die Notwendigkeit, wegen der *inhaltlichen* Verschiedenheit der Normen festzustellen, ob eine Handlung als publizistische oder privatrechtliche bezüglich ihrer Unterordnung unter gewisse Normengruppen betrachtet werden muß. Unrichtig ist es daher, wenn etwa ALEXANDER-KATZ unter Berufung auf KELSEN letzten Endes die „subsidiäre Geltung der im allgemeinen Teile des Bürgerlichen Gesetzbuchs gegebenen allgemeinen Vorschriften über die Anfechtung von Willenserklärungen auf rechtsgeschäftliche Verwaltungsakte" mit der Einheit des Rechtssystems begründet [2]). Denn selbst wenn formell die als Staatsakte bezeichneten Handlungen sonstigen Handlungen von rechtlicher Bedeutung gleichstehen mögen, folgt doch aus dieser formalen Gleichheit mit anderen Akten für die Art ihrer materiell-rechtlichen Behandlung nicht das geringste. Eine Tatsache, welche von den Vertretern rein formaler Rechtsgleichheit und -einheit mit einer gewissen psychologischen Notwendigkeit selbst dort häufig verkannt wird, wo man angeblich von einer nur formalen Gleichheit der Rechtsverhältnisse ausging [3]).

Besteht daher keine Veranlassung, mit ALEXANDER-KATZ Wesen und Begriff des Staatsaktes letzten Endes aufzugeben, so ist es, wie gesagt, allerdings unmöglich, apriorisch materiell die als Staatsakte anzusehenden Gegenständlichkeiten zu bestimmen. Wann eine Handlung im Einzelfall sich als Staatsakt darstellt, läßt sich vielmehr nur positivrechtlich angeben. Rein formal dagegen mag als Staatsakt eine Handlung bezeichnet werden, welche aus Rechtsgründen irgendwelcher Art dem Staate zuzurechnen ist. Denn eben wegen ihrer erkennbar

---

Auf soziologischer Grundlage unterscheidet JUNG, ERICH: Über die Abgrenzung des Privatrechts vom öffentl. Recht und über die Gliederung des gesamten Rechtsstoffs in: Zeitschrift f. Rechtsphilosophie. Bd. 2. Leipzig 1919, S. 331 4 Gruppen: Privatrecht; Verbands(Sozial-)recht; öffentl. Recht i. e. S. und Völkerrecht.

[2]) ALEXANDER-KATZ, PAUL: Der Widerruf von Verwaltungsakten bei vorgefallener Bestechung in: Verwaltungsarchiv. Bd. 24. Berlin 1916, S. 497 ff.

[3]) Vgl. dazu HIPPEL, ERNST VON: Zur Kritik einiger Grundbegriffe in der reinen Rechtslehre Kelsens in: Archiv d. öffentl. Rechts. Bd. 44. 1923, S. 327 ff.

nur formalen Bedeutung empfiehlt sich hier jene bereits dem Naturrecht bekannte, von der reinen Rechtslehre in den Mittelpunkt ihres Systems gestellte Kategorie der juristischen Zurechnung [4]). Dagegen verkleidet die Gleichsetzung von Staatsakten mit „Äußerungen der Staatsgewalt" [5]) grobsinnlich jene materiell ungelöste Problematik und läßt von vornherein übersehen, wie bei der Unmöglichkeit, den Begriff des Staatsakts anders als formal zu bestimmen, gerade die logisch unfaßbare, proteusartige Gestalt des Gegenstandes immer wieder besondere Beachtung fordert.

2. Der Begriff des Fehlers

Fehlerhaft im Sinne dieser Arbeit ist ein Staatsakt, sofern er der Norm irgendwie nicht entspricht, welche angibt, wie die in Frage kommende Handlung in concreto an sich beschaffen sein müßte, um als Staatsakt bestimmter Art zu erscheinen. Wie der Begriff des Staatsakts kann auch der Begriff des Fehlers nur derart formal als fehlendes Deckungsverhältnis von Norm und Tatbestand bestimmt werden [6]). Daß mit dieser formalen Fehlerhaftigkeit die wertbetonte Fehlerhaftigkeit von Delikten nicht verwechselt werden darf, da ja auch das Delikt als verbotene, mit Strafe bedrohte Handlung sich als widerrechtlich und so in bestimmtem Sinne fehlerhaft darstellt, sei nur erwähnt [7]). Eine Aufzählung der verschiedenen möglichen Fehlerkom-

[4]) Einen eigenen Abschnitt „Von der juridischen Zurechnung" bringt Fries, Jacob Friedrich: Philosophische Rechtslehre und Kritik aller positiven Gesetzgebung. Jena 1914, S. 63. Allerdings sind nach Fries „Nur meine eigenen Taten" mir zurechenbar. Erst bei Kelsen wird jene Beziehung angeblich rein formal, wodurch der obige Satz von Fries sich umkehrt in: was mir zugerechnet wird, sind meine eigenen Taten.

[5]) So z. B. Jellinek, Walter: Der fehlerhafte Staatsakt und seine Wirkungen. Tübingen 1908, S. 1.

[6]) Ob allerdings ein Deckungsverhältnis von Tatbestand und Norm besteht, ist seinerseits nur teleologisch feststellbar. Vgl. VII der Darstellung.

[7]) Während das Delikt zwar verboten ist, aber, um als Delikt zu erscheinen, der Norm entsprechen muß, unter die es fällt, widerspricht der fehlerhafte Staatsakt irgendwie der Norm, die auf ihn zur Anwendung kommen soll. Fehlerhaft im hier behandelten Sinne ist ein Delikt, falls Deliktsnorm und Deliktstatbestand sich nicht völlig decken. Zu beachten bleibt dabei, daß es offenbar sinnlos wäre, vom Standpunkt jeder konkreten Norm aus alle Tat-

binationen schließlich gewinnt offenbar erst dann einen Sinn, wenn vorher festgestellt wurde, ob qualitativen Verschiedenheiten der Fehler normative Bedeutung zukommt und nicht vielmehr für juristische Betrachtung Fehler Fehler ist. Damit setzt also eine juristisch sinnvolle Angabe verschiedener Fehlerhaftigkeiten die methodische Lösung des Gesamtproblems in gewissem Umfange voraus.

Zweiter Teil

Die positivistische Behandlung des fehlerhaften Staatsakts

II. Begriff und Formen der Unwirksamkeit

1. Der Begriff der Unwirksamkeit

Wurde im vorigen Abschnitt der Begriff des fehlerhaften Staatsakts wenigstens formal umschrieben, so ist jetzt festzustellen, was unter Unwirksamkeit als Folge und Korrelat des Fehlers zu denken ist. Unter Unwirksamkeit im Sinne dieser Untersuchung wird nun jede Minderung oder Aufhebung der normalen Rechtsbedeutung verstanden, welche als Folge der Fehlerhaftigkeit eines Aktes angenommen werden muß. Zu beachten bleibt dabei, daß eventuell nicht jeder Fehler eine Minderung der Aktwirkung hervorruft. Denn ob jene in Theorie und Praxis gleich häufige These, nach welcher geringe Fehler die Wirksamkeit des Aktes nicht berühren, wirklich als logisch unhaltbar erscheint, wie die Verfechter rein formaler Rechtsmethoden annehmen, wird sich im folgenden erst zu erweisen haben.

2. Die apriorischen Unwirksamkeitsformen der logisch-dogmatischen Richtung

Mit dieser Feststellung des *Begriffs* der Unwirksamkeit ist jedoch über die *Form* derselben noch wenig gesagt. Angenommen etwa, der deutsche Reichspräsident hätte durch eine vom Kanzler nicht gegengezeichnete Verfügung die Auflösung des Reichstages angeordnet, so

bestände als fehlerhaft zu bezeichnen, auf welche diese Norm nicht zur Anwendung kommen kann. Als fehlerhaft im Sinne einer Norm können vielmehr nur Tatbestände angesehen werden, welche, ohne der Norm zu entsprechen, doch sich als irgendwie normbeziehbar erweisen.

würde dieser Akt nach überwiegender und hier geteilter Ansicht fehlerhaft und folglich jedenfalls in irgendeinem Sinne unwirksam sein. Betrachtet man nun mit ANSCHÜTZ [1]) obige Verfügung als „unvollziehbar", so wird hier eine bestimmte Form der Unwirksamkeit als Folge des Fehlers angenommen. Es fragt sich dabei, was ANSCHÜTZ berechtigt, gerade *diese* Unwirksamkeitsform *hier* heranzuziehen, und fragt sich vorher, welche Formen der Unwirksamkeit es im öffentlichen Recht eigentlich gibt, und wo dieselben aufgefunden werden können.

Bereits mit dieser Fragestellung wird jedoch der Eingang in einen „wissenschaftlichen Urwald" gefordert, als welchen KORMANN [2]) im Anschluß an BERNATZIK [3]) die Lehre von der Nichtigkeit der Verwaltungsakte bezeichnet. Der für den Juristen nächstliegende Gedanke, zwecks Beantwortung der aufgeworfenen Frage den Normenkomplex des öffentlichen Rechts heranzuziehen, erweist sich nämlich als wenig fruchtbar. Denn einmal gebrauchen die Gesetze die Begriffe Nichtigkeit, Unwirksamkeit, Anfechtbarkeit, Ungültigkeit usw. oder entsprechend das französische Recht die Ausdrücke inexistence, nullité, inopposabilité, resolution, rescision usw., ohne sie zu definieren, und nicht selten auch, ohne sie zu unterscheiden, wenn auch die deutsche zivilistische Theorie wie das BGB den Ausdruck „Unwirksamkeit", der Code und die französische Theorie meist das Wort „nullité" als neutralen Oberbegriff verwenden [4]), während die gemeinrechtliche Theorie hier von „Ungültigkeit" zu sprechen pflegte [5]). Im übrigen finden sich jedoch gesetzlich regelmäßig nur die Voraussetzungen des fehlerlosen Aktes angegeben, während grundsätzliche Ausführungen über die Art der Folgen fehlerhafter Akte im öffentlichen Recht überhaupt fehlen. Knüpft doch sogar das BGB, wo es im Allgemeinen Teile Vorschriften über Nichtigkeit und Anfechtbarkeit enthält, nur

---

[1]) ANSCHÜTZ, GERHARD: Die Verfassung des Deutschen Reiches. Berlin 1921, S. 109.

[2]) KORMANN, KARL: System der rechtsgeschäftlichen Staatsakte. Berlin 1910, S. 203.

[3]) BERNATZIK, EDMUND: Rechtsprechung und materielle Rechtskraft. Wien 1886, S. 291, A. 37.

[4]) Siehe etwa CROME, CARL: Allgemeiner Teil der modernen französischen Privatrechtswissenschaft. Mannheim 1892, S. 240.

[5]) DERNBURG, HEINRICH: Die allgemeinen Lehren des bürgerl. Rechts. 3. Aufl. Halle 1906, S. 388, A. 1.

gewisse Unwirksamkeitsformen an bestimmte Fehler von Willenserklärungen und Rechtsgeschäften, ohne eine Theorie der Unwirksamkeit schlechthin zu geben. Ja, nicht einmal die vom BGB wirklich verwandten Begriffe für Einzelformen der Unwirksamkeit werden definiert. Dabei bleibt noch ganz dahingestellt, ob und wieweit jene Bestimmungen des BGB über privatrechtliche Willenserklärungen und Rechtsgeschäfte für eine Untersuchung zum Problem des fehlerhaften Staatsakts irgendwelche Bedeutung beanspruchen können. Es wird also die oben aufgeworfene Frage nach den Formen der Unwirksamkeit im öffentlichen Recht grundsätzlich nicht beantwortet. Um so größeres Interesse können daher Untersuchungen fordern, welche jene Unwirksamkeitsformen aus der Vernunft herzuleiten versprechen.

a) Die Zivilisten

Das in diesem Zusammenhange wesentliche Kennzeichen der oben als logisch-dogmatisch bezeichneten Richtung liegt in der dogmatischen Annahme ihrer Vertreter, bestimmte Unwirksamkeitsformen seien „logisch" gefordert. Dabei ist die Wurzel dieser wie der meisten Rechtstheorien eine zivilistische, wobei Methode wie Ergebnisse der Privatrechtstheorie dort von publizistischer Seite übernommen wurden, wo gleichlautende Problemstellungen des öffentlichen Rechts eine Lösung heischten. Obwohl also dieser Abschnitt der Untersuchung nur die Unwirksamkeitsformen fehlerhafter Staatsakte zu berücksichtigen hätte, erscheint ein Rückgang auf die zugrundeliegenden privatrechtlichen Theorien schon an sich geboten. Hinzu kommt noch, daß jene privatrechtlichen Unwirksamkeitsformen als *logische* eo ipso Geltung auch fürs öffentliche Recht werden beanspruchen müssen.

Der eigentümlich rationellen geistigen Struktur Frankreichs entspricht es nun, wenn die in diesem Zusammenhang einschlagende französische privatrechtliche Literatur besonders dialektisch scharf die „logische" Notwendigkeit bestimmter Unwirksamkeitsformen entwikkelt. Obwohl sich die deutsche logisch-dogmatische Richtung in allen Hauptpunkten mit der französischen berührt, gelingt ihrer schwerflüssigeren, widerspruchsvolleren Art nicht völlig jene leichte Abstoßung aller irrationalen Elemente. Es mag daher als besonders kennzeichnend zunächst untersucht werden, auf welche Weise jener französische Zweig der logisch-dogmatischen Richtung die Formen der Unwirksamkeit sich abzuleiten müht.

α) Der französische Zweig. Die privatrechtliche Theorie von den Folgen fehlerhafter Rechtsgeschäfte in Frankreich weist heute im wesentlichen zwei [6]) Richtungen auf, von denen die ältere im Anschluß an JAPIOT als die „klassische" bezeichnet werden mag, während man die neuere, namentlich von JAPIOT selbst vertretene [7]), als „teleologische" bezeichnen kann. Ihr Gepräge und ein gewisses System bekam die klassische Richtung durch das Auftauchen des Begriffs der inexistence in dem prägnanten Sinne, den DEMOLOMBE [8]) demselben beilegt. DEMOLOMBE, der ausruft, „une théorie générale et complète des nullités ... je n'hésite pas à dire qu'elle n'existe pas dans le Code Napoléon" [9]), vertrat andererseits den Satz „pas de nullité sans texte". Der in beiden Formulierungen enthaltene innere Gegensatz mußte zu Schwierigkeiten der Anwendung führen. Es war offenbar unmöglich, eine Ehe zwischen Personen desselben Geschlechts darum für rechtswirksam zu halten, weil der Code ein diesbezügliches Ehehindernis nicht enthielt. DEMOLOMBE half sich, indem er erklärte: „Je n'ai pas besoin d'un texte! La loi annule pas le néant" [10]). Diese Theorie der inexistence fand auch bei Gegnern des Demolombeschen Dogmas „pas de nullité sans texte" wie etwa PLANIOL Anklang [11]) und wohl darum auch in der Folgezeit einen so günstigen Boden, weil naturrechtliche, rationalistische wie positivistische Neigungen der Zeit ihr gleichermaßen entgegen kamen [12]). Der Begriff der inexistence

---

[6]) Abgesehen ist hier von Vertretern soziologischer Methoden wie etwa SALEILLES. Im übrigen wird auch die soziologische Methode in juristischer Wendung notwendig teleologisch. Denn aus dem bloßen Sein folgt nichts Normatives. Siehe auch VI der Arbeit.

[7]) JAPIOT, RENÉ: Des nullités en matière d'actes juridiques. Essai d'une théorie nouvelle. Thèse de Dijon. Paris 1909. Die folgende Darstellung der französischen Richtung schließt sich im wesentlichen an JAPIOT an.

[8]) DEMOLOMBE, CHARLES: Cours de Code Civil. T. 3. Paris 1846, No. 335.

[9]) Desgl. Nr. 237.

[10]) Desgl. Nr. 335.

[11]) JAPIOT: a. a. O. S. 123, Anm. 1.

[12]) Welche *praktische* Bedeutung dieser Begriff der inexistence im übrigen gewinnen mußte, zeigt sich, wenn man bedenkt, daß nach WINDSCHEID, BERNHARD: Zur Lehre des Code Napoléon von der Ungültigkeit der Rechtsgeschäfte. Düsseldorf 1847, S. 30 die damalige Jurisprudenz „fast einstimmig" nur *eine* Nichtigkeitsform im Code auffand, weswegen daher also jeder Fehler eines Rechtsgeschäfts durch Klage geltend gemacht werden mußte, jeder Fehler nach Art. 1304 längstens in 10 Jahren verjährte usw.

schien gewissermaßen a priori gefordert, und so ward es nicht schwer, ihn auch ins positive Recht hineinzulesen. Das bis auf unsere Tage herrschende Bedürfnis des Rechtstheoretikers nach strenger, „logischer“ Konstruktion führte mit einer inneren Notwendigkeit zur Aufteilung aller Folgen fehlerhafter Rechtsgeschäfte in zwei Gruppen. Schon der dialektische Gegensatz von existence–inexistence mußte eine sich vom Gegenständlichen ablösende, rein mit Begriffen arbeitende Rechtstheorie dazu führen. Hinzu kam mit dem Auftreten des Begriffs der Organpersönlichkeit auch eine naturwissenschaftliche Betrachtung der rechtlichen Wirkungen. Die Rechtswirkung wird erzeugt vom Rechtsgeschäft, und so erscheint als Folge des acte „mort-né“ die inexistence der Rechtswirkung, während der „acte infirme“ fähig ist, „de périre, mais aussi d'être guéri et sauvé“ [13]). Eine Theorie, die von vornherein mehr als nur ein Bild zu sein beansprucht und besonders bei BOURGEON [14]), aber auch bei BEUDANT [15]) eine bemerkenswerte Ausbildung erfährt. Der unter dem Banne dieser Einstellung befangenen Theorie müssen Lösungen als logisch unmöglich erscheinen, welche andere Rechtsformen als inexistence und nullités relatives an fehlerhafte Rechtsgeschäfte knüpfen wollen. Während die älteren Ausleger des Code noch eine Mannigfaltigkeit von Rechtswirkungen mangelhafter Akte kennen [16]), verschwinden dieselben nun vor dem Begriff der inexistence [17]). Zugleich gewinnt dieser Begriff an Umfang, und neben der so gefaßten inexistence rationelle erscheint die inexistence légale, das Nichtvorhandensein eines Rechtsgeschäfts auf Grund gesetzlicher Bestimmungen [18]). Dieselben Schriftsteller, welche früher das Verspre-

---

[13]) DEMOLOMBE (s. II, Anm. 8), No. 240.

[14]) BOURGEON, PHILIBERT: Distinction de l'inexistence et de l'annulabilité des actes juridiques en droit romain et en droit français. Thèse Dijon 1885; JAPIOT (s. II, Anm. 7), S. 124, Anm. 1.

[15]) BEUDANT, CHARLES: Cours de droit civil français. T. 4. Paris 1906.

[16]) JAPIOT (s. II, Anm. 7), S. 119 und die dort Genannten.

[17]) Die unzulässige Ausdehnung dieses Unwirksamkeitsgrundes zeigt TISSIER in: SIREY, JEAN: Les Codes annotés ... T. 1. Paris 1903, S. 257; JAPIOT: a.a.O. S. 125.

[18]) Der besonders von CROME (s. II, Anm. 4), S. 240 und ZACHARIAE v. LINGENTHAL, KARL SALOMO: Handbuch des französischen Zivilrechts. 8. Aufl. T. 1. Freiburg 1894, S. 353 hervorgehobene Gegensatz von faktischer und rechtlicher inexistence deckt sich mit obigem Begriffspaar nur teilweise.

chen eines Verbrechens oder die formlose Schenkung für eine „nullité absolue“ erklärten, halten nach „reiflicher Überlegung“ [19]) jetzt inexistence für gegeben [20]).

Gewann so der Begriff der inexistence an Umfang, so steigerte sich andererseits seine rechtliche Bedeutung [21]). Gebrauchte einst SOLON [22]) das Wort inexistence für die strengeren Folgen rechtlicher Unwirksamkeiten überhaupt, so bezeichnet jetzt der Begriff Rechtsfolgen ganz bestimmter Art. Die Gegenüberstellung von inexistence und nullité relative hat zur logischen Folge, daß das nicht existierende Rechtsgeschäft für *alle* unbeachtlich wird, während andererseits nur der Geschützte klagweise die relative Unwirksamkeit zur Geltung bringen kann. Die Eigentümlichkeit der inexistence, das von ihr betroffene Rechtsgeschäft als ein Nichts, ein néant erscheinen zu lassen, macht eine Bestätigung desselben unmöglich. Die bisher vertretene Ansicht von der grundsätzlichen Heilbarkeit jeder Fehlerfolge durch Bestätigung oder Verjährung wird bezüglich der inexistence als unlogisch verworfen [23]). Und den Autoren, welche wenigstens die Bestätigung durch die Erben zuließen, wirft LAURENT [24]) vor, de „n'avoir pas grand souci de la rigueur des principes“, de „s'inspirer plutôt des besoins ... de la vie réelle“. Denn das Prinzip der inexistence lautet: „on ne peut pas confirmer le néant“ [25]), „on guérit un malade, on ne guérit pas un mort“ [26]). Nur das kranke, d. h. anfechtbare Rechtsgeschäft kann als existierend auch geheilt werden. Während der acte

---

[19]) So AUBRY, CHARLES et CHARLES FRÉDÉRIC RAU: Cours de droit civil français d'après la méthode de Zachariae. 1. Aufl. T. 2, S. 240 gegen 3. Aufl. T. 3, S. 194, Paris 1840–56 bezüglich der Zusage eines Verbrechens. JAPIOT (s. II, Anm. 7), S. 126.

[20]) Vgl. im einzelnen JAPIOT: a.a.O. S. 126.

[21]) Desgl. S. 129.

[22]) SOLON, H. v.: Théorie sur la nullité des conventions et des actes de tours genres en matière civile. Paris 1835; JAPIOT: a.a.O. S. 121.

[23]) Desgl. S. 135 ff.

[24]) LAURENT, FRANÇOIS: Principes de droit civil français. T. 18. Bruxelles/Paris um 1875, No. 583, zitiert bei JAPIOT: a.a.O. S. 134.

[25]) So BAUDRY-LACANTINERIE, GABRIEL et L. BARDE: Traité théorique et pratique de droit civil. Des obligations. T. 3. Paris 1897, No. 1932; BUFNOIR, CLAUDE: Propriété et contrat. Paris 1900, S. 658 u. 705; Cassation v. 6. Nov. 1895; JAPIOT: a.a.O. S. 135.

[26]) BEUDANT (s. II, Anm. 15), S. 164, der seinerseits sich auf DEMOLOMBE beruft.

inexistent, „begrifflich" [27]) für niemanden vorhanden, nicht einmal erfüllt werden kann, sondern stets eine actio indebiti begründet.

Damit ist der Aufbau des klassischen Systems vollendet. Seine einzige Unwirksamkeitsform ist letzten Endes die inexistence, mag diese nun von Anfang an vorhanden oder über Anfechtung erst geltend zu machen sein.

β) Der deutsche Zweig. Eine Darstellung von Entstehung und Arten der Unwirksamkeitsformen in Deutschland kann sich nach dem bisher Gesagten auf Heraushebung einiger Entwicklungsstufen beschränken. Denn wie gesagt haben der deutsche wie der französische Zweig der logisch-dogmatischen Richtung *eine* Wurzel. Nicht ohne eigenen Reiz ist es dabei, einen so klassischen Vertreter der deutschen Rechtstheorie wie WINDSCHEID gerade am französischen Gesetzbuch seine systematische Kraft zuerst erproben zu sehen [28]). Dabei hält WINDSCHEID im Jahre 1847 genau wie BEUDANT im Jahre 1906 nur einen Gegensatz der Unwirksamkeitsformen für „denkbar". „Entweder ist das ungültige Rechtsgeschäft gar nicht vorhanden, das Gesetz erkennt wegen eines ihm anhaftenden Mangels seine Existenz überhaupt nicht an, oder der Mangel läßt zwar das Rechtsgeschäft an und für sich zustande kommen, gibt aber bestimmten Personen das Recht, dasselbe anzufechten und umzustoßen. Die Ungültigkeit der ersten Art nenne ich Nichtigkeit, die der zweiten Anfechtbarkeit" [29]). Auch bei WINDSCHEID wie den französischen Auslegern des Code dient also die dialektische Gegenüberstellung von Sein und Nichtsein als dogmatisch vorausgesetzte Basis seiner Theorie. Was dabei WINDSCHEID vielleicht um eine Schattierung von gleichzeitigen französischen Theoretikern unterscheidet, ist ein positivistischeres Verfahren. Eine „nullité rationelle" findet sich jedenfalls bei ihm nicht. Im übrigen zieht auch WINDSCHEID aus seinem Nichtigkeitsbegriff alle Folgerungen. Da das nichtige Rechtsgeschäft für ihn gar nicht existiert, ist es auch schlechthin unbeachtlich und unheilbar, demnach ein Rechtsmittel zu seiner Geltendmachung nicht bloß überflüssig, sondern gar „nicht denkbar, da ein Angriff voraussetzt, daß ein Anzugreifendes vorhanden sei" [30]), Argumentationen, welche WINDSCHEID viel später noch

---

[27]) BEUDANT: a.a.O. S. 171.

[28]) WINDSCHEID, BERNHARD: Zur Lehre des Code Napoléon von der Ungültigkeit der Rechtsgeschäfte. Düsseldorf 1847.

[29]) Desgl. S. 1.

[30]) Desgl. S. 29.

fast wörtlich in seinen Pandekten wiederholt [31]). Zwar galt nach der von ihm bekämpften Anschauung der französischen Juristen dieser romanistische Gegensatz von Nichtigkeit und Anfechtbarkeit für den Code nicht, aber eben diese Ansicht sucht WINDSCHEID mit den Argumenten der historischen Schule zu entkräften. Der hierzu von WINDSCHEID in seiner Polemik gegen die herrschende französische Theorie gebrauchte Begriff der Anfechtbarkeit als Gegenbegriff der Nichtigkeit geht wohl auf SAVIGNY zurück, der kurz vorher [32]) erklärte, „die höchst mannigfaltigen Fälle" der „unvollständigen Ungültigkeit" als „*Anfechtbarkeit* eines Rechtsverhältnisses" bezeichnen zu wollen. WINDSCHEID behauptet jedoch viel mehr als SAVIGNY, insofern er meint, das römische Recht mache „in der Ungültigkeit einen Gegensatz zwischen *Nichtigkeit* und *Anfechtbarkeit*" [33]), es entsprächen also diesen Bezeichnungen Rechtsinstitute des römischen Rechts von ganz bestimmter, fest umrissener Gegenständlichkeit. Indem WINDSCHEID weiterhin die Ansicht vertritt, daß diese angeblichen Unwirksamkeitsformen des römischen Rechts nicht historisch bedingt, sondern logisch gefordert seien, stellt er die eigentümliche Verbindung historisch-rationalistischer Elemente her, welche die Grundlage des deutschen Zweigs der hier als logisch-dogmatisch bezeichneten Richtung bilden. Nur indem die apriorische Notwendigkeit der Nichtigkeit-Anfechtbarkeit als Unwirksamkeitsformen vorausgesetzt wurde, ließen sich diese Formen entgegen der herrschenden Meinung der französischen Theoretiker im Code entdecken. Und nur wenn man die Kategorie der Nichtigkeit als a priori feststehend ansah, war es möglich, die „action en nullité ou en rescision" wie die zehnjährige Verjährungsfrist des Art. 1304 im Falle der Nichtigkeit eines Rechtsgeschäfts für denknotwendig ausgeschlossen zu erachten. Darüber hinaus bestand jedoch für den *deutschen* Rechtstheoretiker im Gebiet des gemeinen Rechts immer wieder die Notwendigkeit, die Geltung jener als logisch behaupteten Unwirksamkeitsformen auch im römischen Rechte nachzuweisen. Das philologische Verfahren der historischen Schule trat so neben die Methode rationaler Dialektik. Es ist bekannt, daß die Doppelbedeutung des Wortes nullus im römischen Recht, das bald das nicht vorhandene,

---

[31]) WINDSCHEID, BERNHARD: Lehrbuch des Pandektenrechts. 7. Aufl. Bd. 1. Düsseldorf 1891, S. 221.

[32]) SAVIGNY, FRIEDRICH KARL VON: System des heutigen römischen Rechts. Bd. 4. Berlin 1840, S. 537.

[33]) WINDSCHEID (s. II, Anm. 12), S. 29.

bald das mangelhafte Rechtsgeschäft bezeichnet, der jüngeren gemeinrechtlichen Theorie entging und dazu verleitete, jenem Wort den „logischen" Begriff der Nichtigkeit unterzuschieben [34]). Dementsprechend deduzierte man aus diesem Begriff, erklärte es für logisch gefordert, daß jeder sich auf die Nichtigkeit berufen könne, eine querela nullitatis wie Heilung der Nichtigkeit für undenkbar usw. Allerdings blieben solche Ansichten nicht ohne Widerspruch. Selbst WINDSCHEID [35]) hält es für nötig, gegenüber allzu kühnen philologischen Interpretationskünsten seiner Anhänger darauf hinzuweisen, daß immerhin das römische Recht Fälle der Bestätigung nichtiger Rechtsgeschäfte kenne, und WÄCHTER [36]) handelt eingehend über die „heilbare Nichtigkeit". Auch REGELSBERGER [37]) wendet sich gegen die „formale Rechtslogik", bemüht sich aber andererseits, den für logische Argumentationen so unbequemen Begriff der relativen Unwirksamkeit auszumerzen, indem er die Handlungen des Gemeinschuldners nach § 7 der KO nicht für relativ unwirksam, sondern durch ein Quasipfandrecht der Gläubiger gehemmt sein läßt. Daß damit jedoch ein unbequemer Begriff durch einen unberechtigten ersetzt wird, läßt sich kaum verkennen. Die Schwierigkeit, welche der Begriff der „relativen Unwirksamkeit" der logischen Richtung bereiten muß, wird deutlich, sobald man dafür den ebensooft gebrauchten der „relativen Nichtigkeit" einsetzt. Denn wie der Begriff der „geteilten Souveränität" enthält offenbar auch derjenige der „relativen Nichtigkeit" eine contradictio in adiecto.

Es ist im übrigen verständlich, wenn der gemeinrechtlichen Theorie die Logisierung der Unwirksamkeitsformen restlos nicht gelingen wollte. Zwar die Grundzüge standen fest. Aber wenn WINDSCHEID [38]) die ex tunc-Wirkung der Anfechtbarkeit damit begründet, „daß die Anfechtbarkeit selbst schon Ungültigkeit sei, die Wiederaufhebung Folge und Ausdruck der Ungültigkeit, nicht ihr Grund", so ist dies schließlich nur eine Behauptung. Erklärt daher WÄCHTER [39]) im Ge-

---

[34]) Vgl. insbesondere LEONHARD, RUDOLF: Der allgemeine Teil des BGB in seinem Einflusse auf die Fortentwicklung der Rechtswissenschaft. Berlin 1900, S. 425 ff.

[35]) WINDSCHEID, BERNHARD: Lehrbuch d. Pandektenrechts. Bearb. von THEODOR KIPP. 9. Aufl. Bd. 1. Düsseldorf 1906, S. 441, A. 10.

[36]) WÄCHTER, CARL GEORG: Pandekten. Bd. 1. Leipzig 1880, S. 432 ff.

[37]) REGELSBERGER, FERDINAND: Pandekten. Leipzig 1893, S. 525.

[38]) WINDSCHEID (s. II, Anm. 35), S. 427.

[39]) WÄCHTER: a.a.O. S. 438.

gensatz zu WINDSCHEID, die Anfechtbarkeit sei nicht Ungültigkeit, sondern eröffne nur die Möglichkeit, ein Rechtsgeschäft ungültig zu machen, so ist auch diese Behauptung logisch vertretbar. Ein Streit, den auch das BGB nicht beendet hat, so daß man VON TUHR [40]) die Anfechtbarkeit als „rechtszerstörenden" Akt bezeichnen sieht, während ENNECCERUS [41]) in ihr nur eine *„schwebende Nichtigkeit"* erblickt, *„verbunden mit der Annahme vorläufiger Geltung"*. Davon abgesehen kam die Kodifikation durch das BGB gerade rechtzeitig, die herrschende Ansicht von der logischen Natur der Unwirksamkeitsformen auch gesetzgeberisch festzulegen. Denn seit den Arbeiten von SCHLOSSMANN [42]), GRADENWITZ [43]) und anderen ließ sich die ältere Ansicht offenbar nicht halten, welche in den Ausdrücken „negotia nulla" und „negotia quae rescindi possunt" technische Bezeichnungen für Nichtigkeit und Anfechtbarkeit erkennen wollte. Damit aber hätte die historische Schule konsequenterweise diese Begriffe selbst fallen lassen müssen, deren historische Unrichtigkeit ja gleichzeitig auch ihre apriorische Geltung in Mitleidenschaft ziehen mußte. Durch die Kodifikation gelangte jedoch, wie LEONHARD [44]) grimmig feststellt, „die falsche gemeinrechtliche Doktrin in kurzem auch in der neuen Wissenschaft des bürgerlichen Rechtes zur Vorherrschaft", „wie sich ein Krankheitsstoff, der in eine Wohnung eingedrungen ist, auch späteren Mietern mitteilt".

Betrachtet man an Hand der gegebenen Darstellung kritisch die privatrechtliche Lehre von den Formen der Unwirksamkeit, so wird man allerdings zugeben müssen, daß wenigstens *historisch* dem BGB jener logische Begriff der Nichtigkeit zugrunde liegt, nach dem als nichtig dasjenige Rechtsgeschäft erscheint, „welches hinsichtlich der gewollten rechtlichen Wirkungen so angesehen wird, als ob es nicht vorgenommen worden wäre" [45]). Dementsprechend lauten denn auch

[40]) TUHR, ANDREAS v.: Der allgemeine Teil des deutschen bürgerlichen Rechts. Bd. 2,1. München 1914, S. 280 ff.

[41]) ENNECCERUS, LUDWIG: Lehrbuch des bürgerlichen Rechts, Bd. 1,1. Allg. Teil. 18.–21. Aufl. Marburg 1923, S. 521 f.

[42]) SCHLOSSMANN, SIEGMUND: Zur Lehre vom Zwange. Leipzig 1874.

[43]) GRADENWITZ, O.: Die Ungültigkeit obligatorischer Rechtsgeschäfte. Berlin 1887.

[44]) LEONHARD (s. II, Anm. 34), S. 430.

[45]) Entwurf eines Bürgerlichen Gesetzbuches f. das Deutsche Reich. Bd. 1. Berlin 1888, § 108; *Motive* zu dem Entwurf eines Bürgerlichen Gesetzbuches f. das Deutsche Reich. Bd. 1. Allg. Teil. 2. Aufl. Berlin 1896, S. 217.

fast übereinstimmend die Definitionen der Lehrbücher; man vergleiche etwa GOLDMANN und LILIENTHAL [46]), ENDEMANN [47]), ELTZBACHER [48]), MATTHIASS [49]), ENNECCERUS [50]), COSACK [51]) und v. TUHR [52]). Dagegen ist es weder dem BGB noch andern privatrechtlichen Gesetzen gelungen, mit einem derart logischen Begriff der Nichtigkeit im einzelnen auszukommen. So zeigen zunächst eine ganze Reihe von Vorschriften des BGB, wie etwa die §§ 313 II, 518 II, 1325 II, die positiv-rechtliche Unrichtigkeit der Lehre, die Heilung des nichtigen Rechtsgeschäfts sei logisch undenkbar. Ferner sieht § 310 HGB [53]) so gut wie § 57 des Börsengesetzes vom 8. Mai 1908 eine Heilung der Nichtigkeit ex tunc vor. Auch in anderer Beziehung ist die Bedeutung der Nichtigkeit nicht derart, wie es die logische Kategorie des Nichtvorhandenseins erfordern würde. So muß nach den §§ 1323 ff. BGB eine nichtige Ehe, falls sie ins Heiratsregister eingetragen war, erst durch Richterspruch für nichtig erklärt worden sein, um nichtig im eigentlichen Sinne des Wortes zu werden. Dabei entsprechen auch hier die von privatrechtlicher Seite angenommenen Rechtsfolgen der Rückwirkung durchaus nicht in allem den Folgerungen, welche aus dem Begriff der logischen Nichtigkeit eigentlich abgeleitet werden müßten [54]). Schließlich gilt die

---

[46]) GOLDMANN, EDUARD u. L. LILIENTHAL: Das Bürgerliche Gesetzbuch systematisch dargestellt. Bd. 1. Berlin 1903, S. 179 ff.

[47]) ENDEMANN, FRIEDRICH: Lehrbuch des Bürgerlichen Rechts. 8. Aufl. Bd. 1. Berlin 1903, S. 366 ff.

[48]) ELTZBACHER, PAUL: Einführung in das deutsche bürgerliche Recht. Berlin 1910, S. 69 f.

[49]) MATTHIASS, BERNHARD: Lehrbuch des bürgerlichen Rechtes. 7. Aufl. Berlin 1914.

[50]) ENNECCERUS (s. II, Anm. 41), S. 516 ff.

[51]) COSACK, KONRAD: Lehrbuch des Bürgerlichen Rechts. 7. Aufl. Bd. 1. Jena 1922, S. 155 ff.

[52]) TUHR (s. II, Anm. 40), S. 296.

[53]) Siehe dazu BONDI, HERBERT: Nichtigkeit der Aktiengesellschaft, in: Zeitschrift f. d. gesamte Handelsrecht. Hrsg. von Goldschmidt. Bd. 77. Stuttgart 1915, S. 483 und die dort Genannten; STAUB, HERMANN: Kommentar zum HGB. 10. Aufl. Bd. 1. Berlin 1920, S. 1266.

[54]) So besteht nach GENZMER, ERICH: Die Grenzen f. d. rückwirkende Kraft d. Ehevernichtung i. Privatrecht u. i. öffentl. Recht. Festgabe f. Ernst Zitelmann in: Archiv f. Rechts- u. Wirtschaftsphilosophie. Bd. 16. Berlin 1922/23, S. 414 ff. keine Rückwirkung im Prozeß, weswegen der Richter in Sachen seiner geschiedenen Frau ausgeschlossen bleibt. Denn „der Gedanke des Gesetzes ist, die psychischen Beziehungen zu berücksichtigen, die der Bestand

nichtige Aktiengesellschaft so lange als bestehend, bis ihre Nichtigkeit im Handelsregister sich eingetragen findet [55]).

Bereits der Nachweis, daß auch im geltenden Privatrecht der positivrechtliche Nichtigkeitsbegriff mit jener logischen Kategorie der Nichtigkeit nicht durchweg übereinstimmt, widerlegt die Lehre der logisch-dogmatischen Richtung, die Anwendung jener Kategorie sei wie sie selber denknotwendig gefordert. Der Fehlschluß, welcher die französisch-gemeinrechtliche Richtung zur Aufstellung ihres Nichtigkeitsbegriffs führte, kann aufmerksamer Betrachtung nun nicht lange verborgen bleiben. Zwar ist gegen die Kategorie der Nichtigkeit als solche nichts einzuwenden. Ein Tatbestand, der in gar keiner Beziehung vorhanden ist, kann auch in keiner Weise noch zu irgendeiner Zeit Bedeutung erlangen. Was aber fordert, diesen Nichtigkeitsbegriff dem positiven Recht zugrunde zu legen? Die hier seitens der logisch-dogmatischen Richtung behauptete Denknotwendigkeit erlangt ihre scheinbare Evidenz durch eine dialektische Vertauschung von physischem und normativem Sein. Indem man nämlich das nichtige Rechtsgeschäft als „tot" hinstellt, wird allerdings einleuchtend, weshalb von diesem toten Körper keinerlei lebendige Wirkungen ausgehen können. Dabei kommen Zweifel an der Beweiskraft dieser naturalistischen Begründung einem Zeitalter nicht, das wie die zweite Hälfte des 19. Jahrhunderts durchaus unter dem Einfluß naturwissenschaftlicher Anschauungen und Begriffsbildungen steht [56]). Im übrigen bedarf es nach dem bereits Gesagten kaum noch einer Widerlegung obiger Argumentation, über deren Unrichtigkeit nur der Schimmer des Vergleiches täuschen

---

der Ehe gezeitigt hat, und die können durch keine Rückwirkung aus der Welt geschafft werden", S. 429.

[55]) BONDI a.a.O.

[56]) Zum Beispiel spielt bei DERNBURG, HEINRICH: Pandekten. 7. Aufl. Berlin 1902/03, S. 284 ein völlig naturwissenschaftlich aufgefaßter Begriff der Wirkung seine Rolle, indem beim nichtigen Rechtsgeschäft die verursachende Kraft zu fehlen, beim anfechtbaren bloß „hemmbar" zu sein scheint. – Bezeichnend für die Scheinbegründung juristischer Behauptungen durch naturwissenschaftliche Ausführungen ist es, wenn auch noch neuerdings etwa LOUTER, JAN DE: Le droit international public positiv. Bd. 1. Oxford 1920, S. 16 erklärt: „deux éléments ne nuissent nullement à l'unité d'un organisme, puisqu'ils sont nécessaires à son existence" und damit sein „double fondement" des Völkerrechts gegen den Vorwurf eines unerträglichen Dualismus zu decken sucht. Aus welchem Satz dann „logiquement et nécessairement" weitere rechtliche Folgerungen gezogen werden.

kann. Zuzugeben ist natürlich, daß etwa ein totes Tier tot ist in *jeder* natürlichen Beziehung und ohne Rücksicht darauf, von welcher Seite etwa man es betrachtet. Dagegen muß eine Handlung, die rechtlich in einer Beziehung und für den einen nicht vorhanden ist, es nicht notwendig auch in jeder Beziehung und für alle sein, da es sich hier nicht um ein Fehlen natürlicher Wirkungen, sondern um die Unvollziehbarkeit normativer Zurechnungen handelt. Eine Denknotwendigkeit, irgendwann die „logische" Kategorie der Nichtigkeit anzuwenden, ist demnach von der französisch-gemeinrechtlichen Theorie keineswegs aufgewiesen worden [57]).

Durch die historische Entstehung der Unwirksamkeitsformen fehlerhafter Rechtsgeschäfte werden im übrigen mancherlei Mängel der privatrechtlichen und damit auch der sie übernehmenden publizistischen Theorie deutlich und verständlich. So hat der logische Begriff der Nichtigkeit zur Folge, daß in den Darstellungen des bürgerlichen Rechts sich als Unwirksamkeitsformen fast ausschließlich Nichtigkeit und dingliche Anfechtung mit ihren verschiedenen Unterarten genannt finden. Dagegen werden Fälle der Wandlung usw., in denen ein dem Rechtsgeschäft von Anfang an anhaftender Fehler sich in einer Unwirksamkeit ex nunc äußert, in diesem Zusammenhange nicht einmal erwähnt. Selbst COSACK [58]), welcher der traditionellen Lehre wohl am freiesten gegenübersteht, widmet der „nachträglich eintretenden Unwirksamkeit" nur wenige dürftige Zeilen. Dabei liegt nach heute durchaus herrschender Ansicht [59]) dem § 7 der KO wie dem § 14 des Anfechtungsgesetzes ein obligatorischer Begriff der Anfechtung zugrunde, wodurch allein schon der dingliche Anfechtungsbegriff des BGB zu einer Unwirksamkeitsform normativ begrenzten Anwendungsgebietes herabsinken müßte. Wie wenig de lege ferenda selbst im BGB der dingliche Anfechtungsbegriff immer befriedigt, kann einer genaueren Untersuchung der einzelnen Anwendungsfälle kaum ent-

---

[57]) Ausführungen über den gleichgerichteten Versuch KELSENS s. unten sub b.

[58]) COSACK (s. II, Anm. 51), S. 15.

[59]) Entscheidungen des Reichsgerichts in Zivilsachen (RGZ). Berlin, Leipzig Bd. 52, 1903, S. 334; Bd. 58, 1905, S. 44. Vgl. ferner SIMÉON, PIERRE: Recht und Rechtsgang im Deutschen Reiche. Bearb. von ALBERT DAVID. 12. u. 13. Aufl. Bd. 2. Berlin 1923, S. 680 ff. und die dort Genannten.

gehen [60]). Des weiteren läßt der alte Irrtum der privatrechtlichen Theorie, die Anwendung bestimmter Unwirksamkeitsformen sei logisch gefordert, diese bei der Darstellung in unbilliger Weise herausreißen aus dem Zusammenhange des Systems, obwohl in Wahrheit die Normen über Nichtigkeit und Anfechtbarkeit von Rechtsgeschäften erst durch ihre teleologische Einbettung in den Gesamtkomplex, innerhalb dessen die Unwirksamkeitsformen mannigfach modifiziert erscheinen [61]), Sinn und Halt gewinnen können. Schließlich steht die Betrachtung des Aktes unter dem Gesichtspunkt „vorhanden – nicht vorhanden" so im Vordergrund, daß dabei das praktische Fundament der ganzen Lehre von der Unwirksamkeit der Rechtsgeschäfte, die Möglichkeit, diese Unwirksamkeit durch Klage oder Einrede irgendwie *geltend* zu machen, von der privatrechtlichen Theorie nahezu vergessen wird [62]). Mängel, die ihren eigentlichen Grund in dem Versuch der privatrechtlichen Theorie finden, Unwirksamkeitsforderungen, deren Anwendung in Einzelfällen als Forderung praktischer Vernunft erschien, zu logisieren. Wenn DEMOLOMBE [63]) bald nach der französischen Kodifikation schrieb: „Une théorie générale et complète des nullités: je n'hésite pas à dire, qu'elle n'existe pas dans le Code Napoléon", so gilt dasselbe für das BGB. Um so schärfer wird daher die Berechtigung publizistischer Anlehnungen an das Privatrecht zu prüfen sein.

b) Die Publizisten

Die vorausgeschickten Untersuchungen machen es verständlich, aus welchem Grunde nach KORMANN [64]) die Unwirksamkeit nur in Nichtigkeit, relativer Unwirksamkeit und Anfechtbarkeit bestehen „kann" [65]). Der alte Irrtum der gemeinrechtlichen Theorie, bestimmte

[60]) So fordert GENZMER (s. II, Anm. 54) de lege ferenda eine ex nunc-Wirkung der Ehenichtigkeitsklage.

[61]) Man denke, abgesehen von dem bereits früher Ausgeführten, etwa an die Mischform der relativen Unwirksamkeit, die Vorschriften über Konversion, teilweise Nichtigkeit usw.

[62]) Über die Bedeutung dieses Mangels für die Lehre vom fehlerhaften Staatsakt s. insbesondere VII 2 d der Arbeit.

[63]) DEMOLOMBE (s. II, Anm. 8), No. 237.

[64]) KORMANN (s. II, Anm. 2), S. 204 ff.

[65]) In Frankreich behandelt nach JÈZE ALCINDOR, LÉON: Essai d'une théorie des nullités en droit administratif. Paris 1912 den fehlerhaften Staatsakt formalistisch. Als Unwirksamkeitsformen unterscheidet er les actes inexistants, les actes nuls ou irréguliers und les actes annulables.

Unwirksamkeitsformen seien allein logisch denkbar, erlebt hier seine publizistische Auferstehung. Ist aber demnach der nichtige Tatbestand bestimmt durch alle Eigenschaften physischen Nichtvorhandenseins und erscheint das nichtige „publizistische" Rechtsgeschäft als rechtliches „Nichts" [66]), so ist es nur konsequent, die Folgen dieser Nichtigkeit zu bestimmen, indem wir nach KORMANN „die wichtigsten Folgerungen aus unserm Nichtigkeitsbegriff... ziehen" [67]). Weniger konsequent allerdings, da durch keinerlei angebliche Notwendigkeiten gefordert, ist es, wenn KORMANN mit dem Begriff der relativen Unwirksamkeit „rechnen zu müssen" [68]) glaubt, weil er sich im Privatrecht finde. Charakteristisch dagegen für eine gewisse Methodenlosigkeit des Autors, der, ausgehend von einem vorausgesetzten Gegensatz von privatem und öffentlichem Recht, die Verpflanzung privatrechtlicher Institute ins öffentliche Recht trotzdem mit ihrer privatrechtlichen Bedeutung begründet.

Kennzeichnend für den Einfluß privatrechtlicher Lehren auf das öffentliche Recht ist weiter, wenn man von publizistischer Seite die dingliche Anfechtung des BGB geradezu als *die* Form der Anfechtung übernommen sieht. So läßt FLEINER [69]) die Außerkraftsetzung des fehlerhaften Verwaltungsaktes „von Amtes wegen" als auch seine Beseitigung über Klage oder Beschwerde ex tunc wirken. „Denn absolute Nichtigkeit und Anfechtbarkeit unterscheiden sich nicht in ihren Wirkungen, sondern bloß in der Art, wie die Beseitigung der ungültigen Verfügung herbeigeführt wird." Wie FLEINER trennt auch HATSCHEK [70]) den nichtigen und anfechtbaren Verwaltungsakt und übernimmt offenbar die privatrechtlichen Begriffe. Desgleichen sind nach KORMANN [71]), der sich hier wie sonst eng an das privatrechtliche Schema anschließt, die „Wirkungen der durchgeführten Anfechtung ... grund-

[66]) KORMANN: a.a.O. S. 206.

[67]) KORMANN (s. II, Anm. 2), S. 206.

[68]) KORMANN: a.a.O. S. 208.

[69]) FLEINER, FRITZ: Institutionen des deutschen Verwaltungsrechts. 4. Aufl. Tübingen 1919, S. 196.

[70]) HATSCHEK, JULIUS: Lehrbuch des deutschen und preußischen Verwaltungsrechts. 2. Aufl. Leipzig 1922, S. 10.

[71]) STENGEL (s. I, Anm. 1), S. 724 r; KORMANN: a.a.O. S. 329 V. Umgekehrt allerdings will KORMANN S. 329 beim „Widerruf von Amts wegen" eine „Rückbeziehung der Wirkungen" grundsätzlich nicht annehmen.

sätzlich ex tunc zu datieren". Auch OTTO MAYER [72]) läßt wie die Zivilisten als Unwirksamkeitsformen des fehlerhaften, in seiner Terminologie „ungültigen" Verwaltungsakts nur seine Nichtigkeit oder Vernichtbarkeit mit Wirkung ex tunc gelten. Immerhin rückt er gleich neben diese Unwirksamkeitsformen des ungültigen Verwaltungsakts die Mittel, welche bestehen, damit der Verwaltungsakt „auch ohne ungültig zu sein, aufgehoben, abgeändert oder sonst beeinträchtigt" werden kann. Eine ausschließliche Behandlung der dinglichen Anfechtung erweist sich offenbar im öffentlichen Recht als nicht wohl angängig, und so sieht man W. JELLINEK sich in einem eigenen Abschnitte dem „zurücknehmbaren Staatsakt" zuwenden [73]). In der Methode ähnlich wie die Zivilisten geht HERRNRITT [74]) zwar aus von der Dualität Nichtigkeit – Anfechtbarkeit, versteht aber unter der Wirkung dieser Anfechtung die „Aufhebung, Vernichtung, Rücknahme", überhaupt jede „Korrektur" des Akts, damit also die dingliche und obligatorische Anfechtung zusammenfassend. Schließlich gelangt TEZNER [75]), der nicht von logisch-deduktiv entwickelten privatrechtlichen Unwirksamkeitsformen ausgeht, auf Grund der Entscheidungen des Österreichischen Verwaltungsgerichtshofs zum entgegengesetzten Ergebnisse wie etwa FLEINER, indem er die Kassation fehlerhafter Akte von Amts wegen grundsätzlich *ex nunc* wirken läßt.

Bereits diese Ausführungen zeigen die problematische Richtigkeit einer einfachen Übernahme der privatrechtlichen Unwirksamkeitsformen fehlerhafter Rechtsgeschäfte ins öffentliche Recht. Hinzu kommt, daß, von der *Wirkung* der Anfechtung abgesehen, die *Art*, in welcher ein Fehler durch Anfechtung geltend gemacht wird, im privaten und öffentlichen Recht durchaus verschieden ist. Während nämlich im Privatrecht die Anfechtung regelmäßig durch einfache Erklärung gegenüber dem Anfechtungsgegner erfolgt, hinter der dann die Möglichkeit

---

[72]) MAYER, OTTO: Deutsches Verwaltungsrecht. 2. Aufl. Bd. 1. München 1914, S. 97 f.

[73]) JELLINEK (s. I, Anm. 5), S. 151 ff.

[74]) HERRNRITT, RUDOLF HERRMANN: Grundlehren des Verwaltungsrechts. Tübingen 1921, S. 289, vgl. auch S. 290 ff.

[75]) TEZNER, FRIEDRICH: Das österreichische Administrativverfahren. Wien 1922, S. 295. – Auch der ältere BERNATZIK (s. II, Anm. 3), welcher noch auf dem Boden gemeinrechtlicher Anschauungen steht, unterscheidet S. 71. Anm. 14 und S. 201, Anm. 52 zwischen relativer Nullität und Anfechtbarkeit, von denen diese ex nunc, jene ex tunc wirken soll.

gerichtlicher Durchsetzung steht, wird unter publizistischer Anfechtung sowohl die Parteienanfechtung in ihren verschiedenen Formen – Klage, Beschwerde usw. – als auch die Rücknahme des fehlerhaften Akts durch die ihn setzende Behörde, wie schließlich seine Kassation durch ein anderes Organ, insbesondere die Aufsichtsbehörde, verstanden. Auch bedeutet es offenbar rechtlich einen Unterschied, ob, wie im Privatrecht, eine Anfechtung erfolgen darf, oder ob sie wie die Kassation von Amts wegen unter Umständen erfolgen muß.

Ist schon hiermit der Kreis der eigentlichen Unwirksamkeitsformen des Privatrechts überschritten, so erleidet die angeblich logische Struktur dieser Formen durch die Prozessualisten einen weiteren Stoß. Wenn nämlich WACH, HEIN, HELLWIG, BELING, STEIN, OETKER, NUSSBAUM, SCHÖTENSACK, SAUER [76]) und andere zwischen dem nichtigen und Nichturteil unterscheiden [77]), so wird damit neben die Nichtigkeit noch deren Superlativ gestellt, kann also nur diese Übernichtigkeit als inexistence im Sinne der französischen Lehre gelten. Der nichtige Akt ist dann nicht mehr ein rechtliches Nichts, denn obwohl er nach SAUER „sachlich keine andere Bedeutung wie ein Nichtakt" hat, so „erfüllt er immerhin die wesentlichen Erfordernisse eines gültigen Aktes und kann daher sehr wohl ein förmliches Verfahren nach sich ziehen, das freilich nur seine Nichtigkeit feststellen kann" [78]). Mit Anerkennung einer abgeschwächten Nichtigkeit aber ist naturgemäß der Kreis absoluter, logischer Unwirksamkeitsformen gesprengt [79]). Weiter kennt namentlich das österreichische Recht eine Sistierung, d. h. Vollzugssperre bestimmter fehlerhafter Akte, die Kommunalverbänden gegenüber dauernd zu sein pflegt [80]). Hier ist also der Akt weder nichtig noch vernichtbar in irgendeiner Weise, sondern wird nur in seiner Wirkung gehemmt. Schließlich vertrat die deutsche Regierung in ihrer Note vom 5. September 1919 an den Präsidenten der Frie-

---

[76]) SAUER, WILHELM: Grundlagen des Prozeßrechts. Stuttgart 1919, S. 437 ff. Dort finden sich auch die Stellennachweise bezüglich der anderen oben genannten Autoren.

[77]) Vgl. auch FRIEDRICHS, KARL: Verwaltungsrechtspflege. Bd. 2. Berlin 1921, S. 1013 ff. und die dort Genannten.

[78]) SAUER: a.a.O. S. 504.

[79]) Dies gilt auch, wenn THOMA, RICHARD: Der Polizeibefehl im badischen Recht. Bd. 1. Tübingen 1906, S. 466 f. zwar den Begriff der Nichtigkeit im Sinne von inexistence verwendet, daneben aber „rechtsungültige" Polizeiverordnungen kennt, welche immerhin die oberen Behörden binden.

[80]) Siehe dazu TEZNER (s. II, Anm. 75), S. 288 ff.

denskonferenz die Ansicht, daß Artikel 61 Abs. 2 der Reichsverfassung über die Beteiligung Österreichs am Reichsrat wegen Kollision mit Art. 80 des Versailler Vertrages zurzeit „kraftlos" sei [81]). Versteht man hierunter, wie es WITTMAYER [82]) wohl mit Recht tut, eine derzeitige Unwirksamkeit, so wäre dies der Fall einer dem Privatrecht [83]) unbekannten bedingten Gültigkeit als Unwirksamkeitssanktion fehlerhafter Staatsakte [84]).

Scheinen die bisherigen Ausführungen eine Mannigfaltigkeit teleologisch bestimmter Unwirksamkeitsformen zuzulassen, so ist dagegen nach KELSEN wenigstens die Kategorie der Nichtigkeit im Sinne der alten inexistence denknotwendig bestimmt. Für KELSENs System der reinen Rechtslehre haben nämlich von vornherein alle positivrechtlichen Vorschriften die gleiche Bedeutung [85]). Wenn daher „irgendein Tatbestand – eine menschliche Handlung – als Staatsakt, d. h. als dem Staate zurechenbar angesehen werden soll" und auch nur ein Element „den in der Rechtsordnung für die Zurechnung aufgestellten Bedingungen" nicht entspricht, „dann kann nach allgemeinen logischen Prinzipien das Zurechnungsurteil nicht gefällt werden" [86]). Der nichtige Staatsakt wird damit für KELSEN zum Nichtstaatsakt, die Nichtigkeit selbst zu einer absoluten rechtslogischen Kategorie. Nur die Kategorie der Anfechtung bleibt historisch-positivrechtlich bedingt, wobei durch die Rechtsordnung „genau bestimmt sein muß, welche Wirkungen die Anfechtung haben soll" [87]).

Gegen diesen von KELSEN geforderten Nichtigkeitsbegriff läßt sich jedoch zunächst sagen, daß er, wie die bisherige Untersuchung zeigte, der Rechtsordnung selbst nicht in allen seinen Folgerungen entspricht.

---

[81]) Abgedruckt in: POHL, HEINRICH u. SARTORIUS, CARL: Modernes Völkerrecht. Sammlung völkerrechtl. Quellen. München 1922, S. 405, Nr. 70.

[82]) WITTMAYER, LEO: Die Weimarer Reichsverfassung. Tübingen 1922, S. 22.

[83]) Die aufschiebende oder auflösende Bedingung des Privatrechts beruht auf dem Parteiwillen.

[84]) Erwähnt sei in diesem Zusammenhange noch die von KORMANN (s. II, Anm. 2), S. 209 f. aufgestellte, angeblich den Rechtshandlungen eigentümliche Fehlerfolge der „Unrichtigkeit". In Wahrheit handelt es sich hier jedoch um eine Art des *Fehlers*, nicht um eine Form der *Unwirksamkeit*.

[85]) KELSEN, HANS: Über Staatsunrecht in: Zeitschrift f. Privatrecht u. öffentl. Recht der Gegenwart. Hrsg. von Grünhut. Bd. 40. Wien 1913, S. 86.

[86]) Desgl. S. 86.

[87]) Desgl. S. 87.

Dann aber fragt es sich vor allem, ob dies formalistisch-quantitative Verfahren, mittels dessen KELSEN seinen Nichtigkeitsbegriff gewinnt, an sich begründet ist. Mit dieser Fragestellung, die letzten Endes in das Problem der Rechtsauslegung überhaupt einmündet, muß jedoch der Bannkreis überschritten werden, welcher einer isolierenden Betrachtung der Unwirksamkeitsformen gezogen ist. Festgehalten sei jedoch vorher das Ergebnis der bisherigen Untersuchung. Es lautet: Ein System starrer Unwirksamkeitsformen kann durch die Argumentationen der logisch-dogmatischen Richtung als juristisch notwendig nicht nachgewiesen werden und widerspricht im einzelnen ebenso den Bestimmungen der Gesetze wie den Ausführungen von Theorie und Praxis. Auf welche Weise dann aber die Formen der Unwirksamkeit gewonnen werden können und nach welchen Gesichtspunkten vor allem Fehler und Unwirksamkeit in Beziehung zu setzen sind, bleibt im folgenden noch zu untersuchen.

III. Die Versuche der Gegenstandsbegrenzung durch die Kategorien des Rechtsgeschäfts und der Rechtshandlung

1. Die Bedeutung dieser Kategorien für die Theorie des fehlerhaften Staatsakts

Wurde bisher als Staatsakt jede Handlung betrachtet, die aus irgendwelchen Gründen dem Staate zuzurechnen war, so erscheint nunmehr bei dem Versuch, bestimmte Fehler mit bestimmten Unwirksamkeiten zu verbinden, eine inhaltliche Begrenzung des Gegenstandes als gefordert. Gelten doch bekanntlich auch im Privatrecht jene Regeln, welche von den Voraussetzungen und Formen der Unwirksamkeit handeln, nur für Rechtsgeschäfte. Eine Beschränkung der Untersuchung auf die Rechtsfolge von Staatsakten bestimmter Art scheint daher geboten.

Besondere Beachtung verdient unter diesem Gesichtspunkt die Ansicht einer Anzahl Autoren, nach der es wie im privaten so auch im öffentlichen Recht Tatbestände geben soll, welche als Rechtsgeschäfte angesehen werden müssen. Indem diesen Tatbeständen dann die Nichtrechtsgeschäfte oder Rechtshandlungen entgegengesetzt werden, erscheint es möglich, beide Gruppen rechtlich gesondert zu behandeln, wobei eine analoge Anwendung der privatrechtlichen Normen über Rechtsgeschäfte und Rechtshandlungen sich sozusagen von selber ergibt. Zwar liegen an sich durchaus nicht jeder Verwendung des Wortes „Rechtsgeschäft“ von publizistischer Seite derartige Vorstellungen zugrunde. Vielmehr wird häufig wie bei seiner Prägung durch HUGO [1]) der Ausdruck Rechtsgeschäft schlechthin für Rechtshandlung im weiteren Sinne gebraucht [2]) oder erfährt der gebrauchte Begriff individuelle Färbungen durch den jeweiligen Zusammenhang, in dem er sich findet. Vielfach dient das Wort Rechtsgeschäft auch zur Bezeichnung von Akten, die, irgendwie Rechte schaffend, doch nicht Gesetz oder Verordnung sind [3]). Damit verbunden findet sich wohl die Vorstellung, ihre Richtigkeit bleibe dahingestellt, das Rechtsgeschäft könne als ein „*rechtsunterstelltes* Wollen“ eine „Abänderung der souveränen Rechtsordnung“ nicht herbeiführen [4]). Aber nicht immer ist diese Verwendung des Rechtsgeschäftsbegriffs ein derart „harmloses Vergnügen“ [5]). Bereits bei LABAND ist wohl die Parallele von Verwaltungsakt und Rechtsgeschäft nicht so durchaus ohne jede technische Bedeutung, wie G. MEYER annimmt [6]), der selber die Übernahme privatrechtlicher Begriffe ins öffentliche Recht verwirft. Einen schon stark privatrechtlichen Anstrich erhält die Bezeichnung Rechtsgeschäft bei OTTO MAYER [7]), während endlich bei KORMANN der publizistisch gewendete

[1]) HUGO, GUSTAV: Lehrbuch eines zivilistischen Kursus. 7. Aufl. Bd. 4. Berlin 1826, S. 53.

[2]) So offenbar von HEYLAND, KARL: Die Rechtsstellung der besetzten Rheinlande. Stuttgart 1923, S. 4.

[3]) Zum Beispiel ist nach LABAND, PAUL: Staatsrecht des Deutschen Reiches. 4. Aufl. Bd. 2. Tübingen 1901, S. 175 die Verfügung ein Rechtsgeschäft, weil sie nicht „Rechtssätze, sondern Rechtsverhältnis“ schaffe. Mit Recht bemerkt THOMA, RICHARD: Der Vorbehalt des Gesetzes im preußischen Verfassungsrecht in: Festgabe f. Otto Mayer. Tübingen 1916, S. 179 dagegen, RADBRUCH zustimmend, daß jede Anordnung von oben her betrachtet als Rechtsgeschäft, von unten gesehen als Rechtssatzung erscheint.

[4]) Dies die Formulierung von STAMMLER, RUDOLF: Lehrbuch der Rechtsphilosophie. Berlin 1922, S. 133, Anm. 2.

[5]) BERNATZIK (s. II, Anm. 3), S. 10, Anm. 7.

[6]) MEYER, GEORG: Lehrbuch des deutschen Verwaltungsrechts. 2. Aufl. Bd. 1. Leipzig 1893, S. 29, Anm. 1.

[7]) MAYER (s. II, Anm. 72), S. 104 ff. Im Gegensatz zu O. MAYER, für den die Verfügung das einseitige Rechtsgeschäft der Verwaltung ist, läßt PILOTY, ROBERT: Verwaltungsrechtl. Gedanken in: Festgabe f. Otto Mayer. Tübingen 1916, S. 97 nur „das Rechtsgeschäft stets einen Rechtserfolg . . . als Ziel“ haben, während einer „Verwaltungsverfügung nur ganz ausnahmsweise Rechtserfolge“ zukommen, dieselbe vielmehr „gewöhnlich“ nur „tatsächliche Zustände“ gestalten soll.

Begriff des privatrechtlichen Rechtsgeschäfts geradezu im Mittelpunkt seines ganzen Systems steht. Es ergeben sich hieraus für die Voraussetzungen und Folgen der Fehlerhaftigkeit von Staatsakten wichtige Konsequenzen. Ist tatsächlich das „publizistische" Rechtsgeschäft dem privatrechtlichen wesensgleich, so erscheint es z. B. als begründet, Willensmängeln einen Einfluß auf die Wirksamkeit mit ihnen behafteter Akte einzuräumen. Richtig ist daher für KORMANN [8]) BELINGS [8a]) Ansicht, nach dem Prozeßhandlungen des wahnsinnigen Richters darum nichtig sind, weil sie als rechtgeschäftliche Akte die „Erklärung einer geschäftsfähigen Person" zu ihrer Wirksamkeit voraussetzen. Unbeträchtlich dagegen erscheinen Mängel dieser Art bei Akten, die nicht als „publizistische Rechtsgeschäfte" angesehen werden können. Denn nach KORMANN [9]) beruht „die Nichtigkeit wegen Willensmängeln ... auf dem Charakter des Verwaltungsakts als einer Willenserklärung; sie kann darum keine Anwendung finden auf Akte, die keine Willenserklärungen sind. Gerade in dieser Frage also zeigt sich der viel bezweifelte Wert des Rechtsgeschäftsbegriffs und seiner scharfen Scheidung von der bloßen Rechtshandlung; nur für das Rechtsgeschäft, nicht für die Rechtshandlung gelten die Vorschriften über Geschäftsfähigkeit".

Auch WALTER JELLINEK ist wie KORMANN durchaus der Meinung, daß „staatliche Rechtsgeschäfte" [10]) bezüglich der Verbindung von Fehler und Unwirksamkeitsform besonders zu behandeln seien. Die unter diese Kategorie zu rechnenden Tatbestände entdeckt auch er durch Verwendung der privatrechtlichen Definition des Rechtsgeschäfts. Danach erklärt W. JELLINEK z. B. die Zustellung für kein Rechtsgeschäft, sondern für eine Handlung. „Denn was der Gerichtsvollzieher oder der Amtsdiener oder der Postbote herbeiführen will, das ist allein die körperliche Übergabe oder Niederlegung des zuzustellenden Schriftstücks, nicht der mit dieser Tat verbundene rechtliche Erfolg" [11]). Meint ferner FLEINER [12]): „Da sich in der Verfügung eine

---

[8]) KORMANN (s. II, Anm. 2), S. 293. Einige Literatur zum Begriff des publizistischen Rechtsgeschäfts ebendort S. 22 ff.

[8a]) BENNECKE, HANS u. BELING, ERNST: Lehrbuch d. dt. Strafprozeßrechts. Breslau 1900, S. 294.

[9]) KORMANN (s. II, Anm. 2), S. 304.

[10]) Der Ausdruck findet sich bei JELLINEK (s. I, Anm. 5), z. B. S. 20, 27.

[11]) JELLINEK: a.a.O., S. 70.

[12]) FLEINER (s. II, Anm. 69), S. 194, 176.

Willenserklärung verkörpert, so muß sie überdies frei von Willensmängeln sein", so bedeutet auch dies offenbar einen Anschluß an die privatrechtlichen Lehren von Rechtsgeschäft und Willenserklärung. Dasselbe gilt schließlich für HATSCHEK [13]), der schlechthin Verwaltungsakt und publizistisches Rechtsgeschäft gleichsetzt. Dagegen sind nach HATSCHEK „Mitteilungen, Belehrungen, *Mahnungen* u. a. m." keine publizistischen Rechtsgeschäfte. „Die Behörde will keine bindende Willenserklärung abgeben." „Es sind bloß: *Rechtshandlungen,* d. h. Handlungen, an die sich rechtliche Wirkungen *ohne Rücksicht auf den Willen des Handelnden* anknüpfen, während bei den Verwaltungsakten als publizistischen Rechtsgeschäften die rechtlichen Wirkungen eben deshalb eintreten, weil der Handelnde, insbesondere die Behörde, den Eintritt dieser Wirkungen will."

Beansprucht so der Begriff des publizistischen Rechtsgeschäfts praktische Bedeutung auch bezüglich der Folgen fehlerhafter Staatsakte, so fragt es sich doch, was eigentlich seine Aufstellung und Verwendung rechtfertigt [14]). Jedenfalls kann ein derartiger publizistischer Rechtsgeschäftsbegriff nur dann überhaupt irgendwelchen Sinn haben, wenn wirklich Akte bestimmter Art ihm auch entsprechen. Da nun die Vertreter des hier interessierenden Begriffs eines publizistischen Rechtsgeschäfts durchweg der Meinung sind, ihre Unterscheidung einzelner Staatsakte in Rechtsgeschäfte und Rechtshandlungen mittels der privatrechtlichen Definitionen dieser Begriffe vollzogen zu haben, setzen

---

[13]) HATSCHEK (s. II, Anm. 70), S. 11. Neuerdings unterscheidet HATSCHEK: Völkerrecht als System rechtlich bedeutsamer Staatsakte. Leipzig 1923 im Anschluß an die privatrechtliche Einteilung der rechtlich bedeutsamen Handlungen auch im Völkerrecht zwischen Völkerhandlungen, Völkerrechtshandlungen und Völkerrechtsgeschäften, macht also die privatrechtlichen Kategorien zur Basis seines ganzen Systems. Die Berechtigung hierzu ergibt sich für HATSCHEK durch Gleichsetzung jener privatrechtlichen Grundbegriffe mit der Idee einer allgemeinen Rechtslehre. Vgl. insbesondere S. 122 ff.

[14]) SULSER, KARL: Bedingung u. Auflage. Ein Beitrag zum allgemeinen Teil des Verwaltungsrechts. Diss. Zürich. 1919, S. 3 meint zwar, die Anerkennung des privatrechtlichen Rechtsgeschäftsbegriffs nötige dazu, auch ein publizistisches Rechtsgeschäft anzuerkennen. „Es liegt ja einfach eine menschliche Handlung, die eine besondere Art von juristischen Tatsachen darstellt, vor." Aber diese Argumentation entbehrt jeder Beweiskraft, da SULSER weder untersucht, ob es Tatbestände gibt, die sich dem Rechtsgeschäftsbegriff fügen, noch begründet, warum derartigen rechtsgeschäftlichen Tatbeständen im öffentlichen Recht irgendwelche Bedeutung zukommt.

sie die Möglichkeit, mittels dieser Definitionen menschliche Handlungen juristisch zu unterscheiden, als gegeben voraus. Ob diese grundlegende Annahme jedoch berechtigt ist, muß deutlich werden, wenn man einmal nachprüft, wie eigentlich der privatrechtlichen Theorie es gelingt, bestimmte Tatbestände als Rechtsgeschäfte oder Rechtshandlungen zu erkennen und zu unterscheiden.

2. Die privatrechtlichen Versuche, bestimmte Tatbestände als Rechtsgeschäfte oder Rechtshandlungen festzustellen

a) Das Willens- oder Erklärungsziel als Unterscheidungskriterium

Nach ENNECCERUS [15]) ist das Rechtsgeschäft „ein Tatbestand, der eine Willenserklärung oder eine Mehrheit von solchen enthält und von der Rechtsordnung als Grund für den Eintritt der als gewollt bezeichneten Rechtswirkungen anerkannt ist". Gegenüber dieser Definition, die auf die Richtung des Erklärungsinhalts abstellt, legt die ENNECCERUS sonst nahestehende ältere Willenstheorie das Schwergewicht auf die Richtung des Willens selber. Demnach soll nach der Willenstheorie der empirische Wille selbst, nach der Erklärungstheorie zum mindestens der Erklärungsinhalt bei Tatbeständen, die sich als Rechtsgeschäfte charakterisieren, auf Rechtsfolgen gerichtet sein. Fehlt „die auf eine Rechtswirkung gerichtete Absicht des Erklärenden", so liegt nach Ansicht des Reichsgerichts [16]) „ein Rechtsgeschäft überhaupt nicht vor, weder ein wirksames, noch ein unwirksames. Eine derartige Erklärung entbehrt völlig des rechtsgeschäftlichen Charakters". Dagegen kann dieselbe sich als Rechtshandlung darstellen, da hier nach Meinung der Motive [17]) die Rechtsfolge von selbst und ohne Rücksicht auf den Parteiwillen eintritt. Nach Ansicht der privatrechtlichen

[15]) ENNECCERUS (s. II, Anm. 41), S. 354. Literatur über Begriff und Wesen des Rechtsgeschäfts bringt bis 1913 wohl am vollständigsten der Kommentar von PLANCK, GOTTLIEB: Kommentar zum Bürgerl. Gesetzbuch. Hrsg. von EMIL STROHAL. 4. Aufl. Bd. 1. Berlin 1913; einige spätere Literatur enthält ENNECCERUS (s. II, Anm. 41) zu § 136.

[16]) RGZ Bd. 68, 1908, S. 324.

[17]) *Motive* (s. II, Anm. 45), S. 126. Es kann hier im allgemeinen von Rechtshandlungen gesprochen werden ohne Rücksicht auf weitere Untergruppen, wie sie als Vorstellungs- und Gefühlsäußerungen usw. von den verschiedensten Autoren aufgestellt werden. Das allen Gemeinsame ist eben die Nichtrechtsgeschäftsnatur.

Theorie sind also die von den Begriffen Rechtsgeschäft und Rechtshandlung gemeinten Tatbestände durch natürliche Merkmale ausgezeichnet und voneinander unterschieden. Als wesentliches Kennzeichen rechtsgeschäftlicher Tatbestände sieht dabei, wie gesagt, die Willenstheorie das Ziel des psychologischen Willens, die Erklärungstheorie das immanente Ziel der Erklärung an, welches Ziel nach beiden Theorien in Rechtsfolgen bestehen soll. Für die Verwendbarkeit, wenn auch noch nicht Richtigkeit dieser Lehre würde nun sprechen, wenn wirklich an jenen Tatbeständen, welche gemeinhin als Rechtsgeschäfte angesehen werden, sich die Merkmale des Rechtsgeschäftsbegriffs nachweisen ließen. Denn da diese Tatbestände ja angeblich auf Grund der Definition des Rechtsgeschäfts als diesem Begriffe zugehörig erkannt wurden, stellt dieser rückläufige Weg gleichsam die Probe aufs Exempel dar.

Betrachtet sei zunächst der Tatbestand der Kündigung, welcher leicht zu vergegenwärtigen ist und als einseitige Willenserklärung wohl allgemein anerkannt wird. Auf die Frage, woher weiß man eigentlich, daß die Kündigung als Rechtsgeschäft und nicht etwa als Rechtshandlung erscheint, würde die Antwort je nach dem eingenommenen willens- oder erklärungstheoretischen Standpunkte lauten: Die Kündigung ist deswegen ein Rechtsgeschäft, weil der Wille des Kündigenden bzw. der Inhalt des Erklärten sich auf einen Rechtserfolg und nicht auf einen solchen tatsächlicher Art richtet. Enthalten jedoch zunächst in Wahrheit alle jene Tatbestände, welche im Rechtsverkehr als Kündigung betrachtet und von der Rechtsordnung als solche anerkannt werden, einen Willen, gerichtet auf die rechtlichen Wirkungen der Kündigung? Reflektiert man auf den Akt der Kündigung, so wird man finden, daß jeder Kündigende als Ergebnis seiner Erklärung regelmäßig ein bestimmtes Verhalten des Aktsadressaten, also einen *tatsächlichen* Erfolg herbeiführen will. Die Kündigung scheint danach eher eine *Rechtshandlung* zu sein. Dagegen spricht jedoch, daß meist der Kündigende eine mehr oder weniger klare Vorstellung auch von den Rechtsfolgen der Kündigung zu haben pflegt, wobei sein Wille sich normalerweise auch auf Verwirklichung dieser Rechtsfolgen erstreckt. Dieses Moment spricht also für eine rechts*geschäftliche* Natur der Kündigung.

Nicht anders wird das Ergebnis, wenn man statt von dem psychologischen Willen vom Inhalt des Erklärten den Ausgang nimmt. Denn da auch der vom Erklärenden losgelöste, für sich betrachtete Erklärungsinhalt letzten Endes nur enthält, was der Erklärende in ihn hineinlegte, so ist auch dieser Inhalt geradeso gut und geradeso wenig auf Rechtsfolgen gerichtet wie der ihn hervorbringende Wille selber. Unhaltbar insbesondere erscheint die Anschauung, nach der „die Rechtswirkung mit dem Inhalt der Willenserklärung im wesentlichen kongruent“ [18]) sein soll. Denn daß in der den Kündigungstatbestand verwirklichenden Erklärung, die Wohnung Y zum xten zu kündigen, bereits die Rechtsfolgen enthalten seien, wird ernsthaft schwerlich vertreten werden können [19]).

Soll trotzdem der Tatbestand der Kündigung, obwohl er so gut unter den Begriff des Rechtsgeschäfts wie den der Rechtshandlung gebracht werden kann, sich als rechtsgeschäftlicher darstellen, dann muß dies rechtsgeschäftliche Moment irgendwie als hervorstechend erscheinen.

Als Beispiel, dies festzustellen, sei die Mahnung gewählt, deren Rechtshandlungsnatur zwar nicht völlig unbestritten ist [20]), immerhin aber so überwiegend angenommen wird, daß v. TUHR sie geradezu als nächstliegenden Fall einer Rechtshandlung überhaupt bezeichnet [21]). Als Rechtshandlung soll nun die Mahnung durch das Fehlen des auf einen rechtlichen Erfolg gerichteten Willens angeblich erkennbar sein. Denn, wie v. TUHR behauptet, „indem der Gläubiger die ihm geschuldete Leistung verlangt, will er sein Recht ausüben, nicht aber eine Rechtsänderung herbeiführen“. Eine Vergegenwärtigung des Tatbestandes der Mahnung wird die Richtigkeit dieser Behauptung ergeben. Nach v. TUHR ist der Wille des Gläubigers auf „Ausübung seines Rechtes“ gerichtet. Soll dies, wie es der Tuhrschen Definition der Rechtshandlung entsprechen würde, heißen, der Wille des mahnenden Gläubigers sei lediglich auf einen „tatsächlichen“ Erfolg gerichtet, so

---

[18]) TUHR (s. II, Anm. 40), S. 106.

[19]) Dagegen auch KOHLER, J.: Das Autorecht in: Iherings Jahrbücher. Bd. 18. Jena 1880, S. 135 ff.

[20]) ZITELMANN, ERNST: Selbstmahnung des Schuldners in: Festgabe der Bonner juristischen Fakultät f. Paul Krüger. Berlin 1911, S. 287 erklärt die Mahnung für ein Rechtsgeschäft. Derselben Ansicht scheint COSACK (s. II, Anm. 51) zu sein. Wenn MANIGK, ALFRED: Willenserklärung und Willensgeschäft. Berlin 1907, S. 725 in seiner Terminologie die Mahnung als „Willensmitteilung“, BREIT, JAMES: Die Geschäftsfähigkeit. Leipzig 1903, S. 193 sie für eine „Sollenserklärung“ ansieht, so ist das hier Entscheidende das Bestreiten der Rechtsgeschäftsnatur.

[21]) TUHR (s. II, Anm. 40), S. 108.

kann diese Behauptung als richtig nicht anerkannt werden. Denn weder in jedem einzelnen Fall noch auch nur typisch fehlt einem mahnenden Gläubiger der Rechtserfolgswille. Es liegt hier offenbar geradeso wie bei der Kündigung. Der Kündigende wie der Mahnende will regelmäßig einen tatsächlichen Erfolg und will ebenso die Rechtswirkungen, soweit er sie kennt und sie in seinem Bewußtseinshorizont auftauchen. Ja, man wird eher noch wie bei der Kündigung von der Mahnung sagen können, der Wille des Mahnenden sei auf einen *Rechts*erfolg gerichtet. Denn anders wie die Kündigung zielt die Mahnung von vornherein ab auf Überwindung schuldnerischer Widerspenstigkeit. So scheint es nur natürlich, wenn gerade im Falle der Mahnung der Gläubiger den Rechtserfolg erstrebt.

Es ergab sich damit im Gegensatz zur Ansicht der privatrechtlichen Theorie, daß sich die Tatbestände der Mahnung und Kündigung den Definitionen des Rechtsgeschäfts und der Rechtshandlung, wenigstens soweit jene Definitionen auf ein Vorhandensein oder Fehlen des Rechtserfolgwillens als Unterscheidungskriterium abstellen, durchaus nicht fügen wollten. Immerhin mag es an der Wahl der Beispiele gelegen haben. Betrachtet sei daher eine Anzahl weiterer Tatbestände, die nach der Meinung v. Tuhrs als Rechtshandlungen anzusprechen sind. Es werden da genannt „die Aufforderung des Schenkers an den Beschenkten, sich über die Annahme der Schenkung zu erklären", die „Aufforderung zur Anmeldung von Ansprüchen oder zur Genehmigung von Rechtsgeschäften", die „Aufforderung des Schuldners an den wahlberechtigten Gläubiger". Aber bereits eine kurze Reflektion auf die betreffenden Akte zeigt, wie in all diesen Fällen, welche in ihrer wesenhaften Struktur der Mahnung offenbar verwandt sind, der Wille des Handelnden erfahrungsgemäß typisch wie individuell so gut auf Rechtsfolgen wie auf ein tatsächliches Ergebnis gerichtet sein kann und umgekehrt. Der reine Behauptungscharakter wie die Gewaltsamkeit jener auf angebliche psychologische Besonderheiten gegründeten Unterscheidung tritt auch bei anderen Autoren deutlich heraus. Man höre etwa Eltzbacher [22]): „Solche Willensäußerungen wie die des Gläubigers, der es ablehnt, die Leistung nach einer bestimmten Frist noch anzunehmen . . ., richten sich nicht auf eine Rechtsfolge, sondern auf etwas rein Tatsächliches." Eine Unterscheidung von Rechtsgeschäft

[22]) Eltzbacher, Paul: Die Handlungsfähigkeit nach deutschem bürgerlichen Recht. Bd. 1. Berlin 1903, S. 177.

und Rechtshandlung nach dem Willens- oder Erklärungsziel scheint damit ausgeschlossen zu sein. Die Frage nach der *Berechtigung*, auf Grund psychologischer Kriterien die Tatbestände des Rechtsgeschäfts und der Rechtshandlung zu bestimmen und abzugrenzen, braucht daher in diesem Zusammenhange gar nicht erst aufgeworfen zu werden. Zu beachten bleibt schließlich, daß gegenüber der herrschenden Lehre namhafte Autoren [23]) auch bei Rechtsgeschäften die Notwendigkeit, einen Rechterfolg zu wollen, bestreiten. Dann aber entfällt die Möglichkeit, nach Willens- oder Erklärungsziel die Rechtsgeschäfte von den Rechtshandlungen zu trennen, von selbst.

b) Die Notwendigkeit eines Rechtserfolgswillens als Kennzeichen des Rechtsgeschäfts

Die tatsächliche Unmöglichkeit, nach angeblichen Verschiedenheiten des Willens- oder Erklärungszieles die Rechtsgeschäfte von den Rechtshandlungen zu unterscheiden, ist übrigens auch den Anhängern dieses Kriteriums nicht völlig entgangen. Jedenfalls dürfte es hierauf zurückzuführen sein, wenn zwar von ihnen meist an dem Erfordernis des auf den Rechtserfolg gerichteten Willens bzw. Erklärungsinhalts beim Tatbestande des Rechtsgeschäftes festgehalten wird, dagegen die Möglichkeit, daß auch der Tatbestand der Rechtshandlung derart einmal beschaffen sei, mehr oder weniger offen zugegeben wird [24]).

---

[23]) Angaben darüber s. bei Oertmann, Paul: Kommentar zum BGB. 2. Aufl. Bd. 1. Allgemeiner Teil. Berlin 1908 unter Willenstheorie. In einer Abhandlung über „Parteiabsicht und Rechtserfolg“ in: Iherings Jahrbüchern. Bd. 19. Jena 1881 vertritt Otto Lenel bereits diesen Standpunkt. Auch neuestens bestreitet Lenel, Otto: Die Rechtswissenschaft der Gegenwart in Selbstdarstellungen. Bd. 1. Leipzig 1924, S. 11 die Berechtigung der „fast allgemein herrschenden Lehre, daß zum Begriff des Rechtsgeschäfts eine spezifisch juristisch gefärbte, nämlich auf den Rechtserfolg gerichtete Absicht der Parteien gehöre“. Der Grund aber, „warum die herrschende Lehre so schwer zu erschüttern ist“, liegt nach Lenel in der Bequemlichkeit, „in Zweifelsfällen, statt zu untersuchen, welche Rechtsfolgen und warum sie dem Parteiwillen *angemessen* sei, lieber ohne weiteres der Partei das Gewolltsein dieser Rechtsfolge in die Seele zu schieben“.

[24]) Auch ersteres Erfordernis läßt Enneccerus fallen. So meint er (s. II, Anm. 41), S. 336 von den Rechtshandlungen „tatsächlich werden sie in den meisten Fällen im Bewußtsein ihrer Rechtswirkungen, ja oft in der Absicht, sie hervorzurufen, vorgenommen“. Umgekehrt heißt es S. 356 von den Rechtsgeschäften, es brauchten nur „die unmittelbaren und rechtsgeschäftlichen“ Fol-

Dann aber kann eine angebliche Verschiedenheit des Willens oder Erklärungszieles auch nicht mehr Rechtsgeschäfte und Rechtshandlungen unterscheiden. Auf dieser Erkenntnis mag beruhen, wenn unter Festhaltung am Rechtserfolg als Willens- oder Erklärungsziel die Rechtshandlungen von den Rechtsgeschäften nun dadurch geschieden werden sollen, daß man bei ersteren einen etwaigen Rechtserfolgswillen für gleichgültig erklärt. So ist schon nach der im übrigen mehrfach geänderten Ansicht der Protokolle [25]) die Mahnung deshalb „zweifellos kein Rechtsgeschäft, weil ihre Wirkungen ohne Rücksicht auf den Willen der betreffenden Person" angeblich eintreten sollen. Desgleichen ist für ENNECCERUS [26]) den Rechtshandlungen wesentlich, daß hier die „Rechtswirkung nicht durch den Inhalt des Willens, sondern direkt durch das Gesetz" nach seiner Ansicht bestimmt wird. Eine Meinung, welche auch H. LEHMANN [27]) in seinem Allgemeinen Teil des Bürgerlichen Gesetzbuches vertritt. v. TUHR [28]) hält darum „die Willensäußerung des Tradenten bei der Besitzübergabe" für „nicht rechtsgeschäftlicher Natur", weil einmal dieselbe auf einen tatsächlichen Erfolg gerichtet sei, dann aber „die Rechtswirkung dieser Willensäußerung ... weder in ihrem Inhalt, noch im Bewußtsein des Tradenten zu liegen brauche". Die Merkmale von v. TUHR und ENECCERUS zusammenfassend, sieht PLANCK-STROHAL [29]) im Anschluß an KLEIN das Unterscheidungskriterium der Rechtshandlungen von den Rechtsgeschäften darin, daß bei ersteren „nicht eine gewollte Rechtswirkung in der Erklärung als gewollt bezeichnet zu sein braucht, und daß diese Rechtswirkung, auch wo sie gewollt oder sogar als gewollt bezeichnet ist, nicht um deswillen eintritt, weil sie gewollt ist". Auch

---

gen erklärt zu werden. Eine Einschränkung, die ihrerseits noch eingeschränkt wird, da nach ENNECCERUS auch diese unmittelbaren Folgen „nicht in klarer juristischer Vorstellung, sondern nur in praktischer Gesamtanschauung erklärt" sein müssen. Wie dann allerdings ENNECCERUS mit Hilfe seiner Definitionen noch Tatbestände als Rechtsgeschäfte und Rechtshandlungen unterscheiden will, ist unverständlich.

[25]) Protokolle d. Kommission f. d. 2. Lesung d. Entwurfs d. Bürgerl. Gesetzbuchs. Bd. 1. Berlin 1897, S. 267.

[26]) ENNECCERUS (s. II, Anm. 41), S. 336.

[27]) LEHMANN, HEINRICH: Allgemeiner Teil des Bürgerlichen Gesetzbuches. Bd. 1: Grundrisse der Rechtswissenschaft. Leipzig 1919, S. 168.

[28]) TUHR (s. II, Anm. 40), S. 101.

[29]) PLANCK (s. III, Anm. 15), S. 224.

ELTZBACHER [30]) zerteilt in seiner Terminologie das „rechtmäßige Verhalten" in „Willenserklärungen und unmaßgebliches Verhalten", welch letzteres „in sich nichts" berge, „was unmittelbar für die Art der an es geknüpften Rechtsfolge maßgebend wäre", wodurch es von der Willenserklärung unterschieden sein soll. Schließlich gehört auf Grund eben dieses Kriteriums nach MANIGK [31]) der Fund zweifellos zur Kategorie der Rechtshandlungen. Denn „der Wille des Finders einer Sache braucht sich auf keine der rechtlichen Wirkungen seines Verhaltens zu beziehen, weder auf einzelne typische Hauptwirkungen noch auf die Gesamtheit derselben. Der Fund kann also in keiner Hinsicht als Rechtsgeschäft angesehen werden".

Das hiermit aufgestellte Kriterium der Notwendigkeit oder Gleichgültigkeit des Rechtserfolgswillens als Kennzeichen von Rechtsgeschäft und Rechtshandlung ist jedoch offenbar nicht geeignet, die von ihm verlangte unterscheidende Funktion in Wahrheit zu erfüllen. Vielmehr bedeutet jene Abstellung auf die Rechtswirkung, welche dieser Definition zugrunde liegt, einen deutlichen Zirkel. Auf die Frage nämlich, ob man z. B. den Fund als Rechtsgeschäft oder Rechtshandlung anzusehen habe, lautet die Antwort der privatrechtlichen Theorie, der Fund sei deswegen eine Rechtshandlung, weil der Wille des Finders nicht auf Rechtsfolgen gerichtet zu sein brauche. Der Wille des Finders braucht aber nicht auf Rechtswirkungen gerichtet zu sein, wenn der Fund als eine Rechtshandlung angesehen werden muß. Um also mit Hilfe der obigen Definition des Rechtsgeschäfts angeben zu können, ob ein Tatbestand sich als Rechtsgeschäft oder Rechtshandlung darstellt, muß man bereits wissen, welcher von beiden Rechtskategorien der betreffende Tatbestand unterzuordnen ist. Denn auch dem Gesetz, welches sich über diesen Punkt regelmäßig ausschweigt, kann die Antwort nicht etwa entnommen werden.

Zusammenfassend läßt sich demnach sagen, daß jedenfalls mittels der durch die Privatrechtstheorie aufgestellten Definitionen des Rechtsgeschäfts und der Rechtshandlung diesen Begriffen zuzuordnende Tatbestände unmöglich aufgefunden werden können. Damit aber erweisen sich auch die Versuche derjenigen Publizisten, welche wie etwa W. JELLINEK, KORMANN, HATSCHEK, FLEINER und SULSER mittels der privatrechtlichen Definitionen von Rechtsgeschäft und Rechtshandlung

---

[30]) ELTZBACHER (s. III, Anm. 22), S. 121.

[31]) MANIGK (S. III, Anm. 20), S. 671.

bestimmte Tatbestände öffentlich-rechtlicher Bedeutung zusammenzufassen und für rechtliche Behandlung herauszuheben suchen, als von vornherein verfehlt. Auf dem privatrechtlichen Zirkelschluß beruht besonders drastisch die Kormannsche Unterscheidung seiner „publizistischen Rechtsgeschäfte“ und „rechtshandlungsmäßigen Verwaltungsakte“. Will man nämlich wissen, welcher von beiden Kategorien ein Verwaltungsakt unterzuordnen ist, „so muß“ nach KORMANN[32]) seine „rechtliche Natur klar werden, wenn man sich fragt: welchen Einfluß hat es, wenn der Handelnde ausdrücklich erklärt, er wolle den Eintritt von Rechtsfolgen nicht. Bei dem Rechtsgeschäft wird diese Willenserklärung das Rechtsgeschäft aufheben, bei einer Rechtshandlung wird sie ein leerer Protest gegen das ja nicht vom Handelnden, sondern nur vom Gesetzgeber Gewollte, sie wird ein Schlag ins Wasser sein“. Um also Rechtsgeschäft und Rechtshandlung unterscheiden zu können, ist auch nach KORMANN Kenntnis der rechtlichen Natur des zu beurteilenden Tatbestandes die unumgängliche Voraussetzung.

c) Die teleologische Unterscheidung von Rechtsgeschäft und Rechtshandlung als eigentlich verwandte Methode der privatrechtlichen Theorie

Ergibt sich demnach die Sachlage, daß natürliche Verschiedenheiten zwischen den als Rechtsgeschäfte und Rechtshandlungen bezeichneten Tatbeständen nicht bestehen, so ordnet doch andererseits die privatrechtliche Theorie unbestreitbar bestimmte Akte den entsprechenden Rechtsbegriffen unter. Es fragt sich also, auf welche Weise in Wahrheit die Zivilisten jene Bestimmung und Abgrenzung von Tatbeständen als Rechtsgeschäfte und Rechtshandlungen eigentlich vollziehen. Dieser Punkt ist schon darum von Bedeutung, weil sich mit Sicherheit voraussagen läßt, daß diejenigen Publizisten, welche bisher der privatrechtlichen Theorie freiwillig Gefolgschaft leisteten, sie ihr weiterhin nicht werden versagen können. Es zeigte sich nun schon, daß jene Unterscheidung von Rechtsgeschäft und Rechtshandlung, welche mit Hilfe der als Unterscheidungsmittel angegebenen Definitionen niemals hätte vollzogen werden können, tatsächlich ohne Begründung, vielmehr als petitio principii erfolgte. Eine petitio principii ist es, wenn

[32]) KORMANN (s. II, Anm. 2), S. 23.

etwa MANIGK [33]) die Geschäftsführung ohne Auftrag für eine Rechtshandlung erklärt, weil ihre Folgen „ohne jede Rücksicht auf ihr Gewolltsein rein ex lege“ eintreten sollen. Das eigentliche Motiv zu dieser Behauptung wird jedoch erkennbar, wenn MANIGK einige Seiten weiter wie beiläufig bemerkt: „sähe man die Geschäftsführung als Rechtsgeschäft an, so müßte man nach der herrschenden Auffassung, die bei jedem Rechtsgeschäft eine Willenserklärung annimmt, die §§ 116 ff. anwenden. Das wäre ein schlechter Schutz des Geschäftsherrn“. Der wirkliche Grund, die Geschäftsführung ohne Auftrag für eine Rechtshandlung zu erklären, liegt also für MANIGK in dem Wert des Ergebnisses. Sieht man genauer zu, so wird man finden, daß alle die Tatbestände, welche nicht als Rechtsgeschäfte, sondern im weitesten Sinne als Rechtshandlungen angesehen werden, wegen des praktischen Ergebnisses offenbar oder nach Ansicht des betreffenden Autors einer restlosen Unterordnung unter die Normen über Rechtsgeschäfte widerstreben. Was KELSEN [34]) gegen die zivilistische Unterscheidung der verschiedenen Irrtumsfälle einwendet, daß nämlich „diese Unterscheidung ... durchaus nicht nach psychologischen, sondern nach ethisch-politischen Gesichtspunkten“ erfolge, gilt jedenfalls für die privatrechtliche Lehre vom Rechtsgeschäft. Ja, man wird nicht zu weit gehen mit der Feststellung, daß die *privatrechtliche Theorie als Rechtsgeschäfte Tatbestände ansieht, auf welche nach ihrer Ansicht die Normen über Rechtsgeschäfte ihrem Sinne gemäß voll zur Anwendung zu bringen sind,* damit also *teleologisch* die rechtlichen Handlungen unterscheidet [35]).

3. Haltlosigkeit der publizistischen Versuche, Staatsakte rechtlicher Eigentümlichkeit mittels der privatrechtlichen Definitionen des Rechtsgeschäfts und der Rechtshandlung zu gewinnen

Aus der Unmöglichkeit, mittels der privatrechtlichen Definitionen von Rechtsgeschäft und Rechtshandlung eine Abgrenzung bestimmter Seinstatbestände vorzunehmen, ergibt sich von selbst die Unbrauch-

[33]) MANIGK (s. III, Anm. 20), S. 685.

[34]) KELSEN, HANS: Hauptprobleme der Staatsrechtslehre. Tübingen 1911, S. 130.

[35]) Bedeutet für KELSEN das teleologische Verfahren, das er dem Positivismus nachweist, an sich etwas Unzulässiges, so liegt nach hier vertretener Ansicht das Unzulässige am Positivismus vielmehr in der Verschleierung der sachgegebenen teleologischen Momente.

barkeit dieser Begriffsbestimmungen für die Lehre vom fehlerhaften Staatsakt. Auch dann aber, wenn man die Brauchbarkeit jener privatrechtlichen Definitionen für eine Einteilung der menschlichen Handlungen unterstellte, würde daraus für ihre Bedeutung im System des öffentlichen Rechts nicht das geringste folgen. Dagegen hat die publizistische Übernahme der Lehre vom Rechtserfolgswillen bei einer vorausgesetzten Dualität der Rechtssysteme etwas höchst Befremdliches. Denn jene Verherrlichung des Rechtserfolgswillens durch die privatrechtlichen Willenstheoretiker führt über den Gedanken der Privatautonomie geraden Weges zurück auf die Idee des freien Individuums und deren philosophische Verfechter. So betrachtet KANT [36]) den Vertrag als „Akt der vereinigten Willkür" zweier Personen, und HEGEL [37]) lehrt: „der Boden des Rechts ist überhaupt das *Geistige* und seine nähere Stelle und Ausgangspunkt der *Wille*, welcher frei ist". Der Einfluß HEGELS auf SAVIGNY mag wesentlich zur Lehre vom autonomen Willen beigetragen haben [38]). Als frei aber erscheint der Wille der Individuen auf dem Gebiete des Privatrechts gegeneinander und gegenüber dem Staat. Eine Einteilung der Staatsakte auch nach dem Willen bedeutet daher, abgesehen von ihrer völligen Grundlosigkeit, eine seltsame Umkehrung des ursprünglichen Sinnes. Schließlich fehlt es auch ganz an Normen, welche die Fehlerfolgen jener angeblichen publizistischen Rechtsgeschäfte angeben könnten. In Wahrheit werden daher von KORMANN wie JELLINEK als publizistische Rechtsgeschäfte Tatbestände betrachtet, auf welche ihnen eine analoge Anwendung der privatrechtlichen Normen über Rechtsgeschäfte angemessen scheint. Die Berechtigung dazu kann aber, wie später genauer klarzulegen sein wird, nicht induktiv, sondern nur teleologisch aufgewiesen werden [39]).

---

[36]) Vgl. BINDER, JULIUS: Wille und Willenserklärung im Tatbestand des Rechtsgeschäfts in: Archiv f. Rechts- u. Wirtschaftsphilosophie. Bd. 5. Berlin 1911/12, S. 266, Anm. 2. – Der alte Streit, ob auf dem Willen oder der Rechtsordnung die bindende Kraft der Verträge ruhe, findet sich überall in den Lehrbüchern des Naturrechts und geht nach WARNKÖNIG, LEOPOLD AUGUST: Rechtsphilosophie als Naturlehre des Rechts. Freiburg 1839, S. 375, Anm. 1 bis ins 16. Jahrhundert zurück.

[37]) HEGEL, GEORG WILHELM FRIEDRICH: Grundlinien der Philosophie des Rechts. Berlin 1821, § 4.

[38]) So redet SAVIGNY häufig von „freien Handlungen".

[39]) Vgl. VI, VII 2 f der Darstellung.

IV. Versuch einer psychologischen Verbindung von Fehler und Unwirksamkeitsform

Im vorigen Kapitel wurde der Versuch abgewehrt, durch Übernahme der privatrechtlichen Definitionen von Rechtsgeschäft und Rechtshandlung Staatsakte verschiedener Art und rechtlich besonderer Struktur zu gewinnen. Zu behandeln bleibt noch W. JELLINEKs Systematik, der induktiv auf seltsamen Wegen eine Einteilung der staatlichen Handlungen und damit verknüpft besondere Regeln für Fehlerhaftigkeit und Fehlerfolgen der verschiedenen Staatsakte erstrebt.

Während nämlich KORMANN seine Aufstellung der Kategorien des publizistischen Rechtsgeschäfts und der publizistischen Rechtshandlung im wesentlichen auf ihr Vorhandensein im Privatrecht stützt, versucht W. JELLINEK seine Einteilung der Staatsakte durch eine solche der menschlichen Tätigkeiten zu begründen. Denn, wie er meint, „die Organe des Staates sind Menschen; jede staatliche Tätigkeit ist daher menschliche Tätigkeit; wer die Arten der menschlichen Tätigkeiten kennt, kennt auch die Arten der staatlichen Tätigkeiten“ [1]). Im weiteren unterscheidet W. JELLINEK drei geistige Funktionen, welche er als Wahrnehmung, Wille und Gedanken bezeichnet, und kommt darauf zu folgender Behauptung [2]): „Wenn es gelingen sollte, die Grundeinteilung der staatlichen Akte auf diese drei Funktionen des menschlichen Geistes und deren Kombinationen zurückzuführen, so dürfte die einheitliche Darstellung der Voraussetzungen und der Fehler von sämtlichen Äußerungen der Staatsgewalt kein Ding der Unmöglichkeit sein.“ Bereits mit diesem Ausgangspunkt verfällt jedoch JELLINEK in einen grundsätzlichen Fehler. Aus einer Einteilung der psychischen Akte folgt nicht das mindeste für die äußeren Tätigkeiten, mit deren Regelung es die Rechtsordnung doch zunächst zu tun hat. So wichtig auch das angenommene psychische Verhalten etwa in Form von Bewußtsein der Rechtswidrigkeit, Fahrlässigkeit, Arglist und Vorsatz rechtlich sein mag, wird doch durch Klassifikation psychischer Vorgänge eine Einteilung der äußeren Handlungen keinesfalls erreicht. Denn ganz andere Momente wie diese Bewußtseinsvorgänge kennzeichnen das äußere Verhalten. Hier sind vielmehr Subjekt und Objekt der Handlung, die Art der zwischen beiden bestehenden Bezie-

---

[1]) JELLINEK (s. I, Anm. 5), S. 5.

[2]) Desgl. S. 9.

hungen, Richtung und Intensität des Akts und anderes das Entscheidende. So wäre etwa dem Befehl wesentlich, daß dieser hinzielt auf ein Bewußtsein, ein Verhalten des Aktadressaten fordert, und, um als Befehl zu erscheinen, ein bestimmtes Verhältnis von Unter- und Überordnung zwischen Aktträger und Aktadressaten setzt. Dagegen sind *bestimmte* psychische Einstellungen des Aktträgers nicht wesensmäßig mit dem Akt des Befehlens verbunden, und der Befehl bleibt Befehl, ganz gleichgültig, was dabei auch der Befehlende dachte, wahrnahm und wollte, und ob er dergleichen tat. Die Schicht der inneren und äußeren Akte erweist sich demnach zwar aufeinander bezogen, nicht aber derart, daß bestimmten äußeren Handlungen notwendig bestimmte psychische Vorgänge entsprächen. Eine natürliche Einteilung der „menschlichen Tätigkeiten" ist so nicht psychologisch, sondern, wenn überhaupt, wohl nur phänomenologisch durchführbar.

Bei dieser prinzipiellen Unmöglichkeit, durch Einteilung der psychischen Akte ein System der äußeren Handlungen zu gewinnen, sei hier der zweite Einwand, gerichtet gegen die Jellineksche Dreiteilung der Bewußtseinsvorgänge als solche, nicht weiter verfolgt. Nur festzustellen bleibt, daß nicht Wahrnehmen, Denken und Wollen, sondern höchstens Gegenstandsbewußtsein, Fühlen und Streben [3]) annähernd vollständig die verschiedenen Seiten psychischen Seins bezeichnen. Daß eine auf die psychischen Phänomene angeblich gegründete Einteilung der menschlichen Tätigkeiten nicht einen Zweig, das Fühlen, einfach weglassen darf, dürfte einleuchten. Wenn W. Jellinek sich dazu für berechtigt hält, weil für das, „was man in der Psychologie Gefühl nennt . . ., bei der Bildung der richterlichen Überzeugung so wenig wie bei den sonstigen Tätigkeiten der Staatsorgane ein Raum vorhanden" [4]) sei, so ist dies weder überzeugend noch richtig. Denn Fragen wie die, ob eine Handlung gegen den Anstand oder die guten Sitten verstößt, ob ein Plakat eine landschaftlich hervorragende Gegend verunziert, und viele andere sind nur mit Zuhilfenahme des Gefühls [4a]), nicht aber mit Wollen, Wahrnehmen oder Denken zu

[3]) Man vgl. dazu etwa Pfänder, Alexander: Einführung in die Psychologie. 2. Aufl. Leipzig 1920, S. 185 ff.

[4]) Jellinek (s. I, Anm. 5), S. 8.

[4a]) Nach Rickert, Heinrich: System der Philosophie. T. 1. Tübingen 1921, S. 334, 346 ist auch das psychologische Faktum Gefühl von dem sinndeutenden, wertverstehenden Akt ästhetischen Schauens durchaus zu trennen. Nicht einmal für eine außerrechtliche Einteilung sinnvoller Akte würde demnach die Jellineksche Dreiteilung von Bedeutung sein.

lösen. Schließlich würde selbst eine richtige Einteilung der menschlichen Handlungen etwa nach phänomenologischen Gesichtspunkten [5]) noch keinerlei *rechtliche* Bedeutung beanspruchen können [6]).

Es wäre unbillig, für seinen fundamentalen Irrtum etwa JELLINEK verantwortlich zu machen. Vielmehr tritt JELLINEK auch hier über BERNATZIK [7]) das Erbe der privatrechtlichen Theorie an, welche ausgehend von dem Begriff der Willenserklärung im Tatbestand des Rechtsgeschäfts und orientiert an ZITELMANNs grundlegenden Arbeiten Zerlegungen des Seins nach psychologischen Gesichtspunkten an sich schon für rechtlich bedeutungsvoll hält. Lagen den naturrechtlichen Einteilungen bis auf TRENDELENBURG [8]) im wesentlichen *ethische* Gesichtspunkte zugrunde, wodurch zum mindesten die moralische Würde des Rechts nicht verkannt wird, so erscheinen den Positivisten des ge-

---

[5]) Man denke an REINACH, ADOLF: Die apriorischen Grundlagen des bürgerlichen Rechtes. Halle 1913.

[6]) Gegen den der Dreiteilung JELLINEKs zugrunde liegenden „metaphysischen" Staatsbegriff wendet sich jetzt SANDER, FRITZ: Staat und Recht. Leipzig 1922, S. 686 ff.

[7]) Es ist nicht ohne Interesse, das naturwissenschaftliche Verfahren W. JELLINEKs mit dem zugrunde liegenden BERNATZIKs zu vergleichen. Die Deduktion, welche BERNATZIK zu seinen „Tätigkeitsformen der Verwaltung" führt, läuft folgendermaßen: Nach BERNATZIK (s. II, Anm. 3), S. 6 f. ist „die Einflußnahme auf den konkreten Tatbestand" den Organen der Rechtsordnung in zweierlei Weise möglich, entweder durch „logische Tätigkeit" oder durch „Willenstätigkeit". Denn, „wie die geistige Arbeit jedes Menschen sich in eine urteilende und in eine handelnde scheidet, so auch die der Administration". Beides, Urteilen wie Handeln, sind für BERNATZIK „Formen geistiger Tätigkeit". „Allein gleichviel ist zwischen beiden Formen geistiger Tätigkeit ein intensiver Unterschied ... Das Schließen als logische Funktion hat keinen Zweck ... das Handeln dagegen hat den Zweck, in der Außenwelt Veränderungen hervorzurufen ... Demgemäß muß auch die Behörde, welche einen Tatbestand zum Objekt ihrer geistigen Tätigkeit macht, entweder einen Schluß ziehen, oder sie muß ihre Tätigkeit zur unmittelbaren Ursache von Veränderungen in der Außenwelt machen, und hiernach teilen sich die denkbaren Formen ihrer Tätigkeit in *Urteile* im weiteren Sinne und in *Verfügungen*". – Wie JELLINEK, verwechselt also BERNATZIK die immanenten und transeunten Akte, was durch Vertauschung von Wollen mit Handeln geschieht. Außerdem vermischt BERNATZIK Zweck und Ursache. Der Handelnde braucht durchaus nicht immer den erreichten Erfolg bezweckt zu haben, wie etwa die Fahrlässigkeitsdelikte zeigen. Eine Einteilung aller „denkbaren" Verwaltungsakte wird also durch das Verfahren BERNATZIKs keineswegs gewährleistet.

[8]) TRENDELENBURG, ADOLF: Naturrecht auf dem Grunde der Ethik. Leipzig 1860.

meinen wie bürgerlichen Rechts *psychische* Unterscheidungen an sich für rechtserheblich. Als direkter Vorgänger des Jellinekschen Verfahrens kann unter den Zivilisten etwa ELTZBACHER betrachtet werden, der seine höchst künstliche Zerlegung des natürlichen Seins darum für juristisch beachtlich hält, weil er sie durch Normzergliederung gefunden zu haben meint. Da aber naturgemäß *alles* einmal Norminhalt werden kann, kommt eine Zerlegung des Norminhalts auf eine solche des natürlichen Seins heraus. Daß dabei ELTZBACHER durch sein Verfahren dazu kommt, Begriff und Gegenstand für zwei „Arten des rechtswirksamen Verhaltens" zu erklären [9]), kennzeichnet hinlänglich die Methode.

Es bleibt noch festzustellen, wie JELLINEK von seiner Einteilung der psychischen Akte zu einer solchen der staatlichen Handlungen gelangt. Die Metabasis dahin verläuft folgendermaßen: Nach JELLINEK „vermag gar nicht selten die Wahrnehmung eines staatlichen Organs an sich, losgelöst von allen andern Tätigkeiten, rechtliche Wirkungen hervorzubringen. Wir denken an die Unmasse von Fällen, in denen die Tätigkeit einer Behörde allein in der Entgegennahme von Erklärungen besteht" [10]). „Die zweite Gruppe in unserm System bilden diejenigen Erklärungen der Staatsorgane, denen Wahrnehmungen vorausgegangen sind und die ein Urteil enthalten" [11]). Schließlich umfaßt „die letzte, dritte Gruppe alle Tätigkeiten der Staatsorgane, die auf Wahrnehmungen beruhen und die vom Wirkungswillen getragen sind" [12]). Als Wirkungswille bezeichnet JELLINEK hierbei „die gewollte Tätigkeit, verbunden mit einer gewissen Vorstellung; der Vorstellung, daß diese Tätigkeit kausal ist für einen bestimmten Erfolg" [13]). An Namen wird für die erste dieser drei Gruppen die Bezeichnung „Entgegennahme von Erklärungen", für die zweite der Ausdruck „Urteile", schließlich für die dritte die Benennung „staatliche Handlungen" eingeführt [14]). Dabei werden die Handlungen noch in Rechtsgeschäfte und Handlungen im engeren Sinne zerfällt [15]).

---

[9]) ELTZBACHER (s. III, Anm. 22), S. 16.
[10]) JELLINEK (s. I, Anm. 5), S. 12.
[11]) Desgl. S. 16.
[12]) Desgl. S. 16.
[13]) Desgl. S. 8.
[14]) Desgl. S. 18.
[15]) Desgl. S. 27 f.

Überlegt man, was diese Gruppen bei JELLINEK noch mit den psychischen Elementen Gedanke, Wahrnehmung und Wille zu tun haben, so ergibt sich folgendes. Die erste Gruppe läßt sich zur Not an den psychischen Vorgang der Wahrnehmung heranrücken, insofern man bei den genannten Tatbeständen das rechtliche Schwergewicht auf den immanenten Akt der Wahrnehmungen verlegen kann. Dagegen stellt die Entgegennahme von Erklärungen keineswegs den einzigen Fall der rechtlichen Bedeutsamkeit von Wahrnehmungen dar, insofern etwa auch die Wahrnehmung des Richters, daß der Zeuge oder die Partei erschienen oder nicht erschienen ist, bedeutungsvoll sein kann. Die Kategorie der Wahrnehmung allein mit der Entgegennahme von Erklärungen in Beziehung zu setzen, fehlt also jeder Anlaß. Dagegen kann JELLINEK die zweite Gruppe seiner staatlichen Tätigkeiten, die Urteile, nur dadurch mit der Funktion des Denkens verbinden, daß Urteil im juristischen und logischen Sinne von ihm gleichgesetzt werden, eine Gleichsetzung, die auch im einzelnen allerlei Folgen nach sich zieht. Macht man sich jedoch klar, daß hier der Begriff Urteil zwei völlig verschiedene Gegenstände deckt, indem einmal eine Einheit von Begriffen, das andere Mal ein Ausspruch bestimmter Behörden dadurch bezeichnet werden, so erweist sich jene Gleichsetzung von logischem und juristischem Urteil als reines Wortspiel. Wenn JELLINEK schließlich die dritte Gruppe, die der Handlungen, an die psychische Tatsache des Willens heranrückt, indem er in dieser Gruppe den Wirkungswillen für entscheidend bezeichnet, so wäre die Art menschlicher Tätigkeit noch aufzuweisen, welche die „Vorstellung, daß diese Tätigkeit kausal ist für einen bestimmten Erfolg", charakterisierte.

Die staatlichen Handlungen im weiteren Sinne teilt W. JELLINEK dann ein in solche, „die einen Erfolg in der Außenwelt, und solche, die eine Veränderung innerhalb der Rechtsverhältnisse bezwecken" [16]). Von ihnen wird die erste Gruppe als „Handlungen im engeren Sinne", die zweite als „Rechtsgeschäfte" bezeichnet unter ausdrücklicher Berufung auf das Privatrecht [17]). Deutlich springt so heraus, wie die tatsächlich unvollziehbare Einteilung der äußeren Handlungen nach psychologischen Gesichtspunkten in Wahrheit auf Grund rechtlicher Bewertungen erreicht wird. Dabei endet, wie alte Weltchroniken, das scheinbar ab ovo begonnene System in einer dogmatischen Spitze, der

---

[16]) JELLINEK (s. I, Anm. 5), S. 19.

[17]) Desgl. S. 19.

privatrechtlichen Unterscheidung von Rechtsgeschäft und Rechtshandlung, bezüglich deren Brauchbarkeit auf schon früher Ausgeführtes verwiesen werden kann.

Durch W. JELLINEKs Einteilung der menschlichen Handlungen wird das Problem des fehlerhaften Staatsaktes nach all dem seiner Lösung nicht nähergebracht [18]).

V. Versuche einer logischen Verbindung von Fehler und Unwirksamkeitsform

Eine Gewinnung verschiedener Staatsakte mittels der Definitionen von Rechtsgeschäft und Rechtshandlung hat sich bei genauerer Prüfung als unmöglich herausgestellt. Als nicht weniger undurchführbar erwies sich weiter W. JELLINEKs Unternehmen, durch eine psychologische Einteilung der menschlichen Handlungen eine solche der staatlichen Akte zu erhalten. Damit erübrigt es sich, im einzelnen die Grundlosigkeit von Ausführungen nachzuweisen, welche, obzwar für die Verbindung von Fehler und Unwirksamkeit von Bedeutung, sich doch nur als Folgerungen aus schon widerlegten Prämissen ergeben [1]).

---

[18]) Ein Beispiel mag das induktive Verfahren W. JELLINEKs veranschaulichen. JELLINEK behauptet a.a.O. S. 149 „der Akt der Vernichtung ist entweder Urteil oder Handlung, aber auf keinen Fall Gesetz. Wer die Vernichtung eines Staatsakts zur Grundlage einer Entscheidung zu machen hat, verarbeitet sie im Untersatz und nicht im Obersatz; man kann daher die Revision nie mit der Behauptung begründen, das Berufungsgericht habe von der Vernichtung eines Patents nichts gewußt und darum falsch entschieden; der Tatsachenirrtum dringt nicht bis in die Revisionsinstanz". Es ist hierzu wie zu der natürlichen Einteilung der Handlungen prinzipiell zu sagen, daß, ob jemand einen Sachverhalt im Unter- oder im Obersatz verarbeitet, so lange rechtlich völlig gleichgültig ist, als nicht aus der Rechtsordnung selbst heraus die Notwendigkeit einer bestimmten Verarbeitung erhellt. Im übrigen läuft auch an sich das Werk des Verstandes durchaus nicht so, wie JELLINEK, a.a.O. S. 10 ff. es darstellt, da wohl das *Gedachte* sich eventuell in rein begriffliche Beziehungen auflösen läßt, im *Denken* dagegen neben logische Schlußbewegungen emotionale Elemente treten.

[1]) Dies gilt nunmehr z. B. von dem Kormannschen Satz: „Willensmängel können . . . nicht ohne erheblichen Einfluß auf die mit ihnen behaftete Verfügung sein; dies ergibt sich aus dem Wesen der Verfügung als einer Willenserklärung".

Zu betrachten bleiben dagegen eine Anzahl Versuche, auf logisch-dogmatische Weise die Verbindung von Fehler und Unwirksamkeitsform herzustellen.

1. Das Verfahren logischer Deduktion

„Die Entgegennahme von Erklärungen kann auf seiten des Staatsorgans nur entweder nichtig oder vollkommen gültig sein; ein drittes ist nicht denkbar; die Vernichtung einer anfangs gültigen Wahrnehmung ist ein Widerspruch in sich selbst" [2]). Die Unrichtigkeit dieser Argumentation W. JELLINEKs ist leicht einzusehen, wenn man natürliche Wirkung und Rechtsfolge, kausale und normative Verknüpfung auseinanderhält. Dann zeigt sich sofort, wie JELLINEK sich jener Scheinbegründung bedient, welche bereits als Hauptstütze für die Lehre von der Unheilbarkeit nichtiger Rechtsgeschäfte erkannt wurde. Es sei daher nur wiederholt, daß eine Handlung im natürlichen Sinne allerdings nicht ungetan gemacht werden kann, da niemals die Kausalkette sich rückwärts aufrollen läßt. Ebenso sicher läßt sich jedoch jede Rechtsfolge, welche die Rechtsordnung an einen Tatbestand knüpft, auch für die Vergangenheit beseitigen. Und als rechtserheblicher Tatbestand, dessen Rechtsfolgen beseitigt werden sollen, kommt die „Entgegennahme von Erklärungen" hier in Frage, keineswegs aber soll diese „elementare menschliche Tätigkeit" [3]) als natürlicher Tatbestand „vernichtet" werden, wie JELLINEK es hinstellt.

Nicht ohne Interesse ist, wie auch JÈZE, der ein formalistisches Verfahren sonst verwirft [4]), dem Blendwerk scheinlogischer Gründe hier wie JELLINEK verfällt. Auch JÈZE erklärt demnach, „il n'est pas possible juridiquement de supprimer, pour le passé, les effects qu'a produits régulièrement un acte juridique régulier. Cela n'est pas plus possible que de supprimer dans le passé les effects d'un acte matériel" [5]). Aus welcher Gleichsetzung von natürlicher und rechtlicher „Wirkung" JÈZE im weiteren Verlauf allerlei nicht unbeträchtliche

---

[2]) JELLINEK: a.a.O. S. 125; ähnlich auch S. 151.

[3]) JELLINEK (s. I, Anm. 5), S. 151.

[4]) Siehe VII 1 der Arbeit.

[5]) JÈZE, GASTON: Les principes généraux du droit administratif. 2. Aufl. Paris 1914, S. 88.

Folgerungen zieht [6]). Dabei erweist sich diese „Denknotwendigkeit“ offenbar als nicht allzu zwingend. Denn wie JÈZE nicht ohne Tadel vom Kassationshof vermerkt [7]), „toute fois ... n'invoque pas l'argument de logique juridique“. „Elle s'appuie uniquement sur l'utilité sociale.“

Auch seine zweite Gruppe der staatlichen Tätigkeiten, die Urteile, verknüpft JELLINEK von vornherein mit bestimmten Unwirksamkeitsformen, wobei diese Verbindung durch Ausschluß der Unwirksamkeit ex nunc erfolgt. Nach JELLINEK [8]) ist es nämlich undenkbar, daß je ein fehlerhaftes Urteil ex nunc beseitigt werden könnte. „Warum ein Urteil nicht zurückgenommen, wohl aber vernichtet werden kann, wurde schon mehrfach hervorgehoben; es widerspricht eben einfach der Logik, daß der Satz: „A. ist am 20. Februar Eigentümer einer Sache“, vom 1. März bis zum 15. Juli wahr, vom 15. Juli bis zum 15. Dezember unwahr sein soll: „ein Urteil kann nur *immer* richtig oder *nie* richtig gewesen sein“. Ganz abgesehen von der unrichtigen Gleichsetzung von juristischem und logischem Urteil ist aber auch sonst diese Behauptung JELLINEKS nicht zutreffend. Der Wahrheitsgehalt eines Urteils wechselt mit der Veränderung jener Gegenstände, auf welche das Urteil sich bezieht. Selbst wenn man jedoch annimmt, eine Veränderung des vom Urteil gemeinten Tatbestandes sei undenkbar, folgt aus dem Jellinekschen Satze durchaus nicht, was JELLINEK mit ihm beweisen will. Denn auch wenn der objektive Wahrheitsgehalt eines Urteils feststehen mag, kann doch die subjektive Stellung, welche jemand zu der Geltung dieses Urteils einnimmt, schwanken. Logische Bedenken gegen die Beseitigung eines Urteils ex nunc bestehen also nicht. Bestünden sie wirklich, dann könnte niemand seine Meinung ändern.

Man wird nach dem eben Ausgeführten kaum behaupten können, daß JELLINEK die deduktive Verbindung von Fehler und Unwirksamkeitsform gelungen sei. Auch kann nach diesen grundsätzlichen Proben wohl auf die Anführung kleinerer Beispiele einer logischen Verbindung von Fehler und Unwirksamkeitsform durch JELLINEK verzichtet werden. Erwähnt sei so nur noch, daß die auf Zeit erteilte

---

[6]) JÈZE: a.a.O. S. 131 ff.

[7]) Desgl. S. 138, Anm. 2.

[8]) JELLINEK: a.a.O. S. 151.

Konzession nur dann „mit sich selbst im Widerspruch steht" [9]), wenn man im Begriff der Konzession bereits die Unmöglichkeit, sie auf Zeit zu erteilen, unterbringt. Dies aber ist eine offenbare petitio principii. Ebensowenig ist eine Konzession: „Die im Bezirk R. liegende Wirtschaft wird von der Behörde im Bezirk M. genehmigt ... widerspruchsvoll und darum von selbst nichtig" [10]). Auch läßt sich nicht mit ALEXANDER-KATZ [11]) behaupten, der Vorbehalt des Widerrufs von Verwaltungsakten sei „in sich widersinnig und darum dergestalt nichtig, daß er auch keiner Anfechtung im Wege der Beschwerde oder Klage im Verwaltungsstreitverfahren" bedürfe. Vielmehr liegt all diesen Argumentationen eine quaternio terminorum zugrunde, indem das, was für den eingeführten Begriff lediglich kraft seiner Definition gilt, durch einfache Bezeichnung des unterzuordnenden Tatbestandes mit demselben Namen auf diesen übertragen wird.

Wie W. JELLINEK versucht auch KORMANN, eine logische Brücke zwischen Fehler und Unwirksamkeitsform zu schlagen. So ist für KORMANN eine Verfügung nichtig, „wenn sie auf einen *absolut unmöglichen Rechtserfolg gerichtet ist*" [12]). Diesen Satz, welcher als reine Tautologie zunächst nichtssagend ist, erläutert KORMANN dahin, daß „keineswegs jede Gesetzwidrigkeit eine Unmöglichkeit" bedeutet. Vielmehr muß man, „um den Begriff und Umfang der Nichtigkeit bewirkenden Unmöglichkeit festzustellen, jeweils die Frage aufwerfen: Kann die Behörde einen Akt nicht vornehmen oder aber kann sie es zwar, darf es aber nicht?" [13]). Nun vermag diese Unterschei-

---

[9]) JELLINEK: (s. I, Anm. 5), S. 93. Auch diese Art der Argumentation findet übrigens ihr Vorbild im Privatrecht. So erklärt KORMANN (s. II, Anm. 2), S. 149 mit Berufung auf MANIGK Nebenbestimmungen bei Rechtshandlungen grundsätzlich für begrifflich undenkbar. Mit Recht bestreitet jedoch ENNECCERUS (s. II, Anm. 41), S. 234, Anm. 6 gegenüber MANIGK diese begriffliche Unmöglichkeit. Dementsprechend entscheidet denn auch der Bayerische Verwaltungsgerichtshof: „Ein Wandergewerbeschein, der für eine kürzere Zeit als für die Dauer eines Kalenderjahres ausgestellt ist, kann nicht *von Anfang an als ungültig* erachtet werden. Die Erteilung eines solchen befristeten Wandergewerbescheines stellt sich wohl als ein fehlerhafter, immerhin aber nur als anfechtbarer Verwaltungsakt dar." In: Juristische Wochenschrift. Bd. 52. 1923, S. 254.

[10]) JELLINEK: a.a.O. S. 97.

[11]) ALEXANDER-KATZ, PAUL: Grundzüge des preußischen Baurechts. Berlin 1910, S. 77.

[12]) STENGEL (s. I, Anm. 1), S. 723, 1; KORMANN (s. II, Anm. 2), S. 232 ff.

[13]) Desgl. S. 232.

dung zwischen Können und Dürfen als solche nicht anzugeben, wie sie im Einzelfalle zu verwenden sei. Man muß sich, um dies festzustellen, daher schon an die Beispiele KORMANNS halten. Als absolut, d. h. für jede Behörde unmöglich, erklärt nun KORMANN Verfügungen, wenn „das geforderte oder erlaubte Tun tatsächlich oder rechtlich oder sittlich unmöglich ist" oder sich die Verfügung „auf ein nicht vorhandenes Objekt ... bezieht" [14]). Und zwar gibt KORMANN als Begründung an, es sei in diesen Fällen „begrifflich schon ein wirksamer Verwaltungsakt undenkbar" [15]). Ob etwas und was unter dieser begrifflichen Unmöglichkeit zu denken sei, bleibe dahingestellt. Sicher jedenfalls ist, daß, wenn auch jeder Erfolg einer Handlung, ja ihre Vornahme selbst, tatsächlich unmöglich wird, eine sie befehlende Verfügung trotzdem logisch wie rechtlich begründet sein kann. So geht etwa der Befehl des Sultans Harun al Raschid an seinen Großvesir, ihm auf der Stelle ein Schloß zu schaffen, sicher auf ein unmögliches Tun, ohne deswegen begrifflich nichtig zu sein. Und gleiches gilt von manchen Militärbefehlen. Es gibt offenbar keinerlei Akte, welche gewissermaßen a priori mit rechtlichen Unwirksamkeitsformen bestimmter Art zu verknüpfen sind. Auch für die Verordnungen gilt dies, welche unter „dem Gesichtswinkel der Gesetzwidrigkeit" nach KORNMANN nur gültig oder nichtig, nicht aber anfechtbar sein können [16]). Eine Argumentation, welche den französischen Staatsrat nicht gehindert hat, den Rekurs neuerdings auch gegen Verordnungen zuzulassen [17]).

Erweisen sich damit eine Reihe von Versuchen als unhaltbar [18]), in Einzelfällen bestimmte Fehler mit bestimmten Unwirksamkeitsformen logisch zu verbinden, so bleibt doch KELSENS grundsätzliches Verfahren noch zu erörtern. Nach KELSEN nämlich ist schlechthin „die Frage,

---

[14]) STENGEL: a.a.O.; KORMANN: a.a.O. S. 232 ff.

[15]) KORMANN: a.a.O. S. 238.

[16]) Desgl. S. 217.

[17]) Entscheidung vom 6. Dez. 1907 bei SIREY, JEAN-B.: Recueil général des lois et des arrêts. Paris 1908.

[18]) Die Zahl der Beispiele könnte natürlich an sich beliebig vermehrt werden. Kennzeichnend dafür, wie sich mit gleicher logischer Schärfe Entgegengesetztes beweisen läßt, ist, wenn KROSCHEL und MICHEL eine Urteilsnichtigkeit mit dem geltenden Recht für logisch unvereinbar halten, während KRUG sie für logisch gefordert erklärt. Vgl. dazu KRIEGSMANN, N. HERMANN: Die Nichtigkeit des Strafurteils in: Festgabe der Kieler juristischen Fakultät f. Albert Hänel. Kiel 1907, S. 8, Anm. 2.

ob Nichtigkeit vorliegt oder nicht, eine Frage der Rechtslogik, sie wird vom Verstande jedes urteilenden *Individuums,* nicht aber *autoritär vom Staate entschieden*" [19]). Und diesem formalistischen Standpunkte gemäß wirft KELSEN W. JELLINEK besonders vor, die Abgrenzung der Nichtigkeits- und Anfechtungsfälle „aus dem Gewicht der verletzten Norm" [20]) zu gewinnen. Nun gibt KELSEN allerdings zu, daß „nach ihrem Inhalt betrachtet die Rechtssätze von verschiedenem Gewicht sein" [21]) können. Jedoch ist nach ihm eine solche Argumentation „rein politischen, nicht mehr im geringsten juristischen Charakters". Denn „ebenso wie es ganz und gar unjuristisch ist, die Rechtsnormen untereinander zu werten, so verstößt es gegen alle methodologischen Prinzipien, den Rechtsverletzungen oder Mängeln des Staatsaktes ein verschiedenes, ihrem Inhalte nach abgestuftes Gewicht beizulegen" [22]). Daß demnach für KELSEN alle positivrechtlichen Vorschriften „von vornherein die gleiche Bedeutung" [23]) gewinnen, folglich *jeder* Fehler den Staatsakt grundsätzlich nichtig im Sinne von nichtvorhanden macht, wurde schon bei Behandlung der Unwirksamkeitsform festgestellt.

Gegen die Richtigkeit auch dieses „rechtslogischen" Verfahrens erheben sich jedoch schwerste Bedenken. Zunächst verfährt nämlich die Rechtsordnung selber nicht derart formal, bestimmt vielmehr die Folgen einzelner Fehler nach praktischen Erwägungen, kennt insbesondere auch die Unwirksamkeitsform der Anfechtung. Um daher überhaupt seine Nichtigkeitsfälle formalistisch gegen die gesetzlich nun einmal vorhandenen der Anfechtung abgrenzen zu können, muß KELSEN behaupten, das Gesetz habe Gründe und Wirkungen der Anfechtung genau zu bestimmen [24]). Nun mag dieser Wunsch de lege ferenda ganz berechtigt sein, dagegen läßt sich de lege lata kaum sagen, daß er erfüllt wäre. Ist aber dies nicht der Fall, dann wird auch das formalistische Verfahrens KELSENs unhaltbar. Sieht man weiter auf die *Ergebnisse* der Kelsenschen Methode, so scheinen dieselben als praktisch unerträglich. Denn jedermann wäre z. B. berechtigt, wegen des geringsten Versehens staatlicher Beamter diesen bei

[19]) KELSEN (s. II, Anm. 85), S. 55.
[20]) Desgl. S. 69.
[21]) Desgl. S. 73.
[22]) Desgl. S. 74.
[23]) Desgl. S. 86.
[24]) KELSEN (s. II, Anm. 85), S. 87 ff.

ihrer Dienstausübung auf jede Weise Widerstand zu leisten, weil ihre Handlungen dem Staate ja nicht zugerechnet werden könnten. Es spricht auch nicht sehr für die Brauchbarkeit einer Theorie, wenn man wie KELSEN zu ihrer Empfehlung anführen muß, ein jeder werde sich hüten, nach ihr zu verfahren [25]). Wie soll nach KELSEN ferner entschieden werden, falls nicht ein Tatbestandsmerkmal *fehlt,* die erteilte Polizeierlaubnis aber eingeschränkt wird durch dem Gesetzeswerk offenbar widerstreitend hinzugefügte Bedingungen? Auch dürfte jene Behauptung KELSENs, der Gesetzgeber habe Voraussetzung wie Wirkung der Anfechtung genau anzugeben, lediglich rechtspolitischen Charakters sein. Schließlich ist die Methode KELSENs zwar formalistisch, dagegen läßt sich eine Notwendigkeit, sie anzuwenden, logisch nicht nachweisen. Daß damit aber KELSENs Verfahren keine apriorische Geltung besitzt, vielmehr, wenn überhaupt, nur teleologisch noch begründbar ist, wird später deutlicher werden [26]).

2. Die petitio principii als Verbindungsbrücke

Bereits in der privatrechtlichen Lehre von Rechtsgeschäft und Rechtshandlung wie in der ihr nachgebildeten vom publizistischen Rechtsgeschäft ergab sich die petitio principii als eigentlicher Begründungskern. Desgleichen muß auch sonst, wie in den eben behandelten Fällen angeblich logischer Verbindung von Fehler und Unwirksamkeit, die petitio principii als Begründung dort übrigbleiben, wo sich ein teleologisches Verfahren als allein möglich erweist. So erklärt W. JELLINEK „für absolut nichtig im Zweifel alle staatlichen Handlungen, die ohne die erforderliche rechtsgeschäftliche Erklärung der Privatperson vorgenommen wurden“ [27]). Dieser Satz enthält jedoch lediglich eine Tautologie, und es ist daher eine petitio principii, wenn JELLINEK es für „ganz ausgeschlossen“ hält, daß einmal „der Angehörige eines fremden Staats nach geltendem Rechte gegen seinen Willen deutscher Staatsangehöriger wird“ [28]). Nimmt JELLINEK hier einen

---

[25]) Desgl. S. 90.

[26]) Vgl. VI der Arbeit. Ein formalistisches Verfahren der Rechtsauslegung fordert mit ähnlicher Begründung wie KELSEN auch KRIEGSMANN (s. V, Anm. 18), S. 33.

[27]) JELLINEK (s. I, Anm. 5), S. 78.

[28]) Desgl. S. 78.

„absolut unwirksamen Staatsakt" an, so heißt es wieder an anderem Orte, die „fehlerhafte Naturalisation" sei „nur im *Augenblicke* ihrer Vornahme gesetzwidrig, während der herbeigeführte *Zustand* mit den Gesetzen nicht im Widerspruch" [29]) stünde. Auch diese Begründung beruht jedoch auf einer bloßen petitio principii, und dasselbe gilt, wenn umgekehrt nach JELLINEK „die erschlichene Konzession, die ungesetzliche Anstellung im staatlichen Dienst einen Zustand" schafft, „der sich *auf die Dauer* mit den gesetzlichen Bestimmungen nicht verträgt" [30]). Die ohne Antrag erteilte Gewerbekonzession ist wie die unverlangt erteilte Naturalisationsurkunde für JELLINEK „ohne die geringste rechtliche Bedeutung", da „nirgends steht, daß, wo sich Staat und Untertan als zwei Subjekte gegenüberstehen, trotzdem das eine Subjekt die Fähigkeit hat, sich über das andere zu erheben" [31]). Aber es ist begründungslos behauptet, eben eine petitio principii, daß Staat und Untertan sich hier als zwei gleichberechtigte Subjekte begegnen. Nichtig soll nach JELLINEK die Verurteilung eines elfjährigen Kindes sein, welches das Gericht fälschlich für älter hielt, da zu den „unumgänglich notwendigen Bestandteilen" eines Urteils gehöre, daß der Angeklagte „durch die Angabe seines wahren Geburtstages und seines Geburtsorts" bezeichnet werde [32]). Auch dieser Satz stellt sich jedoch als reine petitio principii dar und zeigt zugleich in seiner unhaltbaren Allgemeinheit das Gefährliche einer derart ad hoc gebildeten Argumentation. Und eine petitio principii schließlich ist es nicht minder, wenn JELLINEK das richterliche Prüfungsrecht von Gesetzen verneint, weil Verfahrensmängel, als welche sich etwa eine Verfassungsänderung mit einfacher Mehrheit darstelle, regelmäßig keine Nichtigkeit bewirkten [33]). Denn wie THOMA [34]) mit Recht dagegen bemerkt, fragt es sich gerade, ob dieser angebliche Grundsatz hier Anwendung finden darf.

Auch bei andern Vertretern eines formalistischen Verfahrens findet sich die petitio principii als Begründung. Insbesondere bedient sich

---

[29]) Desgl. S. 167.

[30]) Desgl. S. 167.

[31]) Desgl. S. 79.

[32]) Desgl. S. 90.

[33]) JELLINEK, WALTER: Verfassungswidriges Reichsrecht in: Deutsche Juristenzeitung. Bd. 26. Berlin 1921, Sp. 753.

[34]) THOMA, RICHARD: Das richterliche Prüfungsrecht in: Archiv d. öffentl. Rechts. Bd. 43. Tübingen 1922, S. 271.

Kormann im breitesten Umfange derselben. Dabei verknüpft auch er die Tautologie mit der petitio principii. Es wird etwa die Tautologie als allgemeines Prinzip aufgestellt, so, wenn es heißt, „nichtig ist jede *ungesetzliche Delegation,* da sie vorzunehmen der Beamte absolut unzuständig ist“ [35]). Und dies Prinzip wird dann mit Beispielen belegt, welche gemeinhin mit der doppelten petitio belastet sind, daß hier die Delegation ungesetzlich sei und ihre Folge deshalb Nichtigkeit sein müsse. Auch ist die Behauptung Kormanns [36]), eine „Verletzung von Verfahrensvorschriften bewirke niemals Nichtigkeit“, ganz willkürlich und mit der gerichtlichen Praxis nicht übereinstimmend [37]). Und ebenso setzt der lapidare Satz, „der zum Beamten ernannte frühere Zuchthäusler ist nicht Beamter geworden; die Anstellung ist also nichtig“ [38]), das zu Beweisende als bewiesen voraus.

Auch von Prozessualisten wird die petitio principii gebraucht, um anzugeben, in welchen Fällen ein Urteil als nichtig, in welchen es als bloß anfechtbar anzusehen sei. So erklären Oetker [39]), von Baligand [40]), Binding [41]), Friedländer [42]), Michel [43]) und Schötensack Urteile, welche mit Vollmachtsüberschreitung ergangen seien, für nichtig, während Überschreitung des Auftrags ein Urteil lediglich anfechtbar machen soll. Aber abgesehen von der Möglichkeit, jeden Tatbestand so gut als Auftrags- wie als Vollmachtsüberschreitung zu kon-

---

[35]) Kormann (s. II, Anm. 2), S. 254.

[36]) Desgl. S. 272.

[37]) Man vergleiche etwa die bei Fleiner (s. II, Anm. 69), S. 195, Anm. 60 angeführten Entscheidungen.

[38]) Kormann: a.a.O. S. 239. So vertritt denn auch W. Jellinek (s. I, Anm. 5), S. 86 mit ähnlicher Begründung den entgegengesetzten Standpunkt.

[39]) Oetker, Friedrich: Konkursrechtliche Grundbegriffe. Stuttgart 1891, S. 47 ff. und neuerdings wieder „Abhilfe gegen nichtige Strafurteile“ in: Zeitschrift f. Rechtspflege in Bayern. Bd. 18. München 1922, S. 161 ff.

[40]) Baligand, v.: Zur Lehre d. absoluten Urteilsnichtigkeit in: Der Gerichtssaal. Bd. 72. Stuttgart 1908, S. 175, 223 ff.

[41]) Binding, Karl: Grundriß d. gemein. deutschen Strafprozeßrechts. 5. Aufl. Leipzig 1904, S. 244.

[42]) Friedländer, Max: Die Lehre von der absoluten Nichtigkeit strafgerichtl. Urteile in: Der Gerichtssaal. Bd. 58. Stuttgart 1901, S. 363.

[43]) Michel, Artur: Absolute Nichtigkeit von Zivil- und Strafurteilen im geltenden deutschen Prozeßrecht. Berlin 1906, S. 61.

struieren, und umgekehrt, bedeutet es, wie KRIEGSMANN [44]) und SAUER [45]) mit Recht hervorheben, eine petitio principii, Verletzung von Vollmacht oder Auftrag gerade mit Nichtigkeit oder Anfechtbarkeit zu verknüpfen.

Die Rolle, welche die petitio principii bei einer formalistischen Verbindung von Unwirksamkeitsform und Fehler spielt und spielen muß, kann naturgemäß im einzelnen nicht verfolgt werden. Betrachtet sei nur noch am Beispiel der *Zuständigkeit,* zu wie verschiedenartigen Ergebnissen die Vertreter eines anscheinend logischen Verfahrens bei formell gleicher Art eines Fehlers bezüglich der mit ihm zu verknüpfenden Unwirksamkeitsformen gelangen. So sind nach HERRNRITT [46]) Akte nicht zuständiger Behörden „absolut nichtig", weil sie sich „in Wahrheit nicht als Willensakte des zur Vornahme desselben gesetzlich berufenen Organs darstellen". Jener Satz enthält aber gleichzeitig eine Tautologie und eine petitio principii, indem als Grund für die Nichtigkeit von Akten unzuständiger Behörden eben ihre Unzuständigkeit hingestellt wird. FLEINER [47]) erklärt als nichtig „nur diejenige Verfügung, welcher ein wesentliches juristisches Element fehlt. Zu den wesentlichen Elementen jeder Verfügung gehört aber, 1. daß die verfügende Behörde sachlich und örtlich zuständig gewesen ist". Es ist jedoch ebenfalls eine petitio principii, wenn man schlechthin jede Überschreitung einer Zuständigkeit für einen Nichtigkeitsgrund erklärt. Ein Satz, der dazu positiv-rechtlich wie im Hinblick auf die Entscheidungen der Gerichte kaum haltbar sein dürfte. Demgemäß erklärt denn auch W. JELLINEK nur Akte, welche mit Überschreitung *sachlicher* Kompetenz ergingen, für nichtig, „weil ... ganz außerhalb des Geschäftskreises einer bestimmten Art von Staatsorganen" gelegen [48]). Obwohl nun, wie JELLINEK selber zugibt [49]), man mit derselben Argumentation auch Akte *örtlich* unzuständiger Behörden für nichtig erklären könnte, sollen letztere nur nichtig sein, wenn sie, „nach ihren wesentlichen Bestandteilen stilisiert", einen Widerspruch mit sich selbst bilden. Eine Begründung, auf deren Unhaltbarkeit bereits oben hingewiesen wurde.

---

[44]) KRIEGSMANN (s. V, Anm. 18), S. 34 des Sonderdrucks.

[45]) SAUER (s. II, Anm. 76), S. 439.

[46]) HERRNRITT (s. II, Anm. 74), S. 285.

[47]) FLEINER (s. II, Anm. 69), S. 194.

[48]) JELLINEK (s. I, Anm. 5), S. 93.

[49]) Desgl. S. 96 f.

Kormann schließlich erklärt Akte sachlich unzuständiger Behörden zwar an sich für nichtig, läßt aber Ausnahmen zu. Im übrigen nimmt er bei örtlicher Unzuständigkeit ebenfalls Nichtigkeit an, „wenn das Objekt, auf das sich der Verwaltungsakt bezieht, der Herrschaftsgewalt des örtlich unzuständigen Beamten entzogen" sei [50]). Mit dieser Tautologie, welche dann durch einzelne Beispiele erhärtet wird, deren Richtigkeit Kormann voraussetzt, ist naturgemäß auch nichts gewonnen. Andere Akte nicht „absolut" örtlich unzuständiger Behörden sind dagegen nach Kormann bald anfechtbar, bald sogar wirksam [51]). All dies gilt nach Kormann jedoch nur für „publizistische Rechtsgeschäfte", während bei den „Rechtshandlungen" jede Unzuständigkeit Nichtigkeit bewirken soll [52]). Eine Begründung dieser Behauptung wird man allerdings vergeblich suchen. Gegen Kormann wendet sich dann auch Hatscheck [53]), der Nichtigkeit nur im Falle von *Ressortverwechslung* annimmt.

Deutlich wird nunmehr bei zwei weiteren Autoren, wie unterhalb formalistischer Verkleidung sich eine teleologische Verbindung von Fehler und Unwirksamkeitsform verbirgt. So hält O. Mayer [54]) Erlaubniserteilungen unzuständiger Polizeibehörden nur für anfechtbar, wobei er sich zur Begründung auf die „Selbstbezeugung" obrigkeitlicher Akte überhaupt beruft. Eine Argumentation, welche als teleologisch sich noch erweisen wird. Und bereits Bernatzik [55]), welcher sonst durchaus formalistisch verfährt, verknüpft die Unwirksamkeitsform einer Nichtigkeit mit dem Fehler sachlicher Unzuständigkeit in teleologischer Weise. Daß sachliche Unzuständigkeit Nichtigkeit bewirkt, folgt für ihn „aus der Natur der Sache". „Denn indem die Rechtsordnung einem amtlichen Organe einen bestimmten Wirkungskreis zuweist, gibt sie damit ganz unzweideutig dem Willen Ausdruck, daß die Vorbildung, praktische Schulung, rechtliche und materielle Stellung gerade nur bei diesen Organen dazu hinreicht, um die definitive Ordnung der Rechtsverhältnisse ihnen mit Beruhigung überlassen zu können." Wieviel weniger einleuchtend allerdings derart generelle

---

50) Kormann (s. II, Anm. 2), S. 247.

51) Desgl. S. 249.

52) Desgl. S. 259.

53) Hatschek (s. II, Anm. 70), S. 95.

54) Mayer (s. II, Anm. 72), S. 266.

55) Bernatzik (s. II, Anm. 3), S. 270.

Wertungen werden, sobald man sie praktisch anwenden will, zeigt jede Einzeluntersuchung [56]).

Betrachtet man schließlich die Bestimmungen der Gesetze, so sieht man, daß ihnen durchaus nicht jene formalistischen Prinzipien der logisch-dogmatischen Methode zugrunde liegen. So sind nach § 10 ZPO Urteile des Landgerichts an Stelle des eigentlich zuständigen Amtsgerichts „unanfechtbar". Bisweilen begründet *örtliche* Unzuständigkeit die Revision nicht (§ 549 ZPO), und auch sachliche Unzuständigkeit heilt nach gemeiner Ansicht regelmäßig mit Rechtskraft der Entscheidung [57]). Dazu können bei nicht ausschließlicher Zuständigkeit die Parteien diese begründen. Auch die Gerichte bedienen sich keineswegs immer einer logisierenden Begründung [58]). Ja, das Preuß. Oberverwaltungsgericht erklärt bei vorliegender dringender Gefahr

---

[56]) Dementsprechend bedient sich z. B. THOMA (s. II, Anm. 79), S. 459 ff. bei Feststellung der Rechtsfolgen fehlerhafter Polizeiverordnungen nicht *eines* derartigen Wertungsschemas. Vielmehr sind für ihn VO örtlich unzuständiger Behörden nur dann ein rechtliches *„Nichts"*, wenn der Bezirk, für den sie erlassen wurden, nicht im Bereich der sie erlassenden Behörde lag. In anderen Fällen sind dagegen fehlerhafte Polizeiverordnungen für THOMA nur „rechtsungültig". Ferner hält THOMA VO *sachlich* unzuständiger Polizeibehörden für *„rechtsungültig"*, wenn das ganze Lebensgebiet der sie erlassenden Behörde nicht unterstellt war. Überschreiten dagegen nur einzelne Sätze die Befugnis, so sollen nur diese rechtsungültig sein. Man sieht hier also eine weit stärkere Individualisierung der Wertung als bei BERNATZIK.

[57]) ZPO § 551 verbunden mit § 579 ZPO.

[58]) Sehr deutlich wird die Entscheidung nach teleologischen Gesichtspunkten etwa bei den Entscheidungen des preuß. Oberverwaltungsgerichts (OVG). Berlin. Bd. 62, 1913, Nr. 38, S. 152. Hier hatte über den klägerischen Einspruch an Stelle des Gemeindevorstandes ein Bürovorsteher entschieden. Während schwebenden Verfahrens genehmigt darauf der Gemeindevorstand die ergangene Verfügung. Das OVG erklärte hierauf nicht, wie es dem „logischen" Verfahren entsprochen hätte, die Verfügung wegen absoluter Unzuständigkeit für nichtig oder nicht vorhanden, ihre Heilung für begrifflich unmöglich und wies auch nicht die Klage ab, da gegen ein Nichts gerichtet. Nach Ansicht des OVG besaß vielmehr die angegriffene Verfügung darum nicht „die materielle Kraft eines Einspruchsbescheids", weil „das Gesetz will, daß vor der Inanspruchnahme der Verwaltungsgerichte die Beschwerde des zu Gemeindelasten Herangezogenen von dem Gemeindevorstande selbst geprüft werde". Aus diesem Grunde war eine Übertragung der Zuständigkeit seitens des Gemeindevorstandes nach Ansicht des OVG unzulässig. Dabei erschien aber auch die unwirksame Verfügung dem OVG keineswegs als unbeachtliches Nichts, sondern wurde im Interesse des Klägers, weil sie äußerlich sich als Einspruchsbescheid darstellte, außer Kraft gesetzt.

oder sonstiger Dringlichkeit Akte an sich unzuständiger Behörden sogar für zulässig [59]).

Nach all dem läßt sich kaum behaupten, daß eine begründete Verbindung von Fehler und Unwirksamkeit auf logische Weise bisher gelungen sei. Wie wenig im übrigen das formalistische Verfahren nur eine Gleichmäßigkeit des Ergebnisses unter Ausschluß verschiedenartiger Wertungen verbürgt, ergab das Beispiel der Zuständigkeit.

3. Die Aufgabe des formalistischen Verfahrens zugunsten eines teleologischen

Schließlich geben auch die Vertreter der logisch-dogmatischen Richtung ihr formalistisches Verfahren zugunsten eines teleologischen dort offen auf, wo es sich um Beantwortung der Frage handelt, mit welcher Unwirksamkeitsform ein Fehler auf dem Gebiet des öffentlichen Rechts *grundsätzlich* zu verbinden sei.

Nach Otto Mayer steht der Verwaltungsakt, soweit kein Gesetz sich einer Materie bemächtigt hat, auf sich selbst. „Er ist nicht wie das Rechtsgeschäft des Privaten, das alle seine rechtliche Wirksamkeit aus dem Gesetze zieht, sondern ist selbst öffentliche Gewalt, die aus sich selber bestimmend wirkt, soweit ihr nicht besondere Schranken gesetzt sind" [60]). Verschieden ist so der Rechtswert „der Willenserklärungen der Obrigkeit von denen der Rechtsgeschäfte des Einzelnen. Die letzteren sind wirkungslos, wenn sie nicht ihre Rechtmäßigkeit nachweisen. Die Obrigkeit aber, wenn sie innerhalb ihrer allgemeinen Zuständigkeit bestimmt, *bezeugt* damit zugleich, daß die besonderen Voraussetzungen für die Gültigkeit ihres Akts gegeben sind" [61]). Diese schon von Laband, wenn auch weniger deutlich, vertretene Ansicht [62]) übernimmt Kormann [63]), nach dem im öffentlichen Recht das fehlerhafte Geschäft grundsätzlich nur *anfechtbar* ist, während „der untergeordneten Stellung der Privatwillenserklärung, die sich über die

---

[59]) Vgl. z. B. OVG Bd. 41, 1903, S. 267; Bd. 2, 1877, S. 424; Bd. 5, 1890, S. 340; Bd. 46, 1905, S. 432; Bd. 53, 1909, S. 323. Diese und andere Entscheidungen bringt Friedrichs, Karl: Polizeigesetz. Berlin 1911, S. 37.

[60]) Mayer (s. II, Anm. 72), S. 100.

[61]) Desgl. S. 98.

[62]) Laband (s. III, Anm. 3), S. 173, 11.

[63]) Kormann (s. II, Anm. 2), S. 216 f.

Willenserklärung des Gesetzgebers nicht nur nicht hinwegsetzen darf, sondern überhaupt nicht hinwegsetzen kann", die grundsätzliche *Nichtigkeit* des fehlerhaften privatrechtlichen Rechtsgeschäfts entsprechen soll. Desgleichen ist nach FLEINER [64]) der fehlerhafte Verwaltungsakt grundsätzlich nur anfechtbar, da eine andere Entscheidung die Rechtssicherheit gefährden würde.

Bemerkenswert an diesem Standpunkt von LABAND, O. MAYER, KORMANN und FLEINER ist die Aufgabe des formalistischen Verfahrens. Als grundsätzlich nur anfechtbar erscheint dabei den ersteren der fehlerhafte Staatsakt wegen der durch das Bild der Selbstbezeugung fast metaphysisch begründeten Staatsautorität. Die damit verbundene Wertung von Staat und Untertan, die den Staatswillen als höherwertig erscheinen läßt, und die Parteinahme für den Staat, auch dort, wo er unrecht tut, kann als Einnahme eines etatistischen Standpunktes bezeichnet werden. Nahe diesen Gedankengängen steht die französische Theorie, welche, der starken Ausbildung der Staatsidee in Frankreich entsprechend, den fehlerhaften Staatsakt grundsätzlich nur anfechtbar sein läßt. Mag dabei die Begründung auch nüchterner ausfallen als durch jene fast religiöse Formel O. MAYERS, so wird dafür die zugrunde liegende Parteinahme gegen das Individuum für den Staat um so deutlicher [65]). Hinzu kommt allerdings, daß auch vom Standpunkt des Bürgers aus die wenigstens vorläufige Geltung fehlerhafter Staatsakte regelmäßig gefordert scheint. Der herrschenden Lehre gegenüber wendet HERRNRITT ein: „Die zwingende Natur der Verwaltungsnormen, welche hier doch die möglichste Übereinstimmung des Verwaltungsaktes mit der Norm im öffentlichen Interesse erheischt, andererseits der offiziöse Charakter des Verwaltungsverfahrens sprechen gerade auf dem Gebiet des *Verwaltungsrechtes* mehr noch als im Privatrecht für die Nichtigkeit des unrechtmäßigen Aktes. Im Privatrecht kann die Heilung eines solchen ohne

---

[64]) FLEINER (s. II, Anm. 69), S. 196, 199.

[65]) So heißt es bei JÈZE (s. V, Anm. 5), S. 59, Anm. 5: „La règle est certaine; mais l'explication de cette règle a donné lieu à difficultés. On peut en donner – et on en a donné deux raisons: 1° la marche des services publiques exige que les actes, même irréguliers – mais non inexistants – produisent provisoirement leurs effets: sinon, l'action administrative serrait paralysée; 2° l'acte irrégulier, mais non inexistant, a une *apparence* de légalité: cette apparence de légalité doit lui faire produire *provisoirement* les effets de l'acte régulier."

Schaden für das öffentliche Wohl weit eher der Anfechtung durch die Beteiligten nach ihrer Willkür überlassen werden als im Verwaltungsrechte" [66]). Eine Anschauung, welche, ebenfalls teleologisch begründet, wohl als Einnahme eines individualistischen Standpunktes betrachtet werden muß. Als von einem qualitätslosen Standpunkte entworfen kennzeichnet sich das Kelsensche System, welches, von der formalen Gleichheit aller Rechtssubjekte ausgehend, von hier aus jede Mehrwertigkeit des Staatswillens bekämpft [67]). Dem entspricht es, wenn für die reine Rechtslehre *jeder* Fehler grundsätzliche Nichtigkeit des Staatsakts herbeiführt.

Es fragt sich noch, welcher Standpunkt, ob derjenige der prinzipiellen Nichtigkeit oder vorläufigen Geltung des fehlerhaften Staatsakts richtig ist. Eine Antwort hierauf kann begründet nicht erteilt werden, ehe nicht über die Methode der Rechtsauslegung, als deren Anwendungsfall das Problem des fehlerhaften Staatsakts sich ja darstellt, grundsätzliche Klarheit gewonnen worden ist.

Dritter Teil

Notwendigkeit und Verfahren teleologischer Rechtsauslegung

VI. Die Methode der Rechtsauslegung und der fehlerhafte Staatsakt

1. Unzulänglichkeit der herrschenden Lehre von der Rechtsauslegung

Die methodischen Schwierigkeiten, welche bei Behandlung des fehlerhaften Staatsakts immer wieder sich erhoben, laufen von allen Seiten wie Fäden eines Netzes in der Lehre von der Rechtsauslegung als ihrem Anfangspunkt zusammen. Die Frage, ob absolute oder relative Unwirksamkeitsformen anzunehmen sind, kann wie die Kardinalfrage aller Ausführungen zum fehlerhaften Staatsakt, auf welche

[66]) Herrnritt (s. II, Anm. 74), S. 284, Anm. 7.

[67]) Vgl. die Ausführungen Kelsens (s. I, Anm. 1), S. 66 ff., 86 gegen O. Mayer. Auf die Ähnlichkeit, welche die individualistische Einstellung Kelsens mit derjenigen Austins hat, weist Koellreutter, Otto: Verwaltungsrecht und Verwaltungsrechtsprechung im modernen England. Tübingen 1912, S. 213 f. hin.

Weise Fehler und Unwirksamkeit miteinander in Beziehung gesetzt werden sollen, nur vom Zentralproblem der Rechtsauslegung her beantwortet werden. Eine irgendwie begründete grundsätzliche Stellungnahme zum Problem des fehlerhaften Staatsakts ist so ohne Besinnung auf die Methode der Rechtsauslegung nicht möglich.

Es kann nun darüber, daß als auszulegender Tatbestand das Recht im weitesten Sinne erscheint, ein begründeter Zweifel kaum bestehen. Dagegen fragt es sich, wenn Norm und Normkorrelat nicht zu mathematisch evidenter Deckung gelangen, welche Autorität die hier bestehende Unsicherheit zu beheben hat. Als solche Autorität betrachtet nun die noch herrschende, durch SAVIGNY begründete subjektive Theorie den historischen Gesetzgeber [1]), dessen Willen sie folgerichtig zu erforschen verlangt. Ihr gegenüber will die jüngere objektive Richtung, als deren klassischen Vorgänger man vielleicht THIBAUT [2]) ansehen darf, den vom Gesetzgeber abgelösten Willen des Gesetzes selbst erkunden [3]). Der damit theoretisch aufgestellte Gegensatz erweist sich jedoch als praktisch wenig bedeutsam. Denn auch die subjektive Theorie denkt heute sich „den Gesetzgeber nicht als Lebewesen" [4]). Dazu wird eigentlich der subjektive Standpunkt völlig aufgegeben, wenn ENNECCERUS die amtliche Feststellung der „Zustimmung aller Gesetzgebungsfaktoren zu einer bestimmten Auffassung" nur als besonders beachtlich hinstellt [5]). Vollends aber bedeutet es die Einnahme des bekämpften objektiven Standpunktes, wenn schließlich der Wille des Gesetzgebers mit dem im Gesetzgebungsakt zur Herrschaft

---

1) Charakteristisch ist, daß die historische Schule Rechtsauslegung und Gesetzesauslegung im wesentlichen identifiziert. Nur so ließ sich die Forderung, den Willen des Gesetzgebers zu erforschen, zum allgemeinen Prinzip erheben. Im folgenden ist, bei klarer Erkenntnis der Bedeutung des Gewohnheitsrechts wie jener eigentümlichen Schwierigkeiten, die seine Auslegung bietet, ebenfalls nur der Normalfall der Auslegung gesetzten Rechts behandelt.

2) THIBAUT, ANT. FR. JUST.: Theorie der logischen Auslegung des römischen Rechts. 2. Aufl. Altona 1807.

3) Eine Aufzählung von Vertretern beider Richtungen bringt ENNECCERUS (s. II, Anm. 41), § 49 . . . Hauptvertreter der subjektiven Theorie ist in Frankreich GÉNY, FRANÇOIS: Méthode d'interprétation et sources en droit privé positif. Paris 1889, S. 213, nach dem die Auslegung „faut remontrer à la volonté qui la créée, et tâcher de reconstituer cette volonté dans sa pureté et son énergie première".

4) ENNECCERUS: a.a.O. S. 109.

5) Desgl. S. 110.

gelangten „Willensinhalt", d. h. aber dem Gesetze, verschmolzen wird [6]). Mit Recht meint daher LEONHARD [7]), man habe „mit der Willenstheorie nie recht Ernst gemacht". Die notwendige Konsequenz, zu welcher eine subjektive Theorie führen muß, nämlich, „die einzelnen an der Schaffung des Gesetzes beteiligten Personen darüber zu vernehmen, was sie mit dem Gesetze haben sagen wollen" [8]), macht in ihrer praktischen Absurdität auch jene Theorie unhaltbar. Und wenn trotzdem neuerdings W. JELLINEK [9]) die juristische Methode der Gesetzesanwendung im Normalfall durchaus die eines Historikers sein läßt, so dienen, um mit RADBRUCH zu reden [9a]), seine Ausführungen „eher zur Widerlegung als zur Erhärtung dieser These". Wie wenig historisch W. JELLINEK im übrigen selber verfährt, zeigten seine früher gebrachten Argumente.

Gibt sich die subjektive Theorie in ihrer Konsequenz so selber auf, dann besteht der Hauptunterschied beider Auslegungsrichtungen darin, daß seitens der subjektiven Theorie das philologisch-historische Moment und damit der Wert der Gesetzesmaterialien in den Vordergrund gestellt wird. Ihr gegenüber kehrt die objektive Richtung den Sinn des Gesetzes stärker hervor, ohne jedoch zu dessen Ergründung eine Heranziehung der Materialien völlig zu verschmähen. Als für die Gesetzesauslegung beachtliche Gesichtspunkte werden im übrigen seitens der subjektiven Theorie etwa „historische Momente", insbesondere die „leitenden Ideen der Zeit", die „ganze historische Entwicklung", „die Entstehungsgeschichte" angeführt. Andererseits sollen jedoch „systematische Momente", der *„innere Zusammenhang* der Vorschrift, der Ort, an *dem sie steht,* und ihr Verhältnis zu andern Bestimmungen derselben Gesetze oder anderer Gesetze", der „besondere *Zweck des Gesetzes* oder der Einzelvorschrift" wie schließlich der „Wert des Ergebnisses" Beachtung verdienen [10]). Ähnlich, nur in an-

[6]) Desgl. S. 109.

[7]) LEONHARD, FRANZ: Auslegung und Auslegungsnormen. Rektoratsrede. Marburg 1917, S. 9.

[8]) BAUMGARTEN (s. I, Anm. 1), Bd. 1, S. 196.

[9]) JELLINEK, WALTER: Gesetz, Gesetzesanwendung und Zweckmäßigkeitserwägung. Tübingen 1913, S. 163 ff.

[9a]) RADBRUCH, GUSTAV: Grundzüge der Rechtsphilosophie. Leipzig 1914, S. 194, Anm. 8.

[10]) ENNECCERUS (s. II, Anm. 41), S. 113 ff. Die Unterscheidung zwischen grammatischen, logischen, historischen und systematischen Elementen findet sich bereits bei SAVIGNY (s. II, Anm. 32), Bd. 1, S. 215.

derer Reihenfolge unterscheidet WACH [11]) als Vertreter der objektiven Richtung zwischen rationellen, historischen und systematischen Elementen.

Begnügt sich nun die herrschende Lehre mit Angabe dieser für die Rechtsauslegung angeblich wesentlichen Momente, so ist doch damit in Wahrheit das eigentliche Problem in keiner Weise gelöst. Denn offenbar widersprechen sich die einzelnen als beachtlich angemerkten Gesichtspunkte, insofern etwa das Ergebnis einer philologischen Quelleninterpretation mit der durch den systematischen Zusammenhang anscheinend geforderten Sinndeutung durchaus nicht zusammenzufallen braucht. Irgendein Kriterium dafür, welcher Gesichtspunkt im Einzelfalle als ausschlaggebend zu betrachten sei, bringt aber weder die objektive noch die subjektive Richtung. Fehlt dadurch entsprechend den einzelnen Elementen das ihre Anwendung regelnde Band, so fragt sich dazu noch, ob eigentlich die verschiedenen Gesichtspunkte, welche die herrschende Lehre für beachtlich erklärt, in Wahrheit auch beachtlich sind. Diese ganze, von der herrschenden Lehre theoretisch unbehandelte Problematik muß jedoch ihre praktische Auflösung naturgemäß in jedem Einzelfall der Rechtsauslegung finden. Als eigentlich geübte Methoden derselben haben sich nun im Laufe dieser Untersuchung neben dem Verfahren logischer Deduktion wie naturwissenschaftlicher Induktion Wertungen des Tatbestandes ergeben.

2. Unmöglichkeit deduktiver Rechtsauslegung

Sprach gegen das logisch-dogmatische Verfahren, abgesehen von der häufigen Unrichtigkeit der Beweisführung, ebensooft die Unbrauchbarkeit des Ergebnisses, so bleibt doch noch die Frage nach der *grundsätzlichen* Berechtigung der Deduktion als Form der Rechtsauslegung zu beantworten. Auf den richtigen Weg müßte hierbei eigentlich schon die einfache Feststellung führen, daß jenes namentlich von KELSEN verteidigte Verfahren deduktiver Rechtsauslegung nur in einer Minderzahl von Fällen praktisch überhaupt anwendbar ist.

---

[11]) WACH, ADOLF: Handbuch des deutschen Civilprozeßrechts. Bd. 1. Leipzig 1885, S. 270.

Lediglich dort nämlich, wo, wie etwa im Falle der Geschäftsfähigkeit nach bürgerlichem Recht, der Rechtsbegriff die von ihm gemeinten Gegenstände eindeutig bezeichnet, kann die Gesetzesauslegung auch in Form des einfachen logischen Schlusses vorgenommen werden. Handelt es sich dagegen um Feststellung, was unter einem unbestimmten [12]) Rechtsbegriff wie etwa dem des Rechtsgeschäftes zu verstehen sei, so muß ein ateleologisches Verfahren auch notwendig die Antwort schuldig bleiben. Erklärt daher KELSEN den fehlerhaften Staatsakt aus logischen Gründen für regelmäßig rechtlich nicht vorhanden, so müßte er, um konsequent zu bleiben, die Auslegung aller unbestimmten Rechtsbegriffe ebenfalls verweigern. Denn ist die logische Methode der Gesetzesauslegung allein gestattet, obwohl eine Auslegung der unbestimmten Rechtsbegriffe teleologisch allein vollziehbar ist, so klafft hier eine Lücke, welche nicht von der Theorie, sondern nur vom Gesetzgeber geschlossen werden könnte. Doch ist dies Resultat, welches sämtliche Gesetze der Welt unverwendbar machen würde, an die Notwendigkeit, das logisch-formalistische Verfahren anzuwenden, eng gebunden. Wie jedoch früher schon hervorgehoben wurde, läßt sich die angebliche Notwendigkeit, logisch zu verfahren, nicht ihrerseits wiederum logisch auch beweisen. Vielmehr ist jenes Dogma, die Rechtsauslegung habe logisch zu erfolgen, wenn überhaupt, nur teleologisch haltbar [13]). Damit aber verliert die logische Methode der Rechtsauslegung ihre scheinbar selbständige Geltung. Die Frage nach dem richtigen Verfahren der Rechtsauslegung wird überhaupt zu einem Sinnproblem.

Zu seiner Auflösung wird auszugehen sein vom Wesen der Rechtsordnung wie ihrer sozialen Funktion im Gemeinschaftsleben. Es zeigt sich da, wie die Gesetze im Interesse der Gemeinschaft [14]) bestimmte Handlungen fordern oder gestatten, andere verbieten, damit also

---

[12]) Mit Recht betont SCHOEN, PAUL: Zur Frage der Grenzen der Überprüfung polizeil. Verfügungen im Verwaltungsstreitverfahren in: Verw.-Archiv. Bd. 27. 1919, S. 112, daß auch die unbestimmten Begriffe echte Rechtsbegriffe sind.

[13]) Wie wenig aber das logische Verfahren teleologisch befriedigend und begründet ist, zeigte sich bereits und wird in den nächsten Abschnitten noch deutlicher werden.

[14]) Man könnte hier von formellem Gemeinschaftsinteresse reden, wie nämlich es die Gesetze verstehen. Das wirkliche Gemeinschaftsinteresse braucht sich damit durchaus nicht immer zu decken.

wertend zum menschlichen Leben Stellung nehmen [15]). Aufgabe der Rechtsauslegung ist so offenbar, die generelle gesetzliche Wertung für den Einzelfall gewissermaßen umzusetzen.

---

[15]) Auf die „teleologische Färbung sämtlicher Rechtsbegriffe" weist LASK, EMIL: Rechtsphilosophie in: Die Philosophie im Beginn des 20. Jahrhunderts. Festschrift f. Kuno Fischer, hrsg. von W. Windelband. 2. Aufl. Heidelberg 1907, S. 310 hin. Nach LASK haben ferner „die neueren Ansätze zu einer Logik der Rechtswissenschaft ... hauptsächlich den Erfolg gehabt, das von der Jurisprudenz stets angewandte *teleologische* Prinzip auch in der methodologischen Besinnung ausdrücklich zum Bewußtsein zu bringen". Im selben Sinne BINDER, JULIUS: Der Wissenschaftscharakter der Rechtswissenschaft in: Kantstudien. Philos. Zeitschrift. Bd. 25. Berlin 1920, S. 355, 365. Von Interesse für das darin nach Ausdruck ringende Gefühl der Unhaltbarkeit deduzierender Rechtsauslegung sind auch die Bemerkungen von HEINZE: Vermischtes, Verhandlungen i. Plenum d. Reichstages z. Reichsjustizetat in: Deutsche Juristenzeitung. Bd. 28. 1923, Sp. 154 und der Aufsatz von DREWS: Schöpferische Rechtssprechung in: Deutsche Juristenzeitung. Bd. 28. Berlin 1923, Sp. 249. Siehe auch KAUFMANN, ERICH: Kritik der neukantischen Rechtsphilosophie. Tübingen 1921 und die Ausführungen von JERUSALEM, FRANZ W.: Völkerrecht und Soziologie. Jena 1921, S. 1 ff. gegen die „scholastische Methode" der historischen Schule. Beachtung verdient in diesem Zusammenhang eine Bemerkung von SPENGLER, OSWALD: Der Untergang des Abendlandes. 16.–30. Aufl. Bd. 2. München 1922, S. 68 ff. Nach SPENGLER S. 95, der sich dabei auf SOHM, RUDOLF: Institutionen. 8./9. Aufl. Leipzig 1899, S. 27–32 stützt, ist das, „was wir bis heute Rechtswissenschaft nennen ... entweder Philologie der Rechtssprache oder Scholastik der Rechtsbegriffe". Methodisch bedeutsam ist ferner besonders die Schrift von SMEND, RUDOLF: Die politische Gewalt im Verfassungsstaat und das Problem der Staatsform in: Festgabe der Berliner Jurist. Fakultät f. Wilh. Kahl. Tübingen 1923, der sich S. 14 gegen ein formalistisches Verfahren wendet. Von Interesse ist schließlich, wenn selbst BERGBOHM, KARL: Jurisprudenz und Rechtsphilosophie. Bd. 1. Leipzig 1892, S. 358 die Unvermeidlichkeit teleologischer Rechtsauslegung implicite zugeben muß. Nach BERGBOHM kostet es nämlich „den Juristen nicht selten einige Anstrengung, die Tragweite des formell gültigen Rechtssatzes nicht um seiner materiellen Verwerflichkeit willen zu verkürzen und vor keiner Konsequenz zurückzuschrecken, wenn sie nur keine juristische Absurdität" enthält. Denn wie die „juristische Absurdität" anders vermieden werden kann als durch Abbiegung des formalistischen Verfahrens der Rechtsauslegung zugunsten eines teleologischen, ist nicht ersichtlich. – Die gegen WACH gerichteten Ausführungen von NUSSBAUM, ARTHUR: Die metaphysisch-teleologische Methode im Prozeß in: Archiv f. Rechts- u. Wirtschaftsphilosophie. Bd. 2. 1908/09, S. 307 ff. treffen das hier vertretene Verfahren teleologischer Rechtsauslegung nicht.

3. Grundlosigkeit induktiver Rechtsauslegung

Der eben festgestellte normative Charakter der Gesamtheit rechtlicher Bestimmungen macht aber notwendig auch alle Versuche unmöglich, die Richtigkeit von Auslegungsergebnissen anstatt auf *rechtliche Forderungen* auf *Tatsachen* zu stützen. Es gilt dies gegenüber dem privatrechtlichen wie publizistischen Dogma, es müßte Verschiedenheiten des Seins auch ohne weiteres normative, rechtliche Bedeutung zukommen. Denn daraus etwa, daß bestimmte Tatbestände psychologisch verschieden*artig* sind oder zu sein scheinen, folgt nicht, daß sie verschieden*wertig* für juristische Betrachtung sind.

Derselbe Einwand ist auch den *soziologischen* Versuchen induktiver Rechtsauslegung von EHRLICH bis JERUSALEM und SALEILLES entgegenzusetzen [16]). Die innere Verwandtschaft dieser Versuche mit den Methoden des naturphilosophischen Positivismus ist unverkennbar. Man kann den naturwissenschaftlichen Methoden, soweit sie juristisch-normative Geltung beanspruchen, nicht treffender und kürzer begegnen als mit dem von HUSSERL gegenüber den empirischen Wissenschaften gebrauchten Satze: „Aus Tatsachen folgen immer nur Tatsachen" [17]). Wie in Wahrheit auch das soziologische Verfahren in juristisch-normativer Wendung aufhört, soziologisch zu sein, vielmehr einen teleologischen Charakter annimmt, haben MENZEL [18]) und namentlich KELSEN [19]) schlagend nachgewiesen.

---

[16]) Über die französische Soziologie s. JAPIOT (s. II, Anm. 7), S. 157 und vor allem die gute These von MICESCOU, DIMITRI N.: Essai sur la technique juridique. Diss. Paris 1911. Literatur zur Rechtsquellenbewegung in zeitlicher Aufeinanderfolge bringt JUNG, ERICH: Das Problem des natürlichen Rechts. Leipzig 1912.

[17]) HUSSERL, EDMUND: Ideen zu einer reinen Phänomenologie und phänomenologischen Philosophie. Halle 1913, S. 18.

[18]) MENZEL, ADOLF: Naturrecht und Soziologie. Wien 1912.

[19]) KELSEN, HANS: Der soziologische und der juristische Staatsbegriff. Tübingen 1922. Den Grundzug des soziologischen Verfahrens der Rechtsauslegung möge ein Beispiel kennzeichnen. Laut JERUSALEM (s. VI, Anm. 15), S. 22 gibt es ein soziologisches Prinzip „der automatischen Einstellung", nach welchem zwischen aufeinander stoßenden Staaten eine Auseinandersetzung stattfinden soll, „und zwar je nach der Intensität, welche die Souveränität in dem Punkt besitzt, auf dem sie auf die andere trifft". Nach dem soziologischen Prinzip der automatischen Einstellung entscheidet nun angeblich „in jedem einzelnen Falle das Kräfteverhältnis zwischen den staatlichen Energien, welche sich gegenübertreten". Die hierfür aufgestellten Grundsätze können nach

Die in Deutschland besonders seit KOHLER geübte *Rechtsvergleichung* bildet, soweit sie wie bei TARDE [20]) lediglich Kenntnisse vermitteln soll, keinen eigenen Zweig der Rechtsauslegung. Wo dagegen die Rechtsvergleichung selbständigen normativen Wert beansprucht, gilt gegen sie das bereits oben gegen die juristische Soziologie Gesagte. Denn auch aus der Anwendbarkeit fremder Rechtsausführungen läßt sich ein *Recht* dazu in keiner Weise begründen. Im ganzen erheben sich damit gegen die naturwissenschaftliche Methode der Rechtsauslegung dieselben Bedenken, welche auch eine induktive Begründung der ethischen Prinzipien als unmöglich erscheinen lassen [21]). Mit der

---

JERUSALEM im Einzelfalle dadurch durchbrochen werden, daß jenes Energieverhältnis aus besonderem Grunde einmal ein anderes wird. Eine solche Ausnahme soll das Recht der Verfolgung eines Schiffes bilden, welches besteht, wenn „von der Besatzung oder den Passagieren eines Schiffes ein Delikt in fremden Küstengewässern begangen ... und innerhalb der Küstengewässer die ... Verfolgung des Schiffes aufgenommen wurde". Der Grund des Rechts, die Verfolgung auf hoher See fortzusetzen, liegt nach JERUSALEM nun darin, daß ein „Abstoppen des verfolgenden Schiffes mit sofortiger Wirkung in dem Augenblick, wo die hohe See erreicht ist, ... schiffstechnisch ebenso unmöglich" sei, „wie physiologisch die einmal in Aktion getretenen motorischen Nerven der Verfolger augenblicklich außer Funktion gesetzt werden können", a.a.O. S. 32. Soweit dabei JERUSALEM mit diesen Ausführungen eine Art Naturgeschichte einer rechtlichen Institution geben will, ist prinzipiell hiergegen gar nichts einzuwenden, so sehr das tatsächliche Bestehen dieser natürlichen Normentwicklung im Einzelfall bezweifelt werden mag. Aus der Unmöglichkeit, rechtzeitig zu stoppen, folgt jedoch so wenig ein *Recht* zu weiterer Verfolgung, wie aus der Unmöglichkeit, die motorisch gespannten Armmuskeln zu bändigen, das *Recht* folgt, einen andern zu mißhandeln. Warum man nicht so schnell wie möglich oder bereits vor hoher See stoppen muß, vielmehr *berechtigt* ist, die Verfolgung fortzusetzen, bleibt völlig unerklärt. Beachtung verdient unter diesem Gesichtspunkt, wenn neuestens RUMPF, MAX: Der Sinn des Wirtschaftsrechts in: Archiv f. civilist. Praxis. Bd. 120. Heidelberg 1922, S. 153 ff. versucht, die soziologische mit der teleologischen Rechtsauslegung zu verbinden. Obwohl er als „vollrechtlich" schon eine Rechtsmethode bezeichnet, welche die Tatsachen des rechtlich bedeutsamen Soziallebens erforscht und darstellt, will er doch die Verbindung „mit der neueren deutschen Kulturphilosophie, die die Kultur begreift als das Reich der Werte", herstellen. Dann aber liefert die Soziologie nur noch Material, die Rechtsauslegung selbst wird notwendig teleologisch.

[20]) TARDE: Le droit comparé et la sociologie in: Bulletin de la société legisl. comp. 1900, S. 529 ff.

[21]) Vgl. dazu etwa NELSON, LEONARD: Ethische Methodenlehre. Leipzig 1915.

Unmöglichkeit schließlich, die subjektive Theorie der Rechtsauslegung folgerichtig durchzuführen, muß um so mehr die Forderung philologisch-historischer Gesetzesauslegung zum Dogma werden [22]).

Können die eben gekennzeichneten induktiven Richtungen der Rechtsauslegung an sich normative Bedeutung nicht beanspruchen, so verdient dagegen die ihnen wesensgemäße weltanschauliche Haltung des Auslegenden um so eher Beachtung. Denn jene in naturwissenschaftlicher Wendung vielfach so unbegreiflich unbegründeten Methoden der Rechtsauslegung stellen sich, wenn man auf die Motive ihrer Anwendung sieht, als durch bestimmte Zielsetzungen hervorgetrieben dar. Als solche immanente Haltung enthält die historisch-philologische Quelleninterpretation von SAVIGNY bis STAHL und GIERKE die Ehrfurcht vor dem Gewordenen verbunden mit dem Wunsch, es zu bewahren. Dagegen ist der soziologischen Methode die umgekehrte Blickrichtung entsprechend, das Streben, zugunsten der Gegenwart sich von der Vergangenheit zu befreien, welche hier vielfach als lästige Fessel erscheint. Die anscheinend ateleologisch gefundenen, so aber nicht als berechtigt begründbaren Arten der Rechtsauslegung erweisen sich damit in Wahrheit als Zweige aus Wurzeln verschiedener weltanschaulicher Zielsetzungen. Die Bedeutung des Auslegenden für die damit als allein möglich gebliebene Methode der teleologischen Rechtsauslegung wie diese Methode selbst gilt es nunmehr noch festzustellen.

4. Notwendigkeit und Verfahren teleologischer Rechtsauslegung

Es ist ein prinzipieller Mangel der formalistischen Rechtsauslegung, das auslegende Subjekt als solches ganz zu ignorieren. Ein Fehler, der

---

[22]) Von ihrer romantischen Wurzel abgesehen, war die historische Richtung der Gesetzesauslegung begünstigt insbesondere durch die Notwendigkeit philologischen Verfahrens unter der Herrschaft des gemeinen Rechts. Hinzu kam der bereits im Allgemeinen Landrecht (Einleitung § 26 ff.), namentlich aber in der französischen Kodifikation zum Ausdruck gelangte Gedanke, daß alles Recht irgendwie aus dem Gesetz müsse deduziert werden können. Es sollte der Richter auf diese Weise jene Maschinenstellung erhalten, auf welche schon MONTESQUIEU: De l'esprit des lois. T. 1, livre 6, chapitre 3 hinzielt mit den Worten: „dans le gouvernement republicain il est de la nature de la constitution que les juges suivent la lettre de la loi". Zur Kritik der historischen Rechtsschule s. STAMMLER, RUDOLF: Über die Methode der geschichtlichen Rechtstheorie in: Festgabe zu Bernhard Windscheids 50jähr. Dr.-Jubiläum. Halle 1888. Auf die geringe Ergiebigkeit der historischen Schule für die Fortbildung des Rechts weist unter anderen SCHÜCKING, WALTER: Die Organisation der Welt. Leipzig 1909, S. 3 ff. hin. Siehe ferner auch VI, Anm. 15.

seinen Grund offenbar in der Anwendung dieses Verfahrens selbst findet, welches aus seinem eigentlichen Geltungsgebiet auf den ihm fremden Boden der praktischen Vernunft verpflanzt wurde [23]). Dabei kann einer unbefangenen Betrachtung unmöglich entgehen, wie wenig sich auch einfache Fälle der Gesetzesauslegung durch bloße Zergliederung der Rechtsbegriffe lösen lassen. Im Gegensatz zu einer mathematischen Ordnung kann eben der Rechtsnormenkomplex nicht im Wege reiner Deduktion aus sich selbst heraus aufgerollt werden. Denn die Funktion der Rechtsbegriffe als Wertbegriffe, welche nur in gewissen Grenzen durch die Rechtsordnung bestimmt, im übrigen von ihr als bekannt vorausgesetzt werden, macht eine Ergänzung der dadurch nach außen offenen Normen durch wertende Subjekte zum Erfordernis [24]). Die Inbeziehungsetzung von Norm und Tatbestand im Akt der Rechtsauslegung geschieht dabei nicht, wie meist angenommen wird, durch einfache Unterordnung des Seins unter die Norm. Vielmehr macht jener Hof von Unbestimmtheit, welcher fast alle Rechtsbegriffe umgibt, zunächst die Festlegung des Rechtsbegriffes für jeden Fall der Auslegung erneut erforderlich. Die insoweit rechtssetzende Tätigkeit der Auslegung ist jedoch nicht frei, sondern wenigstens der Richtung nach gebunden an jene Sinngehalte, welche eine Norm regelmäßig zu verwirklichen trachtet. Von reiner Auslegung kann dabei nur insoweit die Rede sein, als lediglich eine Formung der Rechtsbegriffe nach dem Gesetze immanenten Rechtsideen erfolgt. Soweit jedoch eine Mehrheit möglicher Rechtszwecke mehrere Lösungen gestatten oder gesetzliche Bestimmungen für Auflösung entstandener Rechtslagen überhaupt fehlen, kann die hier auftretende Schwierig-

---

[23]) Mit Recht erklärt neuestens EGER: Zum gegenwärtigen Stande der deutschen Rechtsphilosophie in: Schweizerische Juristenzeitung. Zürich 1923, S. 295, daß der Jurist seine Aufgabe „nicht mit der erkennenden, sondern mit der praktischen Vernunft“ bewältige.

[24]) Dem hier ausgeführten entspricht es, wenn THOMA, RICHARD: Zur Frage des richterlichen Prüfungsrechts in: Deutsche Juristenzeitung. Bd. 27. 1922, Sp. 729 erklärt: „Beim Schweigen der Gesetze gibt es keine logisch-juristische Nötigung weder zur Bejahung noch zur Verneinung der Überprüfbarkeit formgerecht kundgemachter Gesetze“. Hier liegt nach THOMA vielmehr ein „echtes Problem“ der Gesetzesauslegung vor, dessen Beantwortung „irgendwie in einem subjektiven Werturteile des Entscheidenden wurzelt“. Vgl. THOMAs Besprechung von: Bendix, Ludwig: Das Streikrecht der Beamten. 1922 in: Archiv f. Sozialwissenschaft u. Sozialpolitik. Bd. 51. Tübingen 1924, S. 275 f.

keit durch eigentliche Rechtsauslegung nicht mehr überwunden werden [25]). Allein die eigene schöpferische Zielsetzung des „Auslegenden" kann dann die fehlende gesetzliche Regelung ersetzen. Selbst mangels gesetzlicher Bestimmungen ist jedoch diese Rechtsergänzung nicht völlig frei. Als ausgeschlossen müssen vielmehr zunächst alle Lösungen gelten, welche geeignet erscheinen, die Rechtsordnung als solche, zu deren Ergänzung sie bestimmt sind, aufzuheben [26]). Im übrigen aber ist es offenbar ein sittliches Postulat, als richtig nur diejenige Lösung anzuerkennen, welche sich als höchstwertigste darstellt, d. h. als geeignetes Mittel zur Erreichung des höchsten Zweckes, den ein konkreter Normenkomplex überhaupt zuläßt [27]). Welche Lösung derart beschaffen ist, kann bei ihrer Abhängigkeit von Tatbestand und Rechtslage naturgemäß nicht allgemein entschieden werden. Vielmehr bleibt für jeden Einzelfall nachzuweisen, daß die getroffene Entschei-

---

[25]) Deutlich herausgearbeitet ist das oben aufgeworfene Problem z. B. bei LEWALD, WALTER: Enquêterecht und Aufsichtsrecht in: Archiv f. öffentl. Recht. N. F. 5. 1923, S. 369 ff. LEWALD kommt dort S. 292 zu der Feststellung, es lasse sich weder historisch noch mit Hilfe immanenter Sinndeutung sicher sagen, ob das Enquêterecht des Art. 34 RV gegenständlich beschränkt sei. Diese theoretisch unlösbare Frage könne daher nur praktisch mittels des „politischen Willens" entschieden werden. Indem LEWALD dann die Partei des Parlaments ergreift, wählt er einen der beiden seiner Ansicht nach möglichen Standpunkte.

[26]) Dem widerspricht nicht, wenn HELFRITZ, HANS: Grundriß des preußischen Kommunalrechts. Berlin 1922, S. 11 es für möglich hält, daß einmal „Bestimmungen vorliegen, die zwar formell noch gültig, infolge gänzlich veränderter Verhältnisse aber praktisch nicht mehr anwendbar sind". Allerdings läßt sich diese Ansicht nur begründen, wenn man wie hier die Notwendigkeit einer transzendentalen teleologischen Rechtsauslegung anerkennt. Das gilt auch, wenn LEONHARD (s. VI, Anm. 7), S. 14 im Gegensatz zu anderen Vertretern objektiver Rechtsauslegung „nicht die Richtigkeitsmaßstäbe des Gesetzes, sondern die heutigen" anzuwenden verlangt.

[27]) Wenn BAUMGARTEN (s. I, Anm. 1), Bd. 2, S. 624 meint, daß von der modernen Wissenschaft im Gegensatz zur gemeinrechtlichen „bei der Anwendung des Rechts die Worte des Gesetzes in dem Sinne genommen werden, der unter teleologischem Gesichtspunkt das beste Ergebnis liefert", so liegt darin eine geringere Bindung an die Norm, wie hier verlangt wird. Der richtige Zweck, dessen Verwirklichung die Rechtsregelung anzunähern hat, ist nach FEILCHENFELD, ERNST H.: Völkerrechtspolitik als Wissenschaft. Berlin 1922, S. 225 „das sachliche Ideal als End- und Selbstzweck".

dung hinzielt auf Verwirklichung jener Sinngehalte, welche bestimmten Normen oder Normenkomplexen zugrunde liegen oder sinnvoll zu legen sind [28]).

5. Bedeutung des Ergebnisses für die Lehre vom fehlerhaften Staatsakt

Aus den bisherigen Ausführungen folgt für das Problem des fehlerhaften Staatsakts zunächst, daß jene Frage, ob fehlerhafte Staatsakte grundsätzlich nichtig oder nicht nichtig sind, als unrichtig betrachtet werden muß. Indem nämlich die Rechtsordnung ganz regelmäßig nur Zielsetzungen angibt, ohne sich grundsätzlich zu einem Standpunkte zu bekennen, erweisen sich auch normative Folgerungen als haltlos, welche aus einem derart vorausgesetzten Standpunkte gezogen werden [29]). Denn nur genaue Prüfung des Einzelfalles kann ergeben, welcher Standpunkt jeweils im oben dargestellten Sinne begründet ist. Mag dabei, wie meist angenommen wird, Anfechtbarkeit als teleologisch regelmäßig geforderte Sanktion fehlerhafter Staatsakte erscheinen, so kommt doch diesem Ergebnis lediglich *empirische*, nicht aber *normative* Bedeutung zu. Ist dies aber der Fall, dann erweisen sich auch von vornherein alle formalistischen Systeme als haltlos, welche die Folgen fehlerhafter Staatsakte gleichsam a priori zu bestimmen suchen. Denn es besteht keinerlei Anlaß, ihren Ergebnissen, welche in Wahrheit teleologisch an Einzelfällen gefunden wurden, irgendwelche allgemeine normative Geltung zu-

---

[28]) Als allgemeinen Beurteilungsmaßstab das „Wohl der Gesamtheit" anzunehmen, wie Baumgarten: a.a.O. Bd. 1, S. 278 fordert, liegt kein Anlaß vor. Auch gehen seit alters die Ansichten darüber, was diesem Wohle dient, auseinander. Huber, Eugen: Recht und Rechtsverwirklichung. Basel 1921, S. 99, will in Zweifelsfällen der Rechtsauslegung die Antwort dem Bewußtseinsinhalt entnehmen, wo sich, „wenn wir tief genug graben, die Regel und Unterweisung für unser Verhalten" finden sollen. Aber auch wenn man dies zugibt, bleibt dunkel, wie bei diesem subjektiven Standpunkt von verschiedenen Meinungen mehrerer Personen eine als objektiv richtig festgestellt werden kann.

[29]) Im übrigen wird sich im Laufe der Untersuchung noch herausstellen, wie auch das Interesse des Individuums durchaus nicht immer die Nichtigkeit fehlerhafter Akte fordert. Dazu kann weder die im individualistischen, noch die im kollektivistischen Standpunkt enthaltene Zielsetzung als einzig berechtigte anerkannt werden. Vgl. unter diesem Gesichtspunkte Wolzendorff, Kurt: Der Polizeigedanke des modernen Staates. Breslau 1918, S. 64 ff.

zuerkennen. Auch bleibt zu beachten, daß nur durch Abtrennung der die Einzelergebnisse möglicherweise rechtfertigenden *Rechtsideen* eine Art formalistische Allgemeingültigkeit dieser Systeme erreicht werden konnte [30]). Durch die Fernhaltung aller dynamischen Elemente, durch das Absehen vom wechselnden Inhalt wie von der durch die konkrete Rechtslage bedingten Wertung sind so die früher behandelten starren Systeme letzten Endes in die Fehler des alten Naturrechts verfallen [31]).

Erscheint demnach jeder Versuch als sinnwidrig und unbegründet, die Folgen fehlerhafter Staatsakte gewissermaßen in Tabellen festzulegen, muß vielmehr jede gesetzliche Auslegung auf die konkrete Norm und den konkreten Tatbestand zurückgehen, dann bleibt dieser Untersuchung nur noch die Aufgabe, an einigen Beispielen zu zeigen, wie sehr die Rechtsfolgen fehlerhafter Staatsakte durch die konkrete Norm- und Tatlage bedingt sind [32]). Es wird sich allerdings auch er-

---

[30]) Behauptet etwa ANSCHÜTZ, GERHARD: Lücken in den Verfassungs- und Verwaltungsgesetzen in: Verwaltungsarchiv. Berlin 1906, S. 329: „Das Auslegungsrecht der *Analogie* ist im Verwaltungsrecht überall ausgeschlossen, sobald dadurch die Rechte der Verwaltung über das, was im Gesetz steht, hinaus erweitert werden sollen", so findet dieser Satz seine Wurzel und eigentliche Begründung in dem Prinzip der gesetzmäßigen Verwaltung. Ohne Ideen wie die des Rechtsstaates oder der Gewaltenteilung usw. ist eben eine Rechtsauslegung, insbesondere eine Wahl zwischen Analogie und argumentum e contrario, gar nicht möglich. Vgl. auch HIPPEL, ERNST VON: Die Lehre Montesquieus von der Dreiteilung der Gewalten und die praktische Bedeutung dieses Prinzips für die juristische Konstruktion in: Rechtsgeleerd Magazijn. Haarlem 1924, Lfg. 1.

[31]) So auch WOLZENDORFF, KURT: Staatsrecht und Naturrecht in der Lehre vom Widerstandsrecht des Volkes gegen rechtswidrige Ausübung der Staatsgewalt. Breslau 1916, S. 468, Anm. 1 gegen KORMANN. WOLZENDORFF hebt dort mit Recht „eine wesentliche Eigentümlichkeit der einseitigen begriffskonstruktiven Methode", insbesondere KORMANNs, hervor, nämlich die Gewaltsamkeit, mit der dieselbe sich „eine vis supplendi et corrigendi" anmaße. Und für die Art dieses „naturrechtlichen, rechtsumschaffenden" Verfahrens scheint WOLZENDORFF charakteristisch, „daß diese begriffskonstruktive, sogenannte juristische Methode mit Vorliebe sich nur dem ‚allgemeinen Teil' des Verwaltungsrechts widmet".

[32]) Bemerkenswert ist unter diesem Gesichtspunkt, daß SULSER (s. III, Anm. 14), S. 70 ff., der an sich die Dualität Rechtsgeschäft–Rechtshandlung zugrunde legt, bald von seinem formalistischen Verfahren zu Wertungen übergeht. So kommt er dazu, die Rechtsfolgen unzulässiger Nebenbestimmungen von Fall zu Fall im wesentlichen teleologisch zu bestimmen. Ferner haben nach KOELLREUTTER (s. V, Anm. 67), S. 91 die englischen Gerichte bei ihrer Prüfung

geben, daß regelmäßig gewisse Typen verwandter Wertlagen und Lösungen wiederkehren, aber diese Gemeingültigkeit ist keine apriorische, sondern, erzeugt durch die Einheit menschlichen Lebens und Wertens, ist sie nicht notwendiger und regelmäßiger als die Struktur dieses Lebens selber.

Vierter Teil

Versuch einer teleologischen Behandlung des fehlerhaften Staatsakts

VII. Abhängigkeit der Bedeutung eines Fehlers von der konkreten Wertlage

1. Unzulänglichkeit der französischen teleologischen Richtung

Die hier vertretene Ansicht von der Notwendigkeit eines teleologischen Verfahrens der Rechtsauslegung und damit einer entsprechenden Behandlung des fehlerhaften Staatsakts findet sich auch in der neueren französischen Literatur. Es ist wohl der Wunsch nach stärkerer Individualisierung, welcher einzelnen Zivilisten die starre Verallgemeinerung der klassischen Unwirksamkeitsformen zuerst unerträglich erscheinen ließ. So wendet man sich gegen die übertriebene Strenge der alten Theorie [1]), fordert, die Folgen fehlerhafter Rechtsgeschäfte zu vervielfältigen und zu bereichern [2]), und bekämpft insbesondere die künstlichen Beweisführungen der klassischen Richtung [3]). Schon früher hatte Drogoul [4]) mit der Raschheit des Anfängers in seiner These die Folgen fehlerhafter Rechtsgeschäfte nur nach dem Zweck zu bestimmen gefordert, damit die Starrheit des klassischen Systems in ihr Gegenteil verkehrend. Obwohl demgegenüber Japiot das Ab-

---

der Rechtsgültigkeit lokaler Polizeiverordnungen (Bye-Laws) betont, „daß man allgemeine Regeln, nach denen eine solche Prüfung zu erfolgen hat, nicht aufstellen könne, sondern den einzelnen Fall für sich betrachten müsse".

[1]) Vgl. Tissier (s. II, Anm. 17), S. 257. Auf die Notwendigkeit, gewisse einmal entstandene Rechtslagen zu schützen, weist Thaller in: Recueil périodique des arrêts. Fondé par Dalloz. 1906. P. 1, S. 169 hin.

[2]) Gény (S. VI, Anm. 3), S. 148.

[3]) So Pieddelièvre, Planiol, Bartin nach Japiot (s. II, Anm. 7), S. 144.

[4]) Drogoul, F.: Essai d'une théorie générale des nullités. Thèse d'Aix 1902.

streifen jeder Regel verwirft, ist doch auch für ihn: „La nullité... une sanction qui doit s'adapter au but de la règle dont elle tend à assurer l'observation et au milieu où pratiquement elle intervient", und beruhen „sur cette idée fondamentale.. tous les éléments de notre travail" [5]).

Auch hier wieder sieht man die publizistische Theorie an die privatrechtliche anknüpfen, denn den Ausführungen von JÈZE [6]) über die Rechtsfolgen fehlerhafter Staatsakte liegen unverkennbar Gedankengänge JAPIOTs zugrunde. Nun entspringen jedoch jene zivilistischen Versuche einer teleologischen Behandlung fehlerhafter Rechtsgeschäfte durchweg praktischen Erwägungen, die ihre theoretische Rechtfertigung im wesentlichen dadurch finden, daß man im Gegensatz zum eigenen Verfahren die Unrichtigkeit und Unerträglichkeit der klassischen Theorie hervorzuheben sucht [7]). Dementsprechend erklärt denn auch JÈZE „dès lors, on peut prévoir que, dans un systhème juridique très perfectionné, les sanctions des irrégularités vont varier avec les circonstances. On peut affirmer que les solutions aux quelles conduit une logique rigoureuse et abstraite sont trop rigides pour donner satisfaction aux besoins de la vie sociale. Dans un pays arrivé à un certain degré de civilisation et de perfectionnement juridique, le législateur et, à défaut du législateur, la jurisprudence doit imaginer une théorie très souple" [8]).

Dagegen bringt die eigentlich fehlende Begründung seiner teleologischen Methode, deren auch theoretische Notwendigkeit nicht aufgewiesen wird, mancherlei Unsicherheiten in die Ausführungen. Davon abgesehen entspricht es jedoch durchaus dem hier vertretenen teleologischen Standpunkte, wenn JÈZE absolute, denknotwendige Formen der Unwirksamkeit nicht kennt, der von ihm aufgestellte Katalog derselben [9]) vielmehr nur die Rechtsfolgen enthält, „attachées,

---

[5]) JAPIOT (s. II, Anm. 7), S. 13.

[6]) JÈZE (s. V, Anm. 5), S. 57 ff. Weniger ausführlich ist der Anhang zu Buch 1 der deutschen Ausgabe: Das Verwaltungsrecht der französischen Republik. Tübingen 1913, S. 451 ff.

[7]) Dies gilt insbesondere auch von JAPIOT.

[8]) JÈZE (s. V, Anm. 5), S. 55.

[9]) Desgl. S. 57. Es verlohnt nicht, diesen Katalog im einzelnen durchzugehen, zumal die dort angeführten Formen sich tatsächlich auf die schon bekannten des nichtvorhandenen, nichtigen, relativ unwirksamen und anfechtbaren Staatsakts zurückführen lassen, wobei die wesentliche Unterscheidung von dinglicher und obligatorischer Anfechtung nicht einmal gemacht wird.

actuellement, en France, par la loi ou par la jurisprudence, aux irrégularités des actes juridiques". Besteht, wie sich im Verlaufe dieser Untersuchung ergab, keine Möglichkeit und auch kein Anlaß, ein System logisch allein denkbarer Formen der Unwirksamkeit aufzustellen, dann kann für ein teleologisches Verfahren der Rechtsauslegung die Fülle möglicher Formen der Unwirksamkeit ihre Grenzen nur finden an der Mannigfaltigkeit teleologisch vertretbarer Lösungen überhaupt. Eine dabei tatsächlich vielleicht erforderliche Einschränkung auf eine nicht sehr große Anzahl von Unwirksamkeitsformen aber bedeutet eine empirisch bedingte, teleologische, nicht logische Notwendigkeit.

Die Eigentümlichkeit einer formalistischen Behandlung des fehlerhaften Staatsakts bestand nun, wie sich früher zeigte, unter anderem darin, aus der logisch festliegenden Fülle möglicher Unwirksamkeitsformen bei jeder konkreten Entscheidung eine herauszugreifen, um sie als Sanktion an einen fehlerhaften Akt gewissermaßen anzuhängen. Dagegen ist für das teleologische Verfahren charakteristisch, den fehlerhaften Akt stets so zu behandeln, wie es dem Sinne der konkreten Norm entspricht, womit an Stelle rationeller, unbegründeter Generalisierungen eine teleologische Individualisierung der Rechtsfolgen tritt. Dabei muß nach Jèze: „Eine gute Theorie von der Nichtigkeit das *allgemeine Interesse* berücksichtigen, zugleich aber auch das *vermögensrechtliche Interesse der Privaten* oder der *Verwaltung,* die durch das Rechtsgeschäft berührt werden, und endlich auch die *Interessen der Dritten*" [10]). Und weiter: „Das auf die Tragweite der Rechtsfolge wirkende Hauptelement ist nicht *nur* die Wichtigkeit des vorgekommenen Fehlers, sondern auch die *Bedeutung* des in Frage kommenden sozialen oder individuellen Interesses" [11]).

Die hiermit gegebenen Grundsätze einer teleologischen Behandlung fehlerhafter Staatsakte erschöpfen jedoch in keiner Weise die Fülle möglicher Gesichtspunkte. Handelt es sich doch zunächst im öffentlichen Recht bei der Auferlegung öffentlicher Pflichten [12]) nicht nur um eine vermögensrechtliche Belastung des einzelnen, sondern

---

[10]) Jèze (s. VII, Anm. 6 dt. Ausg.), S. 452; übereinstimmend die französische Ausg. S. 51.

[11]) Jèze: a.a.O. dt. Ausg. S. 455. In der französischen Ausg. heißt es S. 50 für „sondern auch": „c'est aussi, c'est surtout ..."

[12]) Daß aber gerade im öffentl. Recht das Pflichtmoment im Vordergrund steht, hebt Piloty (s. III, Anm. 7), S. 98 ff. treffend hervor.

um eine Beschränkung seiner Freiheit überhaupt, welche nicht allein unter dem privatrechtlichen Gesichtspunkt der Vermögensbeschädigung betrachtet werden darf. Ferner bestehen allgemein angebbare, feststehende Interessenziele nicht, wie Jèze annimmt [13]). Weiter steht die Forderung der Interessenberücksichtigung bei Jèze ganz unverbunden neben der Forderung, die Rechtsfolge durch die Bedeutung des Fehlers bestimmen zu lassen, obwohl doch gerade für Jèze die Bedeutung der Interessengefährdung über die Wichtigkeit des Fehlers entscheidet. Dazu fragt sich, welches Interesse den Vorzug verdient, wenn sie einander widerstreben. Denn mögen auch, wie Jèze annimmt [14]), die „richtig" verstandenen Interessen zusammenlaufen, so tun es darum die empirisch gegebenen sicher noch nicht. Vor allem aber bestimmt doch offenbar die Norm, ob ein Interesse Beachtung verdient, nicht aber erscheint eine Interessenlage, wie Jèze es hinstellt, schon darum als schutzwürdig, weil sie vorhanden ist [15]).

Obwohl also Jèze die praktische Unerträglichkeit der klassischen Theorie an sich richtig erkannt hat, ist er mangels theoretischer Begründung seiner eigenen Lehre dazu gekommen, den Formalismus des Verfahrens gegen einen solchen der Zwecke zu vertauschen. Dies aber macht in Verbindung mit den eben aufgewiesenen Mängeln und Un-

---

[13]) Jèze verfällt hier in den Fehler der naturrechtlichen Quantitätstheorien des 18. Jahrhunderts. Auch Forderungen wie die der formalen Gleichheit usw. sehen ab von der konkreten Sachlage und individuellen Verschiedenheit und gelangen so zu der Interessenlage und den Bedürfnissen „des" Menschen. Zu welch seltsamen Ergebnissen aber derart verallgemeinerte Interessenlagen führen können, zeigt sich, wenn nach Koellreutter, Otto: Verfassungsrecht der Vereinigten Staaten von Amerika. Berlin 1923, S. 21 = Kohlrausch-Kaskelsche Enzyklopädie. Nr. 27 die amerikanischen Gerichte „unter Berufung auf den Standpunkt der formellen Gleichheit aller Individuen" auch Gesetze zum Schutz der wirtschaftlich Schwachen als gegen die Grundrechte verstoßend für ungültig erklären. Vgl. auch die Ausführungen sub 2 dieses Abschnitts.

[14]) Jèze (s. VII, Anm. 6 dt. Ausg.), S. 452 ff. Es liegt bereits hierin eine Vermischung von teleologischer und induktiver Betrachtung.

[15]) Auch ist die Abstellung auf Interessenlagen an sich unbegründet. Jede Norm sucht bestimmte *sachliche Ideale* zu verwirklichen. Daß diese verschiedenen Zielsetzungen gleichzeitig verschiedenen Interessen dienen oder dienen können, ist demgegenüber sekundär. Nicht die empirische *Interessenlage*, sondern die durch Korrelation von Normidee und Tatbestand entstehende *Wertlage* ist entscheidend.

klarheiten, welche hauptsächlich in einer Vermengung teleologischer und induktiver Gesichtspunkte bestehen, seine Methode als solche wertfremd und praktisch geradezu unverwendbar.

Die Mannigfaltigkeit teleologisch möglicher Gesichtspunkte, die Abhängigkeit dieser Wertkonstellationen von der konkreten Norm- und Tatlage, wie schließlich die trotz allem vorhandene empirische Regelmäßigkeit der Wertprobleme sei nunmehr an einigen Beispielen noch angedeutet. Eine Stellungnahme zu den im folgenden gebrachten Entscheidungen ist dabei absichtlich unterblieben. Zur Klarlegung des hier behandelten Problems war nur wesentlich, an praktischen Beispielen die Fülle möglicher Wertgesichtspunkte zu zeigen. Eine „Berichtigung" derselben für den konkreten Fall im Wege summarischen Verfahrens wäre ohne wissenschaftlichen Wert.

2. Beispiele für verschiedene Wertlagen

a) Wirksamkeit fehlerhafter Staatsakte im Interesse der Privaten

Dem Zwecke der Unwirksamkeit als Sanktion eines Fehlers entspricht es, fehlerhafte Staatsakte dann als irgendwie wirksam zu betrachten, wenn ihre völlige Verbindlichkeit dem Sinne dieses Rechtsinstituts in concreto zuwiderliefe. Dieser Gedanke, der in den starren Systemen mit ihren absoluten Fehlern und Unwirksamkeitsformen keinen Platz findet[16]), beherrscht tatsächlich überall die Praxis. So gewahrt man, wie TEZNER ausführt[17]), in der Praxis des österreichischen Verwaltungsgerichtshofes „den Formalismus ... durch den Gesichtspunkt durchbrochen, daß Fehler der Behörde der Partei nicht zum Nachteil gereichen, nicht auf ihrem Rücken ausgetragen werden dürfen". Und zwar erscheint, ähnlich wie im Privatrecht, dieser Schutz überall dort als geboten, wo es sich um „die Wahrung eines *berechtigten* Vertrauens" handelt. In diesem Falle sind die Behörden „verpflichtet ..., die ihnen unterlaufenen Fehler für die Parteien un-

---

[16]) So nimmt neuerdings wieder GALLSEN, L.: Fehlerhafte militärische Verwaltungsakte während des Weltkrieges. Diss. Kiel 1921, S. 21 Nichtigkeit wegen Mängeln in der Person des Staatsorgans an und leitet daraus logisch ab, daß nichtig auch Verfügungen einer Person seien, „die irrtümlich für ein Staatsorgan gehalten wird und sich selbst dafür hält".

[17]) TEZNER (s. II, Anm. 75), S. 273.

schädlich zu machen" und steht den Parteien „geradezu ein Anspruch auf eine solche Schadloshaltung zu". Während also nach TEZNER „die streng formale Behandlung" dazu führen müßte, „dort, wo eine Konzession geplant war, und nur ein Gewerbeschein ausgefertigt wurde", diesen als nichtig, „die Konzession als *nicht verliehen* zu betrachten", vertritt der Verwaltungsgerichtshof die Ansicht, daß Fehler der Behörden „mit Recht treu- und gutgläubigen Parteien" nicht zum Nachteil zu gereichen haben [18, 19]).

Eine Ansicht, die sich durchaus mit dem Prinzip teleologischer Rechtsauslegung deckt, demzufolge die individuelle Wertlage eine Abschwächung der gewöhnlichen Folgen bestimmter Fehler fordern kann [20]).

Daß in der *französischen* Theorie namentlich JÈZE die Rechtsfolgen fehlerhafter Staatsakte teleologisch zu bestimmen sucht, bedarf nach dem bereits Ausgeführten kaum der Erinnerung. Es bedient sich des teleologischen Verfahrens aber auch die Praxis der französischen Gerichte, deren Entscheidungen JÈZE seinen Ausführungen durchweg zugrunde legt. Für die Vertreter der klassischen Richtung würden etwa die Akte eines entlassenen, suspendierten oder abberufenen Beamten rechtlich nicht vorhanden sein. Sind doch derartige Akte einfach Musterbeispiele für die Kormannsche sogenannte „absolute Unzuständigkeit". Aber eine derartige, allerdings sehr einfache, Lösung ist, wie sich im Verlaufe dieser Untersuchung ergab, weder begründet, noch auch nur sinnvoll [21]). Eher dürfte der ratio legis der Gedanke des Schutzes mit Grund gutgläubiger Dritter entsprechen. In Verfolgung dieses Gedankens gelangt JÈZE im Anschluß

---

[18]) Desgl. S. 302.

[19]) Der Gedanke, daß wohlerworbene Rechtslagen der Privaten möglichst zu schützen sind, kehrt im modernen Recht überall wieder und spielt völkerrechtlich seine Rolle insbesondere in der Lehre von der Staatensukzession.

[20]) Ein Hauptfehler des formalistischen Verfahrens ist eben, nicht zwischen genereller und individueller Wertung zu unterscheiden, vielmehr das erfahrungsgemäß regelmäßig Geforderte darum für normativ notwendig zu halten.

[21]) JÈZE, der die Eleganz der „logischen" Entscheidung anerkennt, meint: „Pourtant, les argumentations exclusivement déductives et logiques sont très dangereuses. Le juriste a à résoudre non pas des problèmes de mathématique pure, mais des problèmes sociaux et éminents complexes; ils doit s'efforcer de concilier les intérêts divers en conflit, d'obtenir le maintient de la paix sociale. Voilà ce que le juriste ne doit jamais perdre de vue".

an die englisch[22])-amerikanische[23]) Theorie und Praxis zur Unterscheidung zwischen usurpation und fonctionnaire de facto. Nur die Akte des Usurpators sind rechtlich nicht vorhanden, während Handlungen des fonctionnaire de fait zugunsten Dritter wirksam bleiben, wenn diese verständigerweise (raisonnablement) glauben konnten und tatsächlich „de bonne foi" geglaubt haben, der Aktträger sei zu ihrer Vornahme befugt gewesen[24]). Es entspricht weiter dem teleologischen Verfahren, wenn auch die Bestimmung, wann jemand als fonctionnaire de fait, wann als usurpateur de fonction anzusehen ist, nicht formalistisch erfolgt, sondern durch Verlegung des Betrachtungspunktes auf seiten der Betroffenen. So erscheint Jèze als „fonctionnaire de fait ... l'individu qui a exercé une fonction en vertu d'une *investiture plausible*", während „cet individu est un *usurpateur,* s'il n'a pas d'investiture du tout, ou si l'investiture n'est pas plausible" [25]). Frei wird entsprechend nach Ansicht der Praxis, wer an eine Person zahlt, die er mit Grund für einen Beauftragten des Steuereinnehmers hielt[26]). Und gleichermaßen ist die Zahlung des Staates durch einen fonctionnaire de fait dem Berechtigten gegenüber, der sie mit gutem Grunde gutgläubig empfängt, unwiderruflich[27]). Bekannt ist ferner der vielbesprochene Fall der Eheschließungen von Montrouge, wo ein vom Maire von Montrouge ohne Beachtung der vorgeschriebenen Reihenfolge delegierter Standesbeamter eine Anzahl Ehen geschlossen hatte[28]). Das Gericht erklärte mit recht gewundener Begründung diese Ehen für gültig. Eine wirkliche Begründung hätte nur teleologisch erfolgen können. Verwandt liegt ein Fall, wo der Munizipalrat statt 10 Mitglieder 12 aufwies, der Regierungsvertreter jedoch den Fehler mangels eines Protestes für geheilt erklärte, da eine andere Entscheidung „serait enlever toute valeur aux délibérations que prendra, pendant ce délai, le conseil municipal" [29]). Dagegen wurde die Wahl als

[22]) Vgl. die Ausführungen von Lord Ellenborough in: Jèze (s. V, Anm. 5), S. 456 A.

[23]) Goodnow: Cases on administrative law. T. 1 um 1900, S. 141.

[24]) Jèze (s.V, Anm. 5), S. 445.

[25]) Jèze (s. V, Anm. 5), S. 254.

[26]) Conseil d'Etat v. 22. Juli 1876, Ducatel in: Recueil des ârrets du Conseil d'Etat ... et des décisions du Tribunal des Conflits. Paris. S. 107; Conflits v. 15. Dez. 1888, Moreau: ebendort, S. 986; Jèze: a.a.O. S. 482 f.

[27]) Jèze: a.a.O. S. 488.

[28]) Cassation v. 7. Aug. 1883 in: Sirey, 1884, P. 1. 5.

[29]) Conseil d'Etat v. 30. Jan. 1885, El c'Héronville (s. VII, Anm. 26), S. 126.

solche vom Staatsrat annulliert. Für formalistisches Verfahren müßten ferner Handlungen, welche der Stellvertreter eines zu Unrecht abberufenen Maire vornahm, nach Kassierung dieser Abberufung nichtig sein, da ja der Maire dauernd zuständig blieb. Eine Logik, welche der Cours d'Orléans [30]) ausdrücklich verwarf, unter andern mit der Begründung, man würde „compromettre l'état et la fortune des citoyens, si l'on déclarait nuls tous les actes auquels aurait concouru un fonctionnaire révoqué alors qu'il ignorait sa révocation".

Dasselbe teleologische Verfahren wird schließlich auch in der *deutschen Praxis* [31]) und Theorie verwendet. So erklärt z. B. das Reichsgericht in einer Anzahl Entscheidungen zwar ungesetzliche Beamtenernennungen für „unwirksam", nicht aber die von den so ernannten Personen vorgenommenen Handlungen [32, 33]). Wenn KORMANN [34]), der diese Entscheidungen zitiert, darin eine Bestätigung seines Grundsatzes der bloßen Anfechtbarkeit fehlerhafter Verwaltungsakte sieht, so ist damit herzlich wenig gesagt. Denn da dieser angebliche Grundsatz auch bei KORMANN arg durchlöchert ist, fragt es sich gerade, ob und warum er *hier* gilt. Er tut dies aber, weil im Interesse der Dritten es unerträglich wäre, anders zu entscheiden, und weil diese Interessen für teleologische Rechtsauslegung offenbar schutzwürdig sind [35]). Dasselbe Argument würde auch für die Gültigkeit etwa von Akten eines Beamten sprechen, der, wie es nach Erlaß des Altersgrenzengesetzes nicht selten war, unter Umgehung desselben seine Dienststelle

---

[30]) JÈZE (s. V, Anm. 5), S. 470, Anm. 1: Entscheidung v. 6. August 1838.

[31]) Vgl. V, Anm. 58 der Arbeit.

[32]) RG. Z. Bd. 57, 1904, S. 120; und in: Juristische Wochenschrift. Bd. 28. Berlin 1899, S. 269, 735.

[33]) Beachtung verdient bei der Ähnlichkeit der Wertlagen, wenn STAUB (s. II, Anm. 53) zu § 310, im Falle des § 310 HGB eine Heilung der Gesellschaftsbeschlüsse ex tunc annimmt mit der Begründung: „Die entgegengesetzte Ansicht würde, da alle bisherigen Beschlüsse nichtig wären, zu unhaltbaren Folgerungen führen, sie entspricht auch nicht dem Zweck und Sinne des Gesetzes."

[34]) Schließt ein verbündeter Staat mit einem dritten Staat heimlich einen Vertrag, obwohl der Bündnisvertrag ihm dies nur mit Zustimmung des Verbündeten erlaubt, so ist nach HATSCHEK dieser Vertrag nicht nichtig, da der gutgläubige dritte Staat Schutz verdient (s. III, Anm. 13), S. 246. Auch im Völkerrecht kann also das Prinzip des Schutzes Gutgläubiger wiederkehren, wobei dahingestellt sein mag, ob seine Verwendung im konkreten Falle haltbar ist.

[35]) KORMANN (s. II, Anm. 2), S. 217.

behielt. Wo freilich ein Vertrauensschutz des Publikums als berechtigt nicht anerkannt werden kann, sind auch die Akte unzuständiger Beamten unwirksam. Wohl mit Recht erklärt daher der Badische Verwaltungsgerichtshof eine Verfügung, welche der Bürgermeister irrtümlich an Stelle des Vorsitzenden des lokalen Versicherungsamtes erlassen hatte, für nichtig [36]). Bemerkenswert ist schließlich, wenn auch HATSCHEK [37]), der sich sonst ziemlich eng an KORMANN anschließt, das berechtigte Vertrauen des Bürgers in die Gültigkeit eines Verwaltungsaktes zu schützen sucht. Unter publizistischer Umwandlung eines Satzes von WELLSPACHER [38]) kommt HATSCHEK zu dem Prinzip, daß, „wo der Staat durch den Mißbrauch der Organisationsgewalt in dem Staatsbürger das Vertrauen erweckt, daß der Staat diesem gegenüber *rechtsgeschäftlich* (d. i. durch Verwaltungsakt) handeln wollte, da muß derselbe Staat es sich auch gefallen lassen, daß dieses Vertrauen des Staatsbürgers rechtlich geschützt wird, selbst zum Nachteil des Staates". Nur wo der Bürger *„ohne Schwierigkeit"* den Mißbrauch der Organisationsgewalt erkennen konnte, entfällt für ihn naturgemäß der Vertrauensschutz. Dem mit Grund Gutgläubigen aber gibt HATSCHEK durch bloße Anfechtbarkeit des fehlerhaften Akts die Wahl, denselben zu lassen oder zu vernichten.

Bei der Durchführung seines Grundsatzes ist HATSCHEK allerdings nicht immer konsequent. So soll der Vertrauensschutz des Privaten bei mangelnder Volljährigkeit, mangelnder Staatsangehörigkeit, fehlender Wählbarkeit oder nachträglichem Verlust derselben seitens des handelnden Organs berechtigt sein. Dagegen ist nach HATSCHEK „ein publizistisches Rechtsgeschäft" des geisteskranken Beamten auf alle fälle nichtig [39]). Jedoch ist schlechterdings nicht einzusehen, warum der Vertrauensschutz gerade gegenüber dem geisteskranken Beamten versagen soll. Was HATSCHEK zu dieser Inkonsequenz veranlaßt, sind offenbar die Folgerungen, die er mit KORMANN aus dem Begriff des publizistischen Rechtsgeschäfts ableitet. Wie wenig berechtigt jedoch

---

[36]) Zeitschrift für Badische Verwaltung und Verwaltungsrechtspflege. Heidelberg 1913, S. 106, zitiert bei FLEINER (s. II, Anm. 69), S. 194, Anm. 59 als Beispiel seines allgemeinen Grundsatzes der Nichtigkeit von Akten unzuständiger Behörden.

[37]) HATSCHEK (s. II, Anm. 70), S. 94 f.

[38]) WELLSPACHER, MORITZ: Vertrauen auf äußere Tatbestände im bürgerlichen Recht. Wien 1906, S. 115.

[39]) HATSCHEK (s. II, Anm. 70), S. 96 f.

dieselben sind, wurde bereits nachgewiesen. Auch wäre es offenbar im öffentlichen Interesse unerträglich und nicht im Sinne des Gesetzes, etwa die Gültigkeit von Akten, welche eine unwählbare Person im Laufe von Jahren gesetzt hat, durch die Privaten bestimmen zu lassen. Es liegt kein ersichtlicher Anlaß vor, in diesen Fällen des Vertrauensschutzes den Privaten besser, den Staat schlechter zu stellen, als beide stehen würden bei normaler staatlicher Tätigkeit. Dies aber wäre der Fall, wenn der Private frei über die Wirksamkeit staatlicher Akte bestimmte. Der Gedanke des Vertrauensschutzes fordert nur, den mit Grund gutgläubigen Privaten nicht schlechter zu stellen als bei fehlerfreier, staatlicher Tätigkeit. Dazu aber wird es in der Regel genügen, den fehlerhaften Akt als fehlerfrei und wirksam zu betrachten.

Von Interesse ist in diesem Zusammenhange schließlich noch, wie diese Fälle, in denen fehlerhafte Staatsakte zugunsten des Bürgers *wirksam* sein können, die nur relative Richtigkeit jenes unter andern von HERRNRITT [40]) und LÖFFLER [41]) vertretenen individualistischen Standpunkts zeigen, nach dem das Interesse des Bürgers die Nichtigkeit des fehlerhaften Staatsakts schlechthin fordern soll. Aufmerksamer Betrachtung kann ferner nicht entgehen, daß auch dann, wenn die Fehler eines Staatsaktes anscheinend nur im Interesse *Dritter* ohne rechtliche Sanktion bleiben, in Wahrheit diese Lösung auch dem *Gemein*interesse entspricht [42]). Da aber in diesen Fällen das Gemeininteresse das Individualinteresse gewissermaßen zu dem seinigen macht, es in sich aufnimmt, kann man insofern von Wirksamkeit eines fehlerhaften Akts zugunsten Dritter reden. Unzutreffend ist jedenfalls, wenn WODTKE [43]) aus dieser ständigen Beteiligung des allgemeinen Interesses gegen AUCOC und LAFERRIÈRE folgert, es sei gleichgültig, in wessen Interesse eine Formvorschrift erlassen werde. „Denn da alle Verwaltung im Interesse des Staatsbürgers geschieht, ist jede Formvorschrift, die im Interesse der Verwaltung gegeben ist, zugleich

---

[40]) Vgl. S. 54 f. der Arbeit.

[41]) LÖFFLER, ALEXANDER: Über unheilbare Nichtigkeit im österreichischen Strafverfahren in: Zeitschrift f. d. Privat- u. öffentl. Recht der Gegenwart. Bd. 31. Wien 1904, S. 495 ff.

[42]) Insoweit hat JÈZE also recht. Doch gilt dies nur bei objektiver, nicht subjektiver Beurteilung der Interessenlagen.

[43]) WODTKE, FRITZ: Der Recours pour excès de pouvoir. Tübingen 1912, S. 61.

auch im Interesse des Staatsbürgers gegeben." Zwar gibt dieser Satz die Idee des Polizeistaats treffend wieder, verkennt aber ebendarum jenes Ineinander von Interessen, welche für teleologische Betrachtung die Wirksamkeit oder Unwirksamkeit eines staatlichen Akts zugunsten des Einzelnen im Interesse der Gemeinschaft fordern kann.

b) *Wesentliche und unwesentliche Fehler*

Wie sich im Laufe dieser Untersuchung zeigte, erschien dem formalistischen Verfahren namentlich KESLENs eine Abstufung der Fehler nach Gewicht als unjuristisch und logisch verwerflich [44]. Dagegen sind für eine teleologische Rechtsauslegung derartige Abwägungen selbstverständlich und erforderlich [45]. Auch in der juristischen Praxis wird ein Fehler in Wahrheit regelmäßig dann als schwer angesehen, wenn der fehlerhafte Akt entweder allgemein oder im konkreten Falle als geeignet erscheint, irgendwelche Rechtslagen durch sein Vorhandensein fühlbar zu beeinträchtigen. Insbesondere hat das Preußische Oberverwaltungsgericht in ständiger Rechtsprechung [46] Wahlfehler für schwer erklärt, die das Ergebnis der vorliegenden Wahl verschieben könnten. Eine gleichartige teleologische Abwägung des Fehlers, der unter Umständen selbst rechnerisch ausgeglichen wird, nimmt das Wahlprüfungsgericht beim Reichstag vor [47]. Es folgt darin nur der Praxis des alten Reichstags, der sein ursprünglich formalistisches Verfahren, nach dem Verstöße gegen das Wahlgesetz als schwer, Verstöße gegen das Wahlreglement als minder beachtlich erschienen, längst zugunsten einer konkreten Wertung aufgegeben hatte und die

---

[44]) KORMANN (s. II, Anm. 2), S. 260 und JELLINEK (s. I, Anm. 5), S. 103 f. kennen zwar wesentliche und unwesentliche Formvorschriften, ohne jedoch bei ihrem formalistischen Verfahren mit dieser Unterscheidung eigentlich etwas anfangen zu können.

[45]) Wie selbstverständlich im übrigen unbefangener Rechtsauslegung eine Abstufung der Fehler ist, zeigt die Bemerkung von GRAU, RICHARD: Sind die Devisenerfassungsverordnungen v. 25. Aug. 1923 u. v. 7. Sept. 1923 rechtsgültig? in: Deutsche Juristenzeitung. 1923, Sp. 587 „die hier aufgezählten Ungültigkeitsgründe sind von verschiedenem Gewicht" nicht minder wie der vergebliche Kampf der Rechtslogiker gegen Wertungen, die sie schließlich selber vollziehen.

[46]) So z. B. die Entscheidungen des OVG Bd. 15, 1888, S. 34; Bd. 17, 1889, S. 121 f.; Bd. 18, 1890, S. 48 usw.

[47]) KAISENBERG, GEORG: Die Rechtsprechung des Wahlprüfungsgerichts beim Reichstag. Berlin 1921.

Bedeutung eines Fehlers nach seiner Erheblichkeit für das Wahlresultat bestimmte [48]). Wenn HATSCHEK, der dies treffend hervorhebt, dabei meint, ob ein Fehler schwer sei, lasse sich auch im Falle der Wahl durch Anwendung seines Grundsatzes vom Vertrauensschutze feststellen [49]), so kann dem allerdings nicht beigepflichtet werden. Dieser Grundsatz würde vielmehr gerade verlangen, sogar bei wesentlichen Mängeln des Wahlverfahrens alle Wähler, welche die Fehlerhaftigkeit des Wahlakts nicht erkennen konnten, zu schützen. Auch müßte derart gutgläubigen Wählern eigentlich das Recht zustehen, nach Belieben das fehlerhafte Wahlergebnis anzufechten oder anzuerkennen. Davon kann jedoch auch für HATSCHEK keine Rede sein. Vielmehr zeigt sich hier, wie teleologische, dem Sinn der Norm entnommene Grundsätze nur anwendbar sind, wo die Rechtslage, die zu regeln sie bestimmt erscheinen, auch besteht. Die dem Sinn der Norm vielleicht entsprechende Notwendigkeit, einen billigen „Ausgleich zwischen den verschiedenen Interessen" herzustellen [50]), hat aber mit dem Schutz des guten Glaubens nichts zu tun. Wohl aber bilden umgekehrt alle die sub 1. angeführten Entscheidungen Beispiele dafür, wie Fehler bei gewissen Rechtslagen mitunter als unwesentlich erscheinen können, die regelmäßig als wesentlich zu betrachten sind [51]).

c) Wesen und soziale Funktion des Akts

Schon früher wurde W. JELLINEK gegenüber hervorgehoben, wie die äußeren Handlungen sich ihrem Wesen nach unterscheiden, ohne daß diese Verschiedenheit auf angebliche Willensrichtungen zurückgeführt werden könnte. Aus dieser Eigentümlichkeit des Akts ergibt sich einmal, daß seine Verwendung dort fehlerhaft sein muß, wo die Verhältnisse, welche er setzt, rechtlich nicht bestehen. Befiehlt also etwa die Wegepolizei dem Militärfiskus, so nimmt sie hiermit einen Akt vor, der seiner Struktur nach eine Überordnung der Polizei über den Militärfiskus in dem Befohlenen voraussetzt. Desgleichen läßt

---

[48]) Vgl. HATSCHEK, JULIUS: Deutsches und preußisches Staatsrecht. Bd. 1. Berlin 1923, S. 395 ff.

[49]) HATSCHEK (s. II, Anm. 70), S. 99.

[50]) HATSCHEK (s. II, Anm. 70), S. 99.

[51]) Erwähnt sei noch die bei HERRNRITT (s. II, Anm. 74) zitierte Entscheidung des Österreich. Verwaltungsgerichtshofs v. 21. Mai 1908, 6766 An., welche in der Übergehung einer Instanz dann keinen wesentlichen Mangel erblickt, wenn dadurch die Rechtslage der Partei nicht beeinträchtigt wird.

die Anstellung eines Beamten durch einseitige Verfügung dessen Zustimmung als entbehrlich, zum mindesten als nicht gleichwertig erscheinen. Fehlerhaft sind beide hier ergangenen Akte, wenn jene Überordnung des handelnden Organs, welche sie voraussetzen, offenbar nicht besteht. Ob dies aber der Fall ist, muß jeweils der Rechtsordnung entnommen werden und läßt sich mangels ausdrücklicher Regelung nicht anders wie teleologisch begründen.

Das Wesen wie die soziale Funktion bestimmter Akte macht ferner verständlich, warum bei ihnen das Fehlen von Elementen als unwesentlich, ja naturgemäß erscheinen kann, welches andere Akte fehlerhaft und unwirksam machen würde. So mag eine Zustellung durch betrunkene Beamte, eine Urteilsverkündung durch wahnsinnige Richter wirksam sein, weil kein Grund vorliegt, hier den Willen des Handelnden für rechtlich bedeutungsvoll zu erachten. In Umkehrung jener privatrechtlich-publizistischen Definition könnte man daher dort Rechtshandlungen annehmen, wo für teleologische Rechtsauslegung es gleichgültig erscheint, ob der Aktträger einen Rechtserfolg will oder nicht. Ja, jene ganze Kategorie der Rechtshandlungen, deren eigentliche verwaltungsrechtliche Bedeutung darin besteht, daß gegen die unter sie fallenden Handlungen die Rechtsmittel des Verwaltungsprozesses meist nicht gegeben sind [52]), umfaßt in Wahrheit Akte, die ihrem Wesen wie ihrer sozialrechtlichen Funktion nach einem gerichtlichen Angriff widerstreben [53]). Auf Wesen und sozialer Funktion des Akts beruht auch, wenn die gemeinhin als Rechtshandlungen betrachteten Mitteilungen und Beurkundungen bedingungsfeindlich sind [54]). Schließlich muß eine Handlung, um sinnvoll als nichtig betrachtet werden zu können, irgendwie ein Gebot oder Verbot enthalten, weswegen die Sanktion fehlerhaften Nichthandelns regelmäßig in der Pflicht, den durch rechtswidriges Verhalten entstandenen Schaden auszugleichen, bestehen wird.

d) Abhängigkeit der Fehlerfolge von der Möglichkeit, den Fehler geltend zu machen

Die Regelung des Bürgerlichen Gesetzbuches, nach der im allgemeinen schwere Fehler ein Rechtsgeschäft nichtig, leichtere es anfecht-

---

[52]) Vgl. Hatschek (s. II, Anm. 70), S. 11.

[53]) So deutlich die von Hatschek a.a.O. zitierten Entscheidungen des OVG Bd. 24, 1893, S. 429; Bd. 43, 1904, S. 396.

[54]) Vgl. dazu Sulser (s. III, Anm. 14), S. 68.

bar machen, wird von KORMANN und W. JELLINEK auch für das öffentliche Recht in Anspruch genommen. Insbesondere führt nach beider Meinung eine Verletzung wesentlicher Formvorschriften Nichtigkeit des so ergangenen Aktes herbei [55]). Diese Ansicht ist in solcher Allgemeinheit jedoch unrichtig, indem sie übersieht, daß anders wie im Privatrecht im öffentlichen Recht nicht jede Rechtsverletzung klagweise auch *geltend* gemacht werden kann. So sind z. B. die sogenannten Staatshoheitsakte [56]), von einer etwaigen parlamentarischen Kontrollmöglichkeit abgesehen, richterlich unüberprüfbar. Ihre Geltung wird daher auch durch wesentliche Formverletzungen grundsätzlich nicht berührt [57]). Entsprechend beeinträchtigen auch Rechtsverletzungen durch den absoluten Herrscher regelmäßig die Wirksamkeit so ergangener Akte nicht. Umgekehrt wiederum sind häufig im deutschen Recht Verordnungen wegen Mängeln nichtig, welche etwa eine Polizeiverfügung nur anfechtbar machen würden. Eine Tatsache, die ihren Grund nicht in der Bedeutung des Fehlers, sondern in dem fehlenden Rechtsmittel der Anfechtung gegen Verordnungen findet [58]).

Von besonderem Interesse ist schließlich, daß, selbst wo eine aus drückliche Rechtsregelung fehlt, doch stets bestimmte Akte für teleologische Rechtswürdigung als unerträglich und schlechthin unbeachtlich gelten. Ein Recht zum Widerstande scheint in solchen Fällen gefordert, dessen Voraussetzungen seinerseits zweifach abhängen vom Aufbau eines konkreten Normensystems wie von dem Inhalt der es tragenden Kulturanschauungen. Es ist in gleicher Weise bezeichnend für die modernen Rechtsinstitutionen und Rechtsanschauungen, wenn jene Lehre vom Widerstandsrecht des Volkes, welche das ganze Mittelalter durchzieht [59]) und die in abgeschwächter Form bis in die

---

[55]) Vgl. Anm. 44 dieses Abschnitts.

[56]) Vgl. HATSCHEK (s. II, Anm. 70), § 7.

[57]) Es ist von Interesse, wie aus dem oben angegebenen Grunde man sich in Frankreich bemüht, den Begriff der Regierungsakte zu verengern. Vgl. JÈZE (s. VII, Anm. 6 dt. Ausg.), S. 448 ff.

[58]) Entsprechendes gilt im französischen Recht (vgl. P. Dareste: Les voies de recours contre les actes de la puissance publique, 1914, S. 179), das darüber hinaus den recours pour excès de pouvoir auch gegen Verordnungen kennt. Über die unter Umständen absolute Unabhängigkeit der Geltung einer Entscheidung von ihrer Richtigkeit s. auch die Bemerkungen von SCHMITT, CARL: Politische Theologie. München 1922, S. 31.

[59]) Vgl. KERN, FRITZ: Gottesgnadentum und Widerstandsrecht im früheren Mittelalter. Leipzig 1914. Ferner WOLZENDORFF (s. VI, Anm. 31), GIERKE,

Mitte des 19. Jahrhunderts reicht [60]), mit der Idee des Rechtsstaats nicht vereinbar scheint. Daher hat das trotzdem von DUGUIT [61]) verkündete Recht zum Widerstand gegenüber fehlerhaften Gesetzen in der französischen Literatur zwar viel Beachtung, aber wenig Anklang gefunden. Dagegen ist es nach TEZNER [62]) fehlerhaften *Verwaltungsakten* gegenüber geradezu „eine Probe auf den Fall der Nichtigkeit..., wenn die Frage, ob gewaltsam Widerstand gegen den zwangsweisen Vollzug eines behördliche Form aufweisenden Aktes erlaubt sei, zu bejahen ist". Allerdings kann diese Probe wenig nützen, da nur gegenüber nichtigen Akten ein Widerstandsrecht in Frage kommt. Allein teleologische Rechtsauslegung hilft aus diesem Zirkel. Wie wenig formalistisch sich ein Recht zur Nachprüfung fehlerhafter Gesetze, d. h. zur Geltendmachung des Fehlers begründen läßt, hat THOMA neuerdings hervorgehoben [63]). Wer schließlich für die Nichtig-

---

OTTO: Johannes Althusius und die Entwicklung der naturrechtlichen Staatstheorien. Breslau 1880, insbes. S. 33 ff., 114 ff., 145 ff.

[60]) So handelt noch DAHLMANN, FRIEDRICH CHRISTOPH: Die Politik auf den Grund und das Maß der gegebenen Zustände zurückgeführt. 2. Aufl. Bd. 1. Leipzig 1847, S. 195 ff. in einem eigenen Kapitel vom Recht des Widerstandes.

[61]) DUGUIT, LÉON: L'Etat. T. 1. Paris 1903, Chap. 2 hält einen Widerstand gegenüber Gesetzen, welche mit der „règle de droit" nicht übereinstimmen, für rechtmäßig. Diese „règle de droit", welche aus der „solidarité sociale" sich herleiten soll, bindet nach ihm Herrscher wie Beherrschte. Dagegen sieht GÉNY: Revue critique de législation. 1901, S. 508 ff. in DUGUITs Ansichten eine Neuauflage naturrechtlicher Ideen, während HAURIOU ihn gar für einen Kathederanarchisten erklärt. Weitere Angaben und ausführliche Bekämpfung der Duguitschen Lehre bei CARRÉ DE MALBERG, RAYMOND: Contribution à la théorie générale de l'Etat. T. 1. Paris 1920, S. 201 ff. Vom rechtspolitischen Standpunkt aus unterscheidet FEILCHENFELD (s. VI, Anm. 27), S. 53, 148 zwischen Normen, die Befolgung nur fordern, und Normen, denen Befolgung gebührt. Bezeichnend ist übrigens, daß im Völkerrecht, welches die Staaten nur sehr unvollkommen zur Rechtsgemeinschaft eint, das Widerstandsrecht seine alte Bedeutung behalten hat.

[62]) TEZNER (s. II, Anm. 75), S. 299. TEZNER gibt damit seinen früher vertretenen Standpunkt auf. Vgl. auch KORMANN (s. II, Anm. 2), S. 206.

[63]) S. VI, Anm. 24 dieser Arbeit. Man vgl. gegen THOMA die Ausführungen von NAWIASKY: Zur Frage des richterlichen Prüfungsrechts in: Deutsche Juristenzeitung. Bd. 28. 1923, Sp. 41, deren Begründung auf der petitio principii beruht, nur fehlerfreie Rechtsregeln seien „wirklich bindende Gesetze". Vgl. ferner KELSEN, HANS: Die Bundesverfassung vom 1. Okt. 1920. Wien 1922, S. 182; JELLINEK, WALTER: Verfassungswidrige Reichsgesetze in: Deutsche Juristenzeitung. Bd. 26, 1921, Sp. 753; und gegen beide THOMA (s. V, Anm. 34), S. 271 ff. Deutlich kommt die notwendige Willensentscheidung neuerdings bei TAMBARO, IGNAZIO: Bemerkenswerte Vorgänge im italienischen

keit von Urteilen eintritt, welche auf Prügelstrafe oder Päderastie erkennen, tut es in Wahrheit, weil hier „gegen die unsere Rechtsordnung tragenden Kulturanschauungen in unerträglichem Maße verstoßen wird“ [64]), und nicht aus irgendwelchen logischen Erwägungen. Auch dann schließlich, wenn die Voraussetzungen formell feststehen, an deren Vorliegen die Möglichkeit, einen Fehler geltend zu machen, gebunden ist, treibt der Wechsel kultureller Anschauungen ganz verschiedenes Leben durch die alten Gehäuse. So begründet nach wie vor für den französischen Staatsrat den Recours pour excès de pouvoir nur „l'incompétence, le vice de formes, la violation de la loi et le détournement de pouvoir“ [65]). Aber seit der Entscheidung vom 29. Juli 1910 wird unter Gesetzesverletzung nicht mehr nur Beeinträchtigung eines erworbenen Rechts, sondern Interessenverletzung schlechthin verstanden und enthält die alte Kategorie des détournement de pouvoir eine ganz neuartige Einschränkung des pouvoir discrétionnaire der Verwaltung [66]). – Die Bedeutung eines Fehlers erweist sich damit als abhängig von der Möglichkeit, ihn geltend zu machen, welche ihrerseits abhängt von historischen bedingten Rechtsregelungen und der ebenfalls nur für die konkrete Wertlage als berechtigt aufweisbaren teleologischen Auslegung derselben.

e) Abhängigkeit der Fehlerfolge von der Rechtskraft der verletzten Norm

Ob bestimmte Staatsakte als unwirksam betrachtet werden müssen, kann abhängig sein von der Stellung, in welche verschiedene Normensysteme zueinander zu bringen sind. Setzt man z. B. mit der herrschenden Meinung eine Dualität von Völkerrecht und Landes-

---

Parlament in: Blätter f. vergleichende Rechtswissenschaft. Bd. 17. Berlin 1922/23, Sp. 111 ff. zum Ausdruck. Während nach TAMBARO bisher in Italien angenommen wurde, allein das Parlament könne ein Gesetzesdekret nachprüfen, erschien dies Verfahren bei der steigenden Flut von Dekreten nicht mehr als ausreichend. Infolgedessen wurde jetzt eine neue Lösung gefunden, welcher der Kassationshof zustimmte, „und die dem hohen Ziel der Gerechtigkeit entspricht“.

[64]) SAUER (s. II, Anm. 76), S. 454.

[65]) Vgl. den Bericht von HAURIOU: Le développement de la jurisprudence d'administrative depuis 1870 in: Bulletin de la Société de législation comparée. Paris 1922, S. 244.

[66]) HAURIOU: a.a.O. MESTRE: L'évolution de droit administratif de 1869 à 1919 in: Bulletin de la Société de législation comparée. 1922, S. 254 ff.

recht voraus, so sind völkerrechtswidrige Landesgesetze den Untertanen des sie erlassenden Staates gegenüber wirksam und verbindlich. Andererseits macht auch die völkerrechtliche Fehlerhaftigkeit derartiger Staatsakte dieselben völkerrechtlich nicht notwendig nichtig, soweit und solange das Völkerrecht lediglich Ansprüche der Staaten gegeneinander regelt. Denn auch ein die Rechte des Nachbarstaates aufs schwerste kränkender Akt wird durch Verzicht des verletzten Staates auf die ihm zustehenden Ansprüche geheilt. Endlich sind nach THOMA [67]) nicht verwaltungsmäßige Polizeiverordnungen, d. h. solche, „bei deren Erlassung die instruktionell vorgeschriebenen Sanktions- und Publikationsformen nicht beachtet worden sind“, zwar „rechtsverbindlich, aber der Außerkraftsetzung durch die höhere Verwaltungsbehörde ausgesetzt“. In derartigen Fällen schwächt also die Fehlerhaftigkeit der Anordnung sie gewissermaßen nur nach innen, unter anderm eine Folge der auf verschiedene Personenkreise sich erstreckenden Rechtskraft von Verordnung und Dienstinstruktion. Beachtung verdient in diesem Zusammenhange namentlich auch die auf dem Dogma der Gewaltenteilung beruhende grundsätzliche Bindung der Behörden einer Funktion auch an fehlerhafte Akte einer andern. Eine Erscheinung, welche sich durch den von bestimmten Ideen getragenen Aufbau jedes Rechtsnormensystems erklärt und die positivistisch gar nicht begriffen werden kann.

Im übrigen gelten jedoch Normen regelmäßig als fehlerhaft und unwirksam, die inhaltlich mit einem als höher vorausgesetzten Normensystem kollidieren. Von Interesse ist dabei, daß jene individualistische Lehre der Aufklärungszeit, derzufolge bestimmte Freiheitsrechte des Einzelnen sie beeinträchtigende Normen nichtig werden ließen, vom Positivismus als mit dem modernen Souveränitätsdogma unvereinbar aufgegeben wurde [68]).

f) Grenzen der Zulässigkeit privatrechtlicher Analogie für teleologische Rechtsauslegung

Bereits früher wurde hervorgehoben, daß eine einfache Übernahme privatrechtlicher Normen ins öffentliche Recht der Begründung entbehrt. Auch steht dies namentlich von KORMANN geübte Verfahren in einem eigentümlichen Widerspruch zu der von ihm vorausgesetzten

[67]) THOMA (s. II, Anm. 79), S. 463.
[68]) Vgl. dazu FEILCHENFELD (s. VI, Anm. 27), S. 8.

Dualität der Rechtssysteme. Mit Grund bemerkt denn auch KELSEN, „daß der Gegensatz des öffentlichen zum Privatrecht, den KORMANN ... immer im Munde führt, ... seine Resultate nicht wesentlich beeinflußt hat“ [69]). Faßt man dagegen, wie es hier geschieht, jenen Gegensatz nur als rechtsinhaltlichen auf, so muß für teleologische Rechtsauslegung eine analoge Anwendung privatrechtlicher Normen im öffentlichen Recht dort gestattet sein, wo der den ersteren immanente Rechtsgedanke als die erforderliche Ergänzung der durch den Wortlaut des Gesetzes nicht entwickelten publizistischen Rechtsidee erscheint [70]).

3. Behandlung des fehlerhaften Staatsakts de lege ferenda

Die vorliegende Untersuchung ergab, daß die Rechtsfolgen fehlerhafter Staatsakte sich nur teleologisch, nicht aber formalistisch bestimmen lassen. Insbesondere erwies sich die Bedeutung eines Fehlers abhängig von der jeweiligen Rechtslage, in der er auftrat. Auch die Annahme eines einheitlichen Endzwecks aller Rechtsnormen würde die durch Verschiedenheiten der Tat- und Rechtslage geforderte Mannigfaltigkeit der Einzellösungen nicht aufheben können. Jede Behandlung des fehlerhaften Staatsakts de lege ferenda wird daher nicht von angeblich logischen, in Wahrheit willkürlichen Prinzipien, sondern von den Einzelfällen auszugehen haben. Für ein bestimmtes Normensystem, eine bestimmte Normengruppe, gilt es, die hier möglichen Rechtslagen aufzudecken und nach den Gründen zu suchen, welche diese oder jene Entscheidung als teleologisch gefordert erscheinen lassen. Hier von mehreren vertretbaren Lösung eine als *geltend* festzulegen, verbleibt als Aufgabe dem Gesetzgeber und den Gerichten. Mangels gesetzlicher Regelung kann aber nur die Einzelauslegung begründen, welche Unwirksamkeit dem Fehler eines konkreten Akts sinngemäß entspricht [71]). Willkürlich und unüberprüfbar sind dagegen Verallgemeinerungen, die gerade das verkennen, was eigentlich lebendig ist am Problem des fehlerhaften Staatsakts.

---

[69]) KELSEN (s. II, Anm. 85), S. 85.

[70]) Obige Definition erhebt nicht den Anspruch, alle Fälle zulässiger Analogie zu decken, gibt aber wohl die Richtung des Verfahrens an. Vgl. im übrigen auch KOCH, GERHARD: Zur Analogie im Recht. Diss. Göttingen 1922; SULSER (s. III, Anm. 14), S. 96.

[71]) Wegen der dabei anzuwendenden Grundsätze sei auf Abschnitt VI der Arbeit verwiesen.

VIII. Die Feststellung des Fehlers

Die Unhaltbarkeit einer positivistischen Methode der Rechtsauslegung am Problem des fehlerhaften Staatsakts grundsätzlich aufzuweisen, darüber hinaus Methode wie Problem einer teleologischen Rechtsauslegung wenigstens zu skizzieren, war der eigentliche Zweck der bisherigen Untersuchung. Aufgabe der folgenden Zeilen muß demgegenüber sein, das Verfahren wertgerichteter Rechtsauslegung im einzelnen durchzuführen. Hierbei soll zuerst an einigen Normen aus dem Verfassungsrecht gezeigt werden, wie schon die Frage, ob ein Staatsakt fehlerhaft ist, sinnvoll ohne Werterkenntnis und -anerkennung oft nicht beantwortet werden kann. An Beispielen aus dem Verwaltungsrecht wird dann im nächsten Abschnitt entsprechend die Feststellung von Fehlerfolgen zu begründen sein. In einem weiteren Abschnitt endlich soll der Versuch gemacht werden, darzulegen, wie die hier vertretene Methode eine gewisse Synthese zum mindesten der *Ideen* des Rechtspositivismus und der jenen bekämpfenden Richtungen der Interessenjurisprudenz im weitesten Sinne anbahnt und eigentliche Reibungsflächen mit einem folgerichtigen Verfahren reiner Rechtslehre wie SANDERs Theorie der Rechtserfahrung kaum ermöglicht.

Art. 6 der Weimarer Verfassung begründet die ausschließliche Gesetzgebungskompetenz des Reiches u. a. über das Auslieferungswesen. Ermächtigt hierzu durch einfaches Reichsgesetz, erläßt trotzdem der Preußische Staat obige Materie ordnende gesetzliche Normierungen. Stellt deren Erlaß wie die reichsgesetzliche Ermächtigung zu ihm einen fehlerhaften Staatsakt dar?

Diese Frage muß bei strenger Wortinterpretation des Art. 6 offenbar bejaht werden. Denn wenn das *Reich* die *ausschließliche* Gesetzgebung über das Auslieferungswesen hat, Bestimmungen, welche ein Recht zur Delegation ergeben könnten, aber fehlen, darf eben die Gesetzgebungskompetenz nur durch verfassungsänderndes Reichsgesetz übertragen werden. Trotzdem ist aber obige Auslegung nicht zwingend. Denn mit derselben Beweiskraft läßt sich umgekehrt argumentieren: Weil dem Reich die ausschließliche Gesetzgebung über das Auslieferungswesen zusteht und ein Verbot, diese Befugnis zu delegieren, fehlt, steht dem Reichsgesetzgeber der Weg, seine Kompetenz auszuüben, frei.

Der Grund für diese Antinomie beruht nun darauf, daß eine strenge, logische Auslegung des Art. 6 in Wahrheit nicht möglich ist. Denn weil der Begriff „ausschließlich“ offen läßt, was eigentlich ausgeschlossen werden soll, ergibt der fragliche Satz, je nachdem sein Beziehungskorrelat bestimmt wird, einen verschiedenen Sinn. Diese Unbestimmtheit des Satzsinnes könnte durch immanente Auslegung dann möglicherweise behoben werden, wenn der sinnunbestimmte Begriff „ausschließlich“ in einem notwendigen Bezug zu anderen, ihn erklärenden Begriffen der Verfassung stünde. Dies ist jedoch nicht der Fall, vielmehr verleiht gerade der Begriff „ausschließlich“ der Normengruppe, welche er beherrscht, ihr eigentümliches Gepräge. Schließlich hilft auch der Rückgang auf den Sprachgebrauch nicht weiter, da Maß und Richtung der Abwehr, welche das Wort „ausschließlich“ zum Ausdruck bringt, auch im gewöhnlichen Sprachgebrauch wechseln. Selbst wenn dies aber nicht der Fall wäre, würde sich immer noch fragen, ob denn der Gesetzgeber die übliche Terminologie hier zugrunde legen wollte. Durch normimmanente Interpretation ist so die oben aufgeworfene Frage offenbar nicht lösbar [1]). Beantwortet werden kann sie allein von einem Standpunkte außerhalb der Norm [2]), will man nicht theoretisch überhaupt resignieren. Einen derartigen Standpunkt vertritt am konsequentesten die subjektive Theorie der Rechtsauslegung, wenn sie den normtranszendenten Willen des empirischen Gesetzgebers in den Quellen sucht. In Wahrheit stellt jedoch selbst für die subjektive Theorie der „Wille des Gesetzgebers“ nicht sowohl ein empirisches Faktum als eine *Idee* bestimmten In-

---

[1]) Dies muß Brütt, Lorenz: Die Kunst der Rechtsanwendung. Berlin 1907, S. 42 ff. entgegengehalten werden, der alle Kontroversen durch „immanente Werturteile“ prinzipiell beheben will.

[2]) Eine Ansicht, die im Strafrecht Mayer, Max Ernst: Der allgemeine Teil des deutschen Strafrechts. Heidelberg 1915, S. 177, 186 f. bei Beantwortung der Frage vertritt, wann eine Handlung rechtswidrig sei. Für M. E. Mayer erfordert die Konstatierung der Rechtswidrigkeit eine „teleologische Betrachtung“ und läßt sich das Wesen der Rechtswidrigkeit nicht „intern“, sondern nur „extern“ ergründen. Als geeignetes Bezugskorrelat können allerdings die Kulturnormen M. E. Mayers nicht anerkannt werden. Denn einmal führen diese Normen doch ein recht schattenhaftes Dasein, dann aber stimmen erfahrungsgemäß die Werturteile der Gesellschaft nicht derart überein, daß sie als Normen gleichen Inhalts erschienen. Ist dies aber nicht der Fall, so fragt sich, welche dieser Normen eigentlich nun zu gelten hat. Schließlich ist nicht einzusehen, warum jedem beliebigen Urteil einer empirischen Gesellschaft schlechthin normative Geltung zuerkannt werden soll.

halts [3]) dar. Umsomehr aber kann für eine objektive Theorie der Rechtsauslegung der „Wille des Gesetzgebers" allein eine Idee, einen als richtunggebend vorausgesetzten Wert bedeuten [4]).

Ist nun aber auch diejenige Auslegung des Art. 6 normgemäß, welche dem derart aufgefaßten Willen des Gesetzgebers entspricht, so stehen doch der Auffindung desselben jeweils die Schwierigkeiten entgegen, mit welchen seit jeher die Rechtstheorie gerungen hat. Denn aus dem formal festliegenden Willen des Gesetzgebers kann eben wegen seiner Inhaltslehre die Einzelentscheidung nicht abgeleitet werden. Wenn dabei nach hier vertretener Ansicht einer Norm diejenige Auslegung zu geben ist, welche das höchstwertigste Ergebnis verheißt, das ein konkreter Normenkomplex zu bestimmter Zeit zuläßt, so zeigt sich auch, wie eine logische Rechtfertigung der getroffenen Entscheidung letzten Endes nicht möglich ist. Denn die Berechtigung einer Auslegung hängt dann einmal von der oft zweifelhaften Richtigkeit der Tatsachenbewertung ab [5]), des weiteren von der Schwierigkeit, eine Entscheidung als höchstwertigste zu erkennen oder einleuchtend zu machen. Denn alle Werterkenntnis vollzieht sich im Prozeß historischer Entwicklung, und nicht alle Werte stehen noch oder schon sichtbar am Horizont einer bestimmten Epoche, dazu ist die Wertsichtigkeit der einzelnen Völker und Individuen [6]) eine unterschiedliche. Trotzdem dürfte es einen anderen Weg begründeter

---

[3]) Lukas: Zur Lehre vom Willen des Gesetzgebers weist dogmengeschichtlich nach, wie obige Lehre sich im wesentlichen als absolutistische Doktrin darstellt.

[4]) Rickert, Heinrich: Psychologie der Weltanschauungen und Philosophie der Werte in: Logos. Bd. 9. Tüb. 1920, S. 3: „In der Regel klingt der Begriff einer Norm, eines Gesollten an, und eine Regel, die ... weder auf den realen Willen eines psychischen, noch auf den eines metapsychischen Subjekts gestützt werden kann, muß begründet sein in einem geltenden Wert." – Bereits im Bd. 1, 1877 der Entscheidungen der OVG, S. 144 wird übrigens in einem vielleicht von Gneist begründeten Urteil eine logische, aber wertlose Auslegung als „mit dem Geiste des Gesetzes" im Widerspruch abgelehnt.

[5]) So z. B. bei der Frage, ob eine Anstalt notwendig im Sinne des § 10 II, 17 war.

[6]) Verschiedene Arten von Wertblindheit unterscheidet Hildebrandt, D. v.: Sittlichkeit und ethische Werterkenntnis in: Jahrbuch f. Philosophie u. phänomenologische Forschung. Halle 1922, S. 463 ff. Dort auch für die Rechtsauslegung höchst beachtliche Ausführungen über Werterfassen und Werterkennen, Wertsehen und Wertfühlen mit seinen Tiefengraden.

Rechtsauslegung beim Fehlen gesetzlicher Bestimmungen [7]) kaum geben. Soweit es nicht möglich ist, auf diese Weise eine Entscheidung als wertvoller einleuchtend zu machen, läßt sich, mangels eindeutiger Normierung, überhaupt keine Lösung als die bessere erweisen. Nur gerichtliche Praxis und herrschende Meinung vermögen wenigstens faktisch hier die Lücke zu füllen.

Fragt man nach dieser prinzipiellen Feststellung, ob eine Delegation der Gesetzgebungskompetenz im Falle des Art. 6 RV durch einfaches Gesetz zulässig sei, so läßt sich etwa folgendes sagen: Eine Auslegung, welche, lediglich auf den Wortsinn gestützt, den Begriff „ausschließlich" eng interpretiert, ist normwidrig, insofern triftige Gründe bestehen, ohne offenbare Willkür vom strengsten Wortsinn abzuweichen. Als solcher Grund kann etwa angeführt werden, daß Art. 6 der RV den Zweck hat, bestimmte Gebiete des sozialen Lebens, welche eine unitarische Regelung heischten, dem Zugriff des Reichsgesetzgebers offen zu halten. Diesem Zweck widerspricht die Delegation als freiwillige Selbstentäußerung von Befugnissen nicht, zumal durch Bindung der delegierten Stelle an bestimmte Weisungen Einheitlichkeit des Verhaltens verbürgt werden kann. Bei solcher Auslegung des Begriffes „ausschließlich" würde demnach sowohl die Delegation der Kompetenz durch einfaches Reichsgesetz wie ihre Ausübung durch das Land zulässig, also nicht fehlerhaft sein [8]).

Nach Art. 76 der aRV wurden unter bestimmten Voraussetzungen Streitigkeiten zwischen verschiedenen Bundesstaaten vom Bundesrat „erledigt". Bekanntlich hat nun der Bundesrat in allen Fällen mit dieser Erledigung Gerichte betraut [9]). Es fragt sich, ob diese bundesratliche Praxis normgemäß oder fehlerhaft war. Ganz offenbar kann auch hier die Antwort dem Wortlaut des Gesetzes nicht entnommen werden. Zwar läßt sich der Ausdruck „erledigt" in einen gewissen

[7]) Rein positivrechtlich wird er dort gefordert, wo, wie nach § 6 RAbgbO, eine Entscheidung nach „Recht und Billigkeit" erfolgen soll. Das Moment der Entwicklung zu berücksichtigen, heischt unter Abwehr logischer Interpretation § 4 desselben Gesetzes. Bezeichnenderweise belegt letzteren Fuchs, Ernst: Fortschritte und Hemmungen der freirechtlichen Bewegung in: Jurist. Wochenschrift. Bd. 51. Leipzig 1922, S. 7 für die soziologische Bewegung mit Beschlag. Vgl. hierzu auch Hensel, Albert: Zur Dogmatik des Begriffs „Steuerumgehung" in: Bonner Festgabe für Ernst Zitelmann. München 1923, S. 237 ff.

[8]) Im Ergebnis ebenso Anschütz (s. II, Anm. 1), S. 37.

[9]) Seydel, Max v.: Kommentar zur Verfassungsurkunde f. das Deutsche Reich. 2. Aufl. Freiburg 1897, S. 406.

Gegensatz zu dem Begriff „entscheiden" bringen, welcher das Verfahren der Gerichte jener friedenstiftenden Tätigkeit des Bundesrats gegenüber kennzeichnet. Aber auch wenn mit Recht ein solcher Gegensatz angenommen wird, so folgt hieraus sicher nur, daß die Art der Erledigung beim Bundesrat lag, während dunkel bleibt, ob er nicht selbst diese Erledigung vornehmen mußte. Letztere Frage wird insbesondere von LABAND [10]) bejaht, der den Bundesrat entscheidende Instanz bleiben läßt, die nur ein Gutachten von unparteiischer Stelle einholt. Verneint wird sie u. a. von DAMBITSCH [11]), nach dem, mangels gegenteiliger Regelung, die Befugnis zur Delegation „den höchsten Organen der Staatsgewalt immanent" sein soll. Eine offenbare petitio [12]), welche, wie die weitere, gewissermaßen inoffizielle teleologische Argumentation beweist, für DAMBITSCH auch nur den Tribut bedeutet, den er dem Rechtspositivismus schuldig zu sein glaubt. Im Ergebnis muß dagegen offenbar der damals herrschenden Lehre zugestimmt werden, welche die bundesratliche Praxis billigte. Denn die Entscheidung durch ein Gericht verbürgte nicht nur größere Unparteilichkeit, als sie der Bundesrat gewährleisten konnte, sondern diente auch dazu, sonst schwer vermeidliche Reibungen zwischen den Bundesorganen zu verhindern. Wertlos mußte es daher erscheinen, eine so dem „Willen des Gesetzgebers" entsprechende Praxis durch eine keineswegs zwingende gegenteilige Auslegung theoretisch zu verwerfen.

Dagegen geht es offenbar zu weit, wenn SEYDEL [13]) eine *Pflicht* des Bundesrats, die Entscheidung zu delegieren, behauptet. Denn wenn auch, getreu dem Verfahren der historischen Schule, zur Be-

---

[10]) LABAND, PAUL: Staatsrecht des Deutschen Reiches. 5. Aufl. Bd. 1. Tübingen 1911, S. 269. Daß damit LABAND die Zulässigkeit der Delegation bestreitet, übersieht wohl MEYER, GEORG: Lehrbuch des deutschen Staatsrechts. Bearb. v. G. ANSCHÜTZ. 7. Aufl. München 1919, S. 933, Anm. 8.

[11]) DAMBITSCH, LUDWIG: Die Verfassung des Deutschen Reiches. Berlin 1910, S. 672.

[12]) Die praktische Unhaltbarkeit dieses Standpunktes wird sich im folgenden noch zeigen. Ausdrücklich verneint übrigens das OVG Bd. 30, 1897, S. 281; Bd. 46, 1905, S. 310 das Recht der Landespolizeibehörde, ihre Befugnisse auf die Ortspolizei zu übertragen.

[13]) SEYDEL (s. VIII, Anm. 9) zu Art. 76. Dieselbe Ansicht vertreten unter Berufung auf die Materialien und SEYDEL RÖNNE, LUDWIG VON: Staatsrecht. Bd. 1. 2. Aufl. Leipzig 1876, S. 218; ARNDT, ADOLF: Staatsrecht des Deutschen Reiches. Berlin 1901, S. 111.

gründung dieser Annahme Äußerungen der Protokolle herangezogen werden, folgt doch aus den spärlichen und dunklen Bemerkungen derselben weit eher das Gegenteil. Aber auch aus Wertgesichtspunkten ist SEYDELs Ansicht abzulehnen, mochte selbst ihr Ergebnis im Einzelfalle nur erwünscht sein. Denn offenbar vergewaltigt jene Interpretation den Satzsinn. Eine Auslegung, welche die Möglichkeit des Satzsinnes nicht überschreitet, muß aber im Interesse der Rechtssicherheit, insbesondere bei Fragen von politischer Bedeutung, als Rechtsgrundwert angenommen werden, der nur, wenn ganz besondere Verhältnisse ihn als sekundär erscheinen lassen, zurücktreten darf. Derartige Gründe macht SEYDEL aber nicht ersichtlich. Nach alldem wird die frühere Praxis des Bundesrats als fehlerhaft nicht angesehen werden dürfen.

Diese Ausführungen mögen für das alte Recht genügen. Aufgeworfen sei nunmehr die Frage, ob etwa der Staatsgerichtshof des Weimarer Reichs in Verfassungsstreitigkeiten seine Kompetenz delegieren darf. Oder wäre ein derartiger Akt fehlerhaft?

Wiederum ist die Antwort weder dem Wortlaut des Art. 19 der Verfassung noch dem des Gesetzes über den Staatsgerichtshof mit Sicherheit zu entnehmen. Beide Gesetze schließen eine Delegation nicht geradezu aus, und eine solche ist also zulässig, wenn man sich der früher gebrachten Argumentation von DAMBITSCH bedient. Dennoch müßte ein derartiger Standpunkt als offenbar unbegründet abgelehnt werden. Im alten Reich übte der Bundesrat als Richter über Bundesglieder eine Funktion aus, zu welcher er seinem Wesen nach wenig geeignet war. Nur die Rücksicht auf die Souveränität der Beteiligten macht die damals getroffene Regelung verständlich. Eine freiwillige Delegation der Entscheidungskompetenz an die Gerichte entsprach daher durchaus dem Sinne des Instituts. Ganz anders nach der neuen Verfassung. Hier ist der Staatsgerichtshof in Verfassungsstreitigkeiten nicht ein Organ, welches nebenbei die seinem Wesen fremde richterliche Gewalt ausübt, vielmehr ein Gericht, dessen einzige Aufgabe eben im Beurteilen streitiger Fälle liegt. Eine Delegation seiner Befugnisse würde daher den Staatsgerichtshof von einer Tätigkeit befreien, die auszuüben er doch gerade bestellt war. Dürfen doch auch sonst die Gerichte sich ihrer Zuständigkeit nicht derart entledigen [14]).

---

[14]) Im Ergebnis übereinstimmend ANSCHÜTZ (s. II, Anm. 1), S. 68, der anscheinend allein obige Frage aufwirft und beantwortet.

Diese Ausführungen mögen genügen, um darzutun, wie ohne Beziehung auf Werte durch rein logische Interpretation sich nicht immer feststellen läßt, ob ein Staatsakt als fehlerhaft zu betrachten ist. Von einer Vermehrung der Beispiele darf dabei um so eher abgesehen werden [15]), weil ja die nunmehr aufzuwerfende Frage nach den Fehlerfolgen vorherige Feststellung des Fehlers stets erfordert.

IX. Fehlergründe und Fehlerfolgen

Fragt man nach den im vorigen Abschnitt gebrachten Beispielen, was eigentlich einen Staatsakt in concreto [1]) fehlerhaft macht, so ergab sich als Grund des Fehlers der Verstoß gegen einen normimmanenten oder anzunehmenden Rechtswert, welcher, insofern er als Richtpunkt der Auffindung normentsprechender Tatbestände dient, wohl auch als Normidee bezeichnet werden darf.

Es kann nun weiter gefragt werden, wodurch ein solcher Verstoß gegen eine Norm möglich ist. Die Antwort hierauf wird in erster Linie dem Normsinn zu entnehmen sein und folgt mangels seiner deutlichen Fixierung aus der anzunehmenden Eigenart der Normidee. So ist etwa eine Polizeiverfügung nach preußischem Recht fehlerhaft, wenn sie sich nicht als nötige Anstalt zur Erhaltung der öffentlichen Ruhe, Sicherheit und Ordnung und zur Abwendung der dem Publikum oder einzelnen Mitgliedern desselben bevorstehenden Gefahr darstellt. Was dabei unter öffentlicher Ruhe, Sicherheit und Ordnung zu verstehen ist, wann eine Gefährdung des Publikums vorliegt, ob eine

---

[15]) Als Beispiel teleologischen Verfahrens sei etwa auf die Ausführungen von Smend, Rudolf: Ungeschriebenes Verfassungsrecht im monarchischen Bundesstaat in: Festgabe f. Otto Mayer. Tübingen 1916, S. 250 ff. zu Art. 8, Abs. 3 der RV verwiesen. Vgl. ferner Beling, Ernst: Revolution und Recht. Augsburg 1923, S. 17 gegen Emges Versuch die Strafverfolgung des Reichspräsidenten wegen Hochverrats aus logischen Gründen für unzulässig zu erklären. Anschütz (s. II, Anm. 1), S. 122 bezüglich Regelung der Stimmabgabe der preußischen Provinzialvertretungen im Reichstag, Wittmayer (s. II, Anm. 82), S. 110 ff.

[1]) Um ein etwaiges Mißverständnis zu vermeiden, sei betont, daß unter Fehlerhaftigkeit in concreto stets eine solche verstanden wird, die auf Grund eines bestimmten Rechtsinhalts besteht. Als Gegensatz hierzu ist an apriorische Fehlergründe auf Grund logisch-psychologischer Erwägungen im Sinne Kormann-Jellineks gedacht.

Anstalt als notwendig erscheint, hängt, von richtiger Beurteilung der Tatlage abgesehen, letzten Endes von Bestimmung des Sinnes ab, welchen man dem § 10 II, 17 ALR beilegt.

1. Der rechtslogische Ort des Fehlers im allgemeinen

Die rechtliche Bedeutung, welche der festgestellten Fehlerhaftigkeit eines Staatsakts bezüglich dessen Geltung zukommt, bestimmt sich ganz allein durch den juristischen Ort des Fehlers innerhalb des Rechtsmittelsystems im weitesten Sinne [2, 3]). Bedeutet nach hier vertretener Ansicht der Fehler das Zuwiderlaufen eines Tatbestandes gegen eine Normidee, so bestehen die Rechtsfolgen des Fehlers notwendig darin, daß irgend jemand irgendwie, -wo und -wann als Sank-

---

[2]) Die vielfach vertretene Ansicht, nach welcher schwere Fehler mit Nichtigkeit als schwerer Ungültigkeitsform zu verknüpfen sind, beruht in Wahrheit auf unberechtigter Verbindung verschiedener Gesichtspunkte. Es werden nämlich die Ungültigkeitsformen unter dem Gesichtspunkt Sein-Nichtsein gewogen, wobei dann Nichtigkeit als schwerste Ungültigkeitsform sich erweist. So erscheint es einleuchtend, die schwerste Ungültigkeitsform mit dem schweren Fehler zu verbinden. In Wahrheit läßt sich jedoch die Bedeutung eines Fehlers nur nach der Art des Verstoßes gegen die konkrete Normidee bestimmen, weswegen auch die Rechtsfolge sinnvoll nur in bezug auf diese Normidee, als entsprechende Sanktion für den Fehler, angesetzt werden kann. Als solche ergibt aber Nichtigkeit, etwa bei fehlerhaftem Nichthandeln, oft gar keinen Sinn. Der gesetzlich ausdrücklich fixierte oder anzunehmende Ort des Fehlers im Rechtsmittelsystem bestimmt also dessen Bedeutung für die rechtliche Geltung des Staatsakts. Im übrigen liegt der Ansicht, daß schwere Fehler Nichtigkeit des Akts zur Folge haben müßten, noch der Wertgesichtspunkt zugrunde, schweren Verstößen gegen anerkannte Kulturwerte komme rechtlicher Schutz nicht zu. Man betrachte daraufhin etwa die Beispiele KORMANNs (s. II, Anm. 2), S. 232 ff. bezüglich Nichtigkeit wegen „absoluter Unmöglichkeit".

[3]) Eine Einteilung der Fehler in Form- und Inhaltsmängel ist undurchführbar, solange man nicht einen bestimmten Gegenstand hat, in bezug auf den etwas als Form oder Inhalt erscheint. Mangels eines solchen allgemeinen Beziehungspunktes sind auch die Kormannschen Form- und Inhaltsmängel wesentlich nur durch die Überschrift getrennt. Was eigentlich Inhaltsmängel sind, wird auch durch KERN, FRITZ: Zur Lehre von den Prozeßhandlungen im Strafprozeß in: Festschrift f. Otto Lenel. Leipzig 1923, S. 57 ff. nicht klar, ganz abgesehen davon, daß eine Trennung von Form- und Inhaltsmängeln zum mindesten in bezug auf die Fehlerfolgen bedeutungslos ist. Im übrigen sucht KERN wenigstens seinem Programm nach Anschluß an die Tübinger Richtung der Interessenjurisprudenz, gelangt aber, da er die Fehlergründe doch letzten Endes rationalisiert, bezeichnenderweise nicht zu eigentlichen Ergebnissen.

tion für die Fehlerhaftigkeit des Akts Handlungen von rechtlicher Bedeutung vornehmen darf oder soll. Worauf dabei diese Akte abzielen können, wird später zu untersuchen sein. Die Bedeutung eines Fehlers bestimmt sich aber dann zunächst durch den jeweiligen Interessenträger, welcher, als durch den fehlerhaften Akt beschwert, sich als natürlicher Ausgangspunkt für irgendwelche Sanktionshandlungen darbietet. Ein Interesse an der Vornahme derartiger Handlungen muß dabei aus praktischen Gründen die Rechtsordnung voraussetzen oder schaffen, da andernfalls eine Reaktion gegen den fehlerhaften Staatsakt nicht erfolgen würde. Zu einer solchen Gegenwirkung rechtlich befugt erscheint deshalb bei belastenden Akten gewöhnlich der durch die ergangenen Akte tatsächlich Beschwerte, weswegen die Ausgangsstelle der Sanktionshandlung prädestiniert ist durch die Eigenart der bedrohten oder betroffenen Interessensphäre des Aktadressaten [4]).

So kann zunächst der Private als Privater, als Käufer, Verkäufer, als Domänenpächter usw. durch fehlerhaftes behördliches Verhalten verletzt sein. Die Rechtsfolgen bestimmen sich hier nach Privatrecht.

In seinem Status als Untertan in den verschiedenen hier möglichen Rollen, etwa als Gastwirt, Dirne, Kellnerin, als Händler, Trunkenbold, Versicherter, Theaterdirektor, Waldarbeiter, Schiffereiberechtigter, Gefangener, Apotheker, Landstreicher, Hausbesitzer usw. kann der einzelne durch fehlerhafte Staatsakte beschwert sein.

Desgleichen ist der einzelne in seinem politischen Status etwa als Einwohner, Wähler, als Steuerzahler, als Stadtverordneter, Kreisdeputierter, Senator, Schöffe, Landtags- oder Reichstagsmitglied wie umgekehrt als Nichtbürger, als Fremdling, geeignetes Objekt der Verletzung durch staatliche Akte.

Das politische Gemeinwesen als solches, wie Landgemeinden, Kommunen, Kreise, Provinzen, aber auch Staat und Reich bilden eigene angreifbare Interesseneinheiten.

Der einzelne als Organ ferner kann in dieser seiner amtlichen Stellung durch fehlerhafte Dienstbefehle, Anweisungen, Verwarnun-

---

[4]) Die folgenden Beispiele stellen gewissermaßen soziologische Charakteristiken dar als Gegenstand möglicher Rechtsinhalte. Dies ist im Grunde bereits bei der Statuslehre Georg Jellineks: System des subjektiven öffentl. Rechts. 2. Aufl. Tübingen 1919, S. 81 ff. der Fall, wenn auch die wenigen Schablonen dort die Prädestinierung des Rechtsinhalts kaum erkennbar machen.

gen, durch ungerechtfertigte Entlassung, verweigerte Beförderung oder gesetzwidrige Gehaltsentziehung gekränkt werden.

Die Fehlerhaftigkeit eines Staatsakts kann schließlich darin bestehen, daß nicht sowohl die Sphäre, in die er eingreift, als vielmehr die Sphäre, für die er ergeht, die Allgemeinheit in irgendeiner Form, als zu Unrecht belastet erscheint. Bildlich gesprochen liegt hier der Fehler nicht vor, sondern hinter der Handlung. Vom Aktadressaten aus gesehen erscheinen derartige, den formellen Interessenkreis des Aktträgers zu Unrecht belastende Handlungen als Begünstigungen in weitestem Sinne, als welche etwa Erlaubnisse, Genehmigungen, Rechtsverleihungen zu nennen sind. Welche rechtliche Bedeutung im übrigen der sich hiermit ergebenden Unterscheidung in den Aktadressaten begünstigende und belastende Akte zukommt, wird später deutlicher werden.

Die Reaktion auf den fehlerhaften Staatsakt wird also ihrem Ausgangspunkt nach prädestiniert durch den Träger des verletzten Interesses. Daß trotzdem nicht jeder in seinen Interessen Betroffene stets gegen fehlerhafte Staatsakte zu reagieren befugt ist, bisweilen, wie bei Verstößen gegen manche Organisationsvorschriften, nur künstlich selbst ein amtlicher Interessenträger sich konstruieren läßt, dann wieder mehrere als verletzt gelten [5]), bedarf kaum der Hervorhebung. Immerhin bleibt der soziologische Interessenträger der natürliche Ausgangspunkt möglicher Gegenwirkungen, dem als solchen meist auch die Norm einen Klaganspruch gibt [6]).

---

[5]) So darf gegen den Beschluß des Provinzialausschusses, der einem Mitgliede des Provinzialrats die Wählbarkeit abspricht, nach § 11 II LVG sowohl der Betroffene wie der Vorsitzende des Provinzialrats Klage erheben. Der Interessenkreis des einzelnen wie der einer Allgemeinheit gilt also als verletzt. Häufig treten ferner für den einzelnen heute Interessenvertretungen ein. So wenn etwa gegen den Beschluß der Stadt Berlin, die Lohnsummensteuer zu erhöhen, die Handelskammer Beschwerde bei Kommunalaufsichtsbehörde und Minister erhebt mit dem Antrag, dem Beschluß die Genehmigung zu versagen.

[6]) Man denke insbesondere an die §§ 127/128 LVG. Auch hier deckt sich übrigens der Kreis der tatsächlich, soziologisch Interessierten nicht völlig mit dem Kreise derjenigen, welche im Rechtssinne als Interessenten gelten können. So darf etwa gegen die Polizeiverfügung, welche aus sittenpolizeilichen Gründen einem Gastwirt die Weiterbeschäftigung einer Kellnerin untersagt, außer dem Wirt auch die Kellnerin Rechtsmittel ergreifen. Dagegen darf es nicht die Mutter des Mädchens, welchem dieses nach der Entlassung zur Last fällt, obwohl sie an der Weiterbeschäftigung ihrer Tochter vielleicht weit mehr interessiert ist als jene selber. Vgl. auch OVG Bd. 77, 1923, S. 464, wo einem Mieter

Von Bedeutung für die Art der Gegenwirkung ist ferner die rechtliche Relation, welche zwischen dem fehlerhaft handelnden Organ und dem durch fehlerhafte Akte Betroffenen besteht. In Frage kommt hier wesentlich, ob der Verletzte als Privater, als Untertan, als unter Oberaufsicht stehende Körperschaft oder als der Dienstaufsicht unterliegendes Organ zu betrachten ist. Entsprechend beziehen sich Reichs- und Landesgesetz, Rechts- und Verwaltungsverordnung, Statut, Dienstinstruktion, Geschäfts-, Disziplinar- und Anstaltsordnung grundsätzlich auf Subjekte in besonderem Status. Dieser Relation angepaßt ist wenigstens im allgemeinen die Art der Gegenwirkung, die Form des Rechtsmittels im weitesten Sinne, als welche Reaktion gegen belastende Akte die Klage vor den ordentlichen Gerichten oder Verwaltungsgerichten aller Art bis zum Staatsgerichtshof, Rechtsbeschwerde, Rekurs und Einspruch, Gegenvorstellung, Dienstbeschwerde und Beschwerde bei der Volksvertretung und in der Presse, wie schließlich Recht zum Widerstand und Gehorsamsverweigerung zu nennen sind. Wiederum pflegen die Folgen der fehlerhaft erteilten Begünstigung in Recht oder Pflicht des Aktträgers oder dessen vorgesetzter Behörde zu bestehen, jene Begünstigung irgendwie zurücknehmen oder ihre Erteilung schlechthin ignorieren zu dürfen. Da ferner die Gerichte bald direkt, bald inzidenter über die Geltung behördlicher Akte zu entscheiden haben, steht auch diesen die Befugnis zu, im Rahmen ihres Prüfungsrechtes fehlerhafte Akte bald zu kassieren oder abzuändern, bald ihnen die Anwendung zu versagen oder die Verbindlichkeit abzusprechen. Ganz abgesehen ist dabei noch von den Ansprüchen auf Schadenersatz und der disziplinarischen Verfolgung von Beamten wegen Fehlerhaftigkeit des Staatsakts. Ob und in welcher Form schließlich Recht oder Pflicht zur Reaktion gegen fehlerhafte Staatsakte bestehen, kann nur dem Sinn der Einzelnormen wie jenen allgemeinen Rechtsideen entnommen werden, deren Geltung für einen bestimmten Normenkomplex anzunehmen ist [6a]). Hier fordern namentlich das Problem der Rechtskraft von

---

das Recht gegeben wird, dem baupolizeilich geforderten Abbruch eines Gebäudes zu widersprechen, falls diese Maßnahme zur Beseitigung eines polizeiwidrigen Zustandes nicht erforderlich war. Dies Recht soll auch das Einverständnis des Eigentümers mit dem Abbruch nicht beeinträchtigen können. Eine Entscheidung, die bezeichnend ist für die historische Bedingtheit der Interessenlage.

[6a]) Vgl. dazu auch Hippel (s. VI, Anm. 30), S. 83.

Verwaltungsakten, Abgrenzung und Bestimmung der Sphäre des freien Ermessens, Trennung der Behörden und Gebiete von Justiz und Verwaltung wie die eigentümliche Formalgeltung insbesondere fehlerhafter Urteile besondere Beachtung.

2. Der fehlerhafte belastende Akt

Bei Betrachtung der Rechtsfolgen fehlerhafter Staatsakte im einzelnen erscheint es angebracht, zwischen solchen den Aktadressaten belastenden und den ihn begünstigenden Handlungen zu unterscheiden. Eine Unterscheidung, welche positiv-rechtlich dem § 78 der RAbgO letzten Endes zugrunde liegt und hiervon abgesehen sich allgemein rechtfertigt durch die Verschiedenheit der jeweiligen Interessenlagen. Ihren rechtlichen Ausdruck finden dabei letztere, wenn grundsätzlich gegen belastende Akte die Reaktion vom Aktadressaten, gegen begünstigende vom Aktträger auszugehen hat [7]). Insoweit bei der Entziehung von Begünstigungen die Behörde befugt erscheint, gegen einen etwa Widerspenstigen ohne den Umweg über die Gerichte zwangsweise direkt vorzugehen, unterscheidet sich die behördliche Rechtsentziehung nicht nur wesentlich von der privatrechtlichen Anfechtung eines Rechtsgeschäftes, sondern ebenso von den Rechtsmitteln, welche dem Belasteten gegen behördliche Akte zustehen. Letztere seien nunmehr an einigen Beispielen betrachtet.

a) Das Recht des Bürgers zum Widerstand

Bereits zu Eingang dieser Arbeit wurde gezeigt, wie in Anlehnung an privatrechtliche Theorien auch von publizistischer Seite der nichtige Akt als rechtliches Nichts angesehen wird. Inbesondere soll der nichtige Verwaltungsakt „ohne weiteres von jedem Privatmann, von jeder Verwaltungsbehörde, von jedem Gericht ignoriert“ und ihm als Befehl der „Gehorsam verweigert werden“ dürfen [8]).

Tatsächlich umschreibt das Recht zum Widerstand den Umkreis nichtiger gleich rechtlich nicht vorhandener belastender Staatsakte. Denn nur insoweit straffreier Widerstand erlaubt ist, kann von einer

---

[7]) Als belastet braucht dabei nicht nur derjenige, an welchen die Verfügung erging, zu erscheinen. Man denke etwa an die § 127 ff. LVG. Fehlerhaft *begünstigende* Akte anzugreifen sind neben oder statt des Aktträgers häufig übergeordnete Behörden berufen.

[8]) Kormann (s. II, Anm. 2), S. 206; Tezner (s. II, Anm. 75), S. 299.

Nichtigkeit im Sinne von Unbeachtlichkeit des betreffenden Staatsakts die Rede sein [9]). Der Umkreis der Akte aber, welche straflos unbeachtet bleiben dürfen [10]), bestimmt sich auch nach Erlaß des Strafgesetzbuches letzten Endes auf Grund normtranszendenter Ideen. Denn der für die Lehre von der Nichtigkeit fehlerhafter Verwaltungsakte grundlegende § 113 ist, da er den Begriff der rechtmäßigen Amtsausübung durch Vollstreckungsbeamte offen läßt, nicht ohne weiteres anwendbar. So stand bei der Bestimmung des Sinnes jener Vorschrift von Anfang an die Idee im Vordergrund, den Schutz staatlicher Autorität und ihrer Organe mit dem Schutz des Individuums vor behördlicher Willkür tunlichst zu verbinden. Bei Lösung der sich hier ergebenden Konflikte konnten Theorie wie Praxis an eine lange Entwicklung anknüpfen. Denn uralt wie die Geschichte des Staates selbst ist auch die Lehre von den Grenzen der Staatsgewalt [11]). Für den Wandel der Anschauung bei Bestimmung derselben ist aus neuerer Zeit bezeichnend, daß die französische Revolution nur rechtmäßige Amtsausübung strafrechtlich schützt [12]), während der Code von 1810 jene Bestimmung [13]) streicht und auch das Bayrische Strafgesetzbuch von 1813, welches in Deutschland zuerst den Widerstand gegen die Obrigkeit als selbständiges Delikt behandelt, jeden Widerstand mit

---

[9]) In der Literatur bringt grundsätzlich wohl allein TEZNER den nichtigen Akt mit den strafrechtlichen Bestimmungen über das Widerstandsrecht in Verbindung. Im übrigen wird das Recht zum Widerstand zwar als Folge des nichtigen Akts angesehen, eigentlich abgeleitet aber aus dem privatrechtlichen Begriff der Nichtigkeit, wodurch es sich erklärt, daß straffreier Widerstand in Wahrheit häufig gegen fehlerhafte Akte nicht zulässig ist, die infolge jener Begriffsbestimmung als schlechthin unbeachtlich erscheinen.

[10]) Mit der herrschenden Lehre wird hier bei Unrechtmäßigkeit der Amtsausübung ein *Recht* des Bürgers zum Widerstand angenommen. Vgl. dagegen BEUTNER, EDUARD: Die Rechtmäßigkeit der Amtsausübung beim Widerstand gegen die Staatsgewalt. Berlin 1917, S. 76 ff. Theoretisch wird das Widerstandsrecht seit alters mit dem Notwehrbegriff verbunden.

[11]) Dabei begriff die Doktrin seit dem Mittelalter den Interessenkonflikt Staat–Individuum theoretisch namentlich in der Lehre von der Souveränität, ihrem Träger und ihren Schranken.

[12]) Code von 1791. Vgl. MAYER, MAX ERNST: Widerstand gegen die Staatsgewalt in: Vergleichende Darstellung d. deutschen u. außerdeutschen Strafrechts. Bes. Teil, Bd. 1. Berlin 1906, S. 354.

[13]) Hier wird jeder Beamte geschützt „agissant pour l'exécution des lois". Vgl. STREIT, G. v.: Die Widersetzung gegen die Staatsgewalt. Berlin 1892, S. 34.

Strafe bedroht [14]). Ein revolutionärer Charakter kommt, vom Standpunkt des Staates aus betrachtet, auch dem Widerstand gegen unrechtmäßige Amtsausübung zu. So ist es verständlich, wenn von dem Preußen der Reaktion im neugeschaffenen Strafgesetzbuch von 1851 bei Bedrohung des Widerstandes die unrechtmäßige Amtsausübung nicht erwähnt wird [15]). Auf Grund dieser Rechtslage bestrafte die preußische Praxis den Widerstand weitgehender, wie es in anderen deutschen Territorien mit unbedingter Strafdrohung üblich war [16]).

Gegenüber den Bestimmungen des Strafgesetzbuches ließ sich diese längst angefeindete Praxis nicht mehr halten. Immerhin fand der ihr immanente Gedanke des unbedingten Schutzes staatlicher Autorität in den Entscheidungen des Reichsgerichts seine Wiederaufnahme. Denn wenn das Reichsgericht auch denjenigen bestraft, der irrig die rechtmäßige Amtsausübung für rechtswidrig hielt, so tut es dies ausdrücklich mit der Begründung, daß „die entgegenstehende Auffassung ... folgerichtig zur vollständigen Auflösung der Staatsordnung führen“ müsse [17]). Eine von der strafrechtlichen Theorie durchweg mißbilligte Praxis [18]), die BINDING in seiner leidenschaftlichen Art als „Mißdeutung eines klaren Gesetzes“ bezeichnet, bestimmt, „ein Stück des alten Polizeistaates zu retten und eine Schutzwehr der Bürokratie zu erhalten“ [19]).

---

[14]) HILLER, KARL: Die Rechtmäßigkeit der Amtsausübung. Würzburg 1873, S. 32 ff.

[15]) Es handelt sich dabei nicht etwa um ein Versehen. Vielmehr wurde bei Beratung des Gesetzes der Antrag, nur eine Amtsausübung durch zuständige Behörden unter Strafschutz zu stellen, ausdrücklich abgelehnt mit der Bemerkung, es könne auch gegenüber dem Handeln inkompetenter Behörden allein die Beschwerde zugelassen werden.

[16]) HILLER (s. IX, Anm. 14), S. 35.

[17]) Entscheidungen des Reichsgerichts in Strafsachen. (RGStr.) Berlin Bd. 22, 1892, S. 301; vgl. ferner Bd. 6, 1882, S. 403; GOLDSCHMIDT, JAMES: Widerstand gegen die Staatsgewalt ... im Vorentwurf zu einem deutschen StGB. Berlin 1910, S. 50; WESSEL, ERICH: Der Widerstand gegen die Staatsgewalt ... Diss. Breslau 1922, S. 36.

[18]) S. etwa die Aufzählung bei LISZT, FRANZ v.: Lehrbuch des deutschen Strafrechts. 21. u. 22. Aufl. Berlin 1919, S. 554, Anm. 6.

[19]) BINDING, KARL: Lehrbuch d. gemeinen deutschen Strafrechts. Bd. 2: Besonderer Teil. Leipzig 1905, S. 779. Schon früher übrigens wird von den Verfechtern einer begrenzten Gehorsamspflicht den Anhängern unbedingten Gehorsams der Vorwurf politischer Motive gemacht, als gründeten die eigenen Argumente weniger in Wertüberzeugungen. Vgl. etwa die Fehde JAGEMANN–ZACHARIAE bei Hiller: a.a.O. S. 16 und HILLER selbst, S. 10; dazu STREIT

Es kann hier nicht der Versuch gemacht werden, im Vorbeigehen ein Problem zu lösen, dessen Schwierigkeit in Wahrheit nicht einmal so sehr auf Gegensätzen der Wertanschauung als auf Ansichtsdifferenzen über die Möglichkeit der Wertverwirklichung beruht. Vielmehr wird der Antwort auf die Frage nach dem Umfang straffreien Widerstandes gegen fehlerhafte Amtsausübung im wesentlichen die Meinung des Reichsgerichts zugrunde zu legen sein. Denn es besteht kein Anlaß zu der Annahme, das Reichsgericht werde vor Geltung eines neuen Strafgesetzbuches seinen Standpunkt ändern [19a]). Für die nicht rein akademische Berechtigung, einen fehlerhaften Staatsakt völlig zu ignorieren, ist aber schließlich diese Praxis entscheidend.

Nach Ansicht des Reichsgerichts befinden sich Vollstreckungsbeamte dann in rechtmäßiger Amtsausübung [20]), wenn ihnen sachliche, örtliche und zeitliche Zuständigkeit zukommen, und wenn im übrigen die wesentlichen Förmlichkeiten des Verfahrens gewahrt sind. Als Vollstreckungsbeamter wird dabei auch derjenige betrachtet, der nur im Einzelfall zur Durchsetzung von Anordnungen berufen er-

(s. IX, Anm. 13), S. 90, 95, 101 und Beutner (s. IX, Anm. 10), S. 21. Charakteristisch ist auch, wenn namentlich in älterer Zeit, um den Gegner zu widerlegen, die äußersten Konsequenzen aus dessen grundsätzlichem Standpunkt gezogen werden, als ob bei Umkehrung des Spießes der eigene Standpunkt sich im mindesten haltbarer erweisen würde.

[19a]) Der Entwurf von 1919 bedroht in § 185 den Widerstand in der irrigen Annahme, die Amtshandlung sei rechtswidrig, milder. Unverschuldeter Irrtum schließt nach § 11 den Vorsatz aus.

[20]) Der Begriff der Amtshandlung spielt für § 313 keine sonderliche Rolle, da die Nichtamtshandlung sich stets auch unter den Begriff der unrechtmäßigen Amtsausübung bringen lassen wird. Um so wesentlicher ist dagegen die Feststellung, wann eine Amtshandlung vorliegt, im Falle des § 114, der das Merkmal der Rechtmäßigkeit nicht kennt. Im Bd. 18, 1889, S. 350 RGStr. erklärt nun das RG, beim Fehlen sachlicher und örtlicher Zuständigkeit läge eine Amtshandlung nicht vor, obwohl es fehlende Zuständigkeit im Falle des § 113 als Unrechtmäßigkeitsgrund ansieht. Diese Interpretation, welche offenbar erfolgt, um das fehlende Merkmal der Rechtmäßigkeit im Falle des § 114 zu ersetzen, entspricht durchaus der Praxis, wie sie vor dem Inkrafttreten des StGB bestand. In allen jenen Territorien nämlich, deren Gesetzgebung den Widerstand gegen unrechtmäßige Amtsausübung nicht ausdrücklich für straffrei erklärte, wurde der Begriff der Amtsausübung derart eingeschränkt, daß wenigstens diejenigen Fälle, bei denen auch dem Zeitalter der Reaktion eine Bestrafung des Bürgers ungeheuerlich erschienen wäre, nicht mehr unter ihn fielen.

scheint [21]). Sind diese Voraussetzungen erfüllt, so ist, von der Strafbarkeit des Renitenten abgesehen, dessen Verhalten jedenfalls rechtswidrig. Nun kann aber bereits nach dem Wortlaut des § 113 die zu würdigende Vollstreckungshandlung sich bald als unmittelbare Konkretisierung des Gesetzes darstellen, bald als Verwirklichung von Befehlen im weitesten Sinne, welche zwar ihren Rechtsgrund letzten Endes wieder im Gesetze finden, direkt aber auf Konkretisierungen jener Grundnorm wie Verordnungen, Urteile, Verfügungen zurückgehen.

Als Fall ersterer Art kommt etwa in Frage, daß Polizeibeamte auf Grund von § 10 II, 17 ALR oder § 127 II StPO Handlungen vornehmen, die ihnen zur Erfüllung jener Gesetzesbestimmungen erforderlich scheinen. Gegen solche Handlungen ist Widerstand dann erlaubt, wenn der Beamte unzuständig war oder wesentliche Formvorschriften verletzte. Unzuständigkeit, welche einen Widerstand des Bürgers rechtfertigt, ist aber nach herrschender Ansicht nur dann anzunehmen, wenn an sich der Beamte zu Handlungen solcher Art am betreffenden Ort nicht befugt war [22]). Wann dies aber der Fall ist, läßt sich formal in keiner Weise bestimmen. Zunächst ist rein positivrechtlich, wie etwa die Reichsabgabenordnung zeigt [23]), gegen Vollstreckungshandlungen unzuständiger Beamten durchaus nicht immer ein Recht zum Widerstand gegeben, ja, Handlungen unzuständi-

---

[21]) Ebermayer, Ludwig: Das Reichstrafgesetzbuch. 2. Aufl. Berlin 1922, S. 339.

[22]) So in Fortsetzung der Rechtsprechung des preußischen Obertrib. das RGStr. etwa Bd. 29, 1897, S. 201; Bd. 40, 1908, S. 215. In Bd. 2, 1880, S. 416 ist von absoluter Unzuständigkeit die Rede; wie das Reichsgericht Goldschmidt (s. IX, Anm. 17), S. 50. Dagegen Streit (s. IX, Anm. 13), der Vorliegen konkreter wie abstrakter Zuständigkeit fordert. Eigenartig vermittelnd Hiller (s. IX, Anm. 14), S. 81. Vgl. ferner Loening, Edgar: Lehrbuch des deutschen Verwaltungsrechts. Leipzig 1884, S. 122, Nr. 5. Schlechthin von Zuständigkeit ist bei Meyer, G.: Zuständigkeit. Durchges. von G. Anschütz in: Stengel (s. I, Anm. 1), Sp. 1026 l die Rede.

[23]) §§ 61, 78. Vgl. dazu Becker, Enno: Die Reichsabgabenordnung. 2. Aufl. Berlin 1922 zu § 61. Grundsätzlich mit Recht bemerkt ferner Tezner (s. II, Anm. 75), S. 547, daß jemand die Vollstreckung eines formal gültigen Befehls über sich ergehen lassen muß, „möchte er überhaupt nicht in die Zuständigkeit der Verwaltungsbehörden, sondern in jene der Gerichte fallen“. Gegen Jellinek, der ebendort aus angeblich logischen Gründen Akte unzuständiger Behörden für unbeachtlich ansieht, gilt das früher in bezug auf Kelsen Ausgeführte.

ger Beamten können, wie sich noch zeigen wird, geradezu gültig sein. Ferner fällt regelmäßig jede Handlung, für welche im Einzelfall die Polizei unzuständig ist, auch aus ihrer allgemeinen Zuständigkeit heraus [24]), ohne daß deswegen ein Recht zum Widerstand bestünde. Nur als Wertbegriff ist so der Begriff der allgemeinen Unzuständigkeit verwendbar und bezeichnet dann den Kreis derjenigen Handlungen unzuständiger Behörden, deren auch nur vorläufige Duldung dem Bürger entsprechend der Normidee des § 113 nicht zuzumuten ist. Eine solche Zumutbarkeit besteht jedoch häufig bei Handlungen örtlich unzuständiger Beamten, durch welche, ihre sonstige Ordnungsmäßigkeit vorausgesetzt, berechtigte Interessen des Betroffenen [25]) selten verletzt werden.

Auch welche Vorschriften wesentlich sind, bestimmt das Reichsgericht ganz offenbar und mit Recht durch Wertbeziehung. Bringt man die fraglichen Entscheidungen auf einen Nenner, so kann man etwa sagen, daß als wesentlich dem Reichsgericht Formvorschriften erscheinen, welche sinnvoller Auslegung der betreffenden Gesetze als unmittelbar zum Schutz der Bürger erlassen und als für diese bedeutungsvoll gelten müssen [26]). Unter diesem Gesichtspunkte stellen sich Bestimmungen über Dienstkleidung als bloß instruktionelle Vorschriften dar, deren Verletzung durch den Beamten die Rechtmäßigkeit der Amtsausübung regelmäßig nicht beeinträchtigt [27]).

Rechtmäßig handelt weiter ein Vollstreckungsorgan, wenn seine Amtsausübung zwar im Einzelfall materiell ungerechtfertigt war, sich der Beamte aber über die von ihm pflichtgemäß zu prüfende Tatlage

---

[24]) Dies bemerkt schon Bar, Ludwig von: Gesetz und Schuld im Strafrecht. Bd. 3. Berlin 1909, S. 313.

[25]) Bezeichnend hierfür ist, wenn das RGStr. Bd. 25, 1894, S. 114 f.; Bd. 37, 1905, S. 349 f. den Begriff der örtlichen Zuständigkeit ausdehnt, um nicht grundlos berechtigte Interessen der Allgemeinheit vor unberechtigten des Beteiligten zurückstellen zu müssen. Siehe auch §§ 167, 168, 159 GVG und die folgenden Ausführungen vorliegender Arbeit; ferner RGStr. in: Juristische Wochenschrift. Bd. 52. Leipzig 1923, S. 934. Nicht zu verwechseln mit den Interessen des Beteiligten ist das Interesse, welches die Allgemeinheit aus Gründen der Rechtssicherheit etwa an Innehaltung auch örtlicher Zuständigkeit haben kann.

[26]) Dieser Gedanke liegt offenbar der wichtigen Entscheidung RGStr. Bd. 17, 1888, S. 122 ff. zugrunde, die betont, daß zwecks Feststellung der Bedeutung einer Vorschrift jedesmal auf den Willen des Gesetzgebers zurückzugehen sei.

[27]) RGStr. Bd. 2, 1880, S. 411; Bd. 25, 1894, S. 112.

in einem unverschuldeten Irrtum befand [28]). Zwecks Aufrechterhaltung der staatlichen Autorität ist damit die Widerrechtlichkeit und nach Ansicht des RG auch Strafbarkeit der Handlung des Bürgers von objektiven Momenten in der Person des Vollstreckungsbeamten weitgehend abhängig gemacht [29]). Allein ein Irrtum des Vollstreckungsorgans über das Vorliegen der allgemeinen Rechtmäßigkeitsvoraussetzungen, die Zuständigkeit und Einhaltung der wesentlichen Formen kann einer derart fehlerhaften Amtsausübung den Charakter der Widerrechtlichkeit nicht nehmen [30]).

Neben diesen Fällen normwidrigen Verhaltens der unmittelbar das Gesetz vollstreckenden Beamten stehen jene Tatbestände, bei denen das Vollstreckungsorgan ordnungsgemäß innerhalb seiner allgemeinen Zuständigkeit handelte, dagegen der zu vollstreckende Akt fehlerhaft war. Es erhebt sich hier die Frage, welcher Einfluß der Rechtswidrigkeit des Vollstreckungsbefehls auf die Rechtmäßigkeit der Amtsausübung zukommt. Sie beantwortet das Reichsgericht seiner grundsätzlichen Einstellung entsprechend dahin, daß ordnungsgemäße Ausführung bindender Befehle stets Rechtmäßigkeit der Amtsausübung zur Folge habe [31]). Bindend aber ist ein Befehl, den ein vorgesetztes Organ in vorschriftsmäßiger Form innerhalb seiner allgemeinen Zuständigkeit erteilte, da ein weiteres Prüfungsrecht des Untergebenen nicht besteht [32]). Lediglich die Ausführung strafbarer Hand-

---

[28]) RGStr. Bd. 6, 1882, S. 400; Bd. 24, 1894, S. 217; Bd. 25, 1894, S. 153. Auf ähnlichen Erwägungen beruht, wenn § 808 ZPO den Gerichtsvollzieher ermächtigt, alle im Gewahrsam des Schuldners befindlichen Sachen ohne Rücksicht auf die materielle Rechtslage zu pfänden.

[29]) So überwiegend auch die Literatur. A. M.: Liszt (s. IX, Anm. 18), S. 554.

[30]) RGStr. Bd. 30, 1898, S. 350; Bd. 29, 1897, S. 201. Weitere Entscheidungen bei Allfeld, Philipp: Lehrbuch des deutschen Strafrechts. 8. Aufl. Leipzig 1922, S. 559, Anm. 10.

[31]) RGStr. Bd. 2, 1880, S. 416; Bd. 19, 1889, S. 69; Bd. 22, 1892, S. 300; Bd. 40, 1908, S. 213; Goldschmidt, James: Ungerechtfertigter Vollstreckungsbetrieb. München 1910, S. 76 ff.; Olshausen, Justus von: Das Strafgesetzbuch f. das Deutsche Reich. Kommentar. 10. Aufl. Bd. 1. Berlin 1916, Anm. 15a zu § 113; A. M.: Allfeld: a.a.O. Anm. 11 und die dort Genannten; s. auch Gerland, Heinrich B.: Deutsches Reichsstrafrecht. Berlin 1922, S. 254.

[32]) So im Anschluß an die Rechtsprechung des peuß. Obertrib. Laband und die herrschende Meinung. Vgl. Meyer-Anschütz: Staatsr. S. 593 ff. Da im übrigen regelmäßig das Landesrecht bestimmt, ob ein Befehl bindend ist,

lungen hat der Untergebene über eine formelle Prüfungspflicht hinaus zu verweigern [33]). Liegt ein derart bindender Befehl vor, dann ist ein Recht zum Widerstand nicht vorhanden. Auch das sog. nichtige Urteil ist daher bei formell gültigem Titel regelmäßig zu vollstrekken [34]). Stellt sich eine Verordnung als rechtsungültig, nach gewöhnlicher Terminologie als nichtig dar, so darf doch ihrer Durchführung nicht ohne weiteres Widerstand entgegengesetzt werden [35]), und dasselbe muß entsprechend von der Vollstreckung nichtiger Gesetze gelten [36]). Schließlich besteht keinesfalls eine Befugnis des Bürgers, die Durchführung rechtmäßiger Handlungen fehlerhaft ernannter Organe zu verhindern [37]).

Vom Boden der Theorie des RG aus ist also der den Beamten bindende Befehl auch dem Bürger gegenüber nicht nichtig. Die Fehlerhaftigkeit des Befohlenen gestattet Bürger wie Untergebenem nur den Gebrauch von Rechtsmitteln in weitestem Sinne und begründet im übrigen disziplinarische, eventuell strafrechtliche Verantwortlichkeit des Vorgesetzten. Wie schon mehrfach hervorgehoben, gründet diese Stellungsnahme des RG nicht in logischen Axiomen der Auslegung, vielmehr in der Vorziehung bestimmter Güter, des Schutzes staatlicher Autorität und staatlicher Organe. Erklärt man dagegen den rechts-

---

könnte theoretisch durch entsprechende Regelung § 113 von den Ländern aus den Angeln gehoben werden. Bezüglich des Begriffs der allgemeinen Zuständigkeit gilt wiederum das oben Ausgeführte.

[33]) Derart die Disziplinarpraxis d. preuß. OVG. Vgl. die Entscheidung bei Meyer (s. VIII, Anm. 10), S. 596, Anm. m; ferner RGStr. Bd. 56, 1922, S. 418. Nach Mayer, Max Ernst: Der rechtswidrige Befehl des Vorgesetzten in: Festschrift f. Paul Laband. Tübingen 1908, S. 121 ist nur der rechtmäßige Befehl verbindlich. Über die besondere Gehorsamspflicht des Militärs Laband, Paul: Die Kommandogewalt und die Kabinettsorder von 1820 in: Deutsche Juristenzeitung. Bd. 19. 1914, Sp. 185 ff. Die Abstellung Beutners (s. IX, Anm. 10), S. 62 ff. auf Vollmacht und Auftrag löst nicht, sondern verschiebt nur die Probleme.

[34]) Skedl, A.: Parteiunfähigkeit - absoluter Nichtigkeitsgrund in: Rheinische Zeitschrift f. Zivil- u. Prozeßrecht. Bd. 12. Mannheim 1923, S. 347 ff.

[35]) RGStr. Bd. 2, 1880, S. 411; Bd. 24, 1894, S. 389; Thoma (s. II, Anm. 79), S. 466.

[36]) Dagegen wohl auch nicht Triepel: Ermächtigungsgesetze in: Deutsche Juristenzeitung. Bd. 29. 1924, Sp. 7.

[37]) Friedrichs (s. II, Anm. 77), S. 1016 gegen Kormann (s. II, Anm. 2), S. 239 ff.; Jellinek (s. I, Anm. 5), S. 115.

widrigen Befehl für nicht bindend [38]) oder sieht in ihm nur einen Schuldausschließungsgrund [39]) oder persönlichen Strafausschließungsgrund [40]), dann ist es möglich, daß der Vollstreckungsbefehl dem Bürger gegenüber nichtig, bezogen auf den Untergebenen verpflichtend ist [41]). Eine Annahme, die, da sie in der Geltung einer an sich möglichen anderen Ausgangsposition gründet, nur durch den Nachweis deren Wertlosigkeit entwurzelt werden könnte. Legt man die praktische Auslegung des § 113 zugrunde, so darf man jedenfalls sagen: Nur in einer verschwindend geringen Anzahl von Fällen ist der fehlerhafte belastende Akt nichtig in dem Sinne, daß Widerstand des Bürgers gegen ihn bzw. seine Vollstreckung rechtmäßig wäre [42]).

b) Der nichtige Akt

In zahlreichen Fällen, in denen von Nichtigkeit geredet zu werden pflegt, ist in Wahrheit an ein Recht zum Widerstand gar nicht gedacht. Gemeint wird vielmehr hier mit dem Ausdruck nichtig die Befugnis des Beteiligten, die Fehlerhaftigkeit einer Belastung durch außerordentliche Rechtsbefehle geltend zu machen. Das Besondere dieser „Nichtigkeit" gegenüber den Fällen der sog. Anfechtung mit Wirkung ex tunc besteht dabei wesentlich darin, daß auch nach Ablauf der Frist für die gewöhnlichen Rechtsmittel die Unverbindlichkeit des fehlerhaften Staatsakts, sei es inzidenter im Laufe eines anhängigen Gerichtsverfahrens, sei es durch besondere Feststellungsklage oder in der Vollstreckungsinstanz, festgestellt werden kann.

---

[38]) Mayer (s. IX, Anm. 33), S. 121; Allfeld (s. IX, Anm. 30), S. 559, Anm. 11 und die dort Genannten.

[39]) Dohna, Alexander Graf zu: Die Rechtswidrigkeit als allgemeingültiges Merkmal im Tatbestande strafbarer Handlungen. Halle 1905, S. 137 ff.

[40]) Deike, Hermann: Der rechtsverbindliche Befehl als persönl. Strafausschließungsgrund. Diss. Göttingen 1922. Insofern D. § 113 ein Notwehrrecht ausschließen läßt, kommt er im Ergebnis auf den Standpunkt des RG heraus.

[41]) So Binding, Karl: Handbuch des Strafrechts. Bd. 1. Leipzig 1885, S. 743; Mayer (s. IX, Anm. 12); Frank, Reinhart: Das Strafgesetzbuch f. das Deutsche Reich. 11.–14. Aufl. Tübingen 1914 zu § 113, 4. Daß auch rechtsungültige PolVO die Unterbehörden binden können, führt Thoma (s. II, Anm. 79), S. 467 aus.

[42]) Dem entspricht auch die österreichische Praxis. Fälle der absoluten Nichtigkeit sind nach Tezner (s. I, Anm. 1), S. 420 ff. „selten und selbstverständlich". Nur Gericht und Verwaltungsbehörden dürfen regelmäßig rechtswidrige Befehle ignorieren. Vgl. ferner Tezner (s. II, Anm. 75), S. 547.

Stellt sich dabei im Strafverfahren die Nichtigkeit der Belastung heraus, dann entfällt auch die Strafbarkeit des etwaigen Renitenten. Es bedarf kaum der Begründung, daß dort, wo reguläre Rechtsmittel gegeben sind, von Nichtigkeit im obigen Sinne bezüglich eines belastenden Akts wiederum wesentlich nur in den wenigen praktischen Fällen geredet werden darf, wo dem Belasteten auch nach Ablauf der Rechtsmittelfrist die Ausführung des Gebotenen nicht zugemutet werden kann. Denn andernfalls würde das Rechtsmittelsystem willkürlich aus den Angeln gehoben werden [43]). Nichtig im obigen Sinne sind daher belastende Akte, die etwas Unsittliches oder eine strafbare Handlung fordern oder sonst in unerträglicher Weise Werten zuwiderlaufen, welche als in einem konkreten Normensystem geltend angenommen werden müssen [44]). Ohne Beziehung auf irgendwelche Werte läßt sich auch hier also die Nichtigkeit eines Staatsakts weder feststellen noch begründen [45]). Auch die Geltung eines Verwaltungsakts, der sich auf eine nicht vorhandene Sache bezieht, ist keineswegs, wie KORMANN [46]) annimmt, begrifflich undenkbar. Dies gilt etwa von dem Polizeibefehl, der irrtümlich die Beseitigung eines hohlen Baumes dort anordnet, wo tatsächlich kein Halm wächst. An sich nämlich könnte sehr wohl eine Pflicht bestehen, den Standort des gemeinten Baumes zu erkunden oder wenigstens die Unmöglichkeit anzuzeigen, das Befohlene zu tun. Auch ist denkbar, daß etwa im alten Orient bei entspre-

---

[43]) KORMANN (s. II, Anm. 2), S. 202 meint: Die Frage nach den Folgen fehlerhafter Verwaltungsakte „ist natürlich keineswegs beantwortet mit dem Hinweis, daß gegen den ungesetzlichen Verwaltungsakt mit Erfolg die vom Gesetz gewährten Rechtsmittel zu gebrauchen sind". „Natürlich" wäre für gesetzestreue Auslegung das Gegenteil.

[44]) Als nichtige belastende Akte nennt TEZNER (s. II, Anm. 75), S. 300 im wesentlichen „das Verbot, jemals zu wählen, an einer Versammlung teilzunehmen, den Heimatsort nicht zu verlassen oder ihn je zu betreten, den Glauben zu wechseln usw.". Hierzu kommen jene Fälle, wo wegen absoluter Unverständlichkeit vom Vorliegen eines bestimmten Staatsakts nicht geredet werden kann, ferner Verstöße gegen Formvorschriften, die im Interesse des Belasteten oder der Allgemeinheit als notwendige Voraussetzung der Gültigkeit eines Akts schlechthin betrachtet werden müssen. Vgl. dazu auch oben sub *a)* wie unten sub *c)*.

[45]) Bezeichnend hierfür sind auch die viel gebrauchten Begriffe der absoluten Unmöglichkeit oder Unzuständigkeit, wesentlichen Form, zwingenden Vorschrift usw., die auf Wertgesichtspunkte verweisen.

[46]) KORMANN (s. II, Anm. 2), S. 236, 238.

chendem Anlaß der Untertan verpflichtet gewesen wäre, durch symbolische Lufthiebe Devotion und Dienstbereitschaft der Obrigkeit zu bezeigen. Als nichtig kann der fragliche Akt vielmehr nur darum angesehen werden, weil im modernen Staat die Polizeiverfügung allein als zur Durchführung sachlicher Aufgaben bestimmt betrachtet werden darf und deshalb nicht verpflichtet, wo zweifellos und klar erkennbar keinerlei Möglichkeit besteht, das Geforderte auszuführen [47]).

Als nichtig im obigen Sinne kommen ferner fehlerhafte Urteile in Frage. Entgegen dem römischen Recht verneinte die gemeinrechtliche Theorie die Möglichkeit der Urteilsnichtigkeit, so daß noch BÜLOW [48]) in derselben einen für die Rechtsordnung geradezu unerträglichen Gedanken sieht, während ihrerseits KLEINFELLER [48]) und WEISMANN [49]) darin eine Untergrabung der richterlichen Autorität erblikken. Dagegen findet nach neuerer und herrschender Ansicht das Dogma von der Formalkraft der Urteile seine Einschränkung in der Natur und im Zweck des Prozesses [50]). Im Gegensatz zur älteren Theorie, welche die Rechtskraft zum absoluten Wert erhebt, wird damit von der jüngeren Richtung die nur relative Geltung dieses Gedankens festgestellt. Wann im einzelnen ein Urteil als nichtig anzusehen ist, kann als rein prozessuale Frage grundsätzlich hier nicht behandelt werden. Unhaltbar ist jedenfalls, wenn KORMANN [51]) Nicht-Urteil und nichtiges Urteil, Nicht-Verwaltungsakt und nichtigen Verwaltungsakt gleichsetzt. Das Urteil des Privaten wie der Befehl des Hauptmanns von Köpenick sind keine Staatsakte und binden weder Behörde noch Untertanen. Zur Vollstreckung eines nichtigen Urteils

---

[47]) Im übrigen könnte die Versteigerung einer nicht vorhandenen Sache an sich sehr wohl gültig sein. Nichtig sind auch nicht Art. 6, Ziff. 2 und Art. 80 der RV, weil sie sich auf nicht vorhandene Kolonien beziehen. Anfechtbar ist nach OVG Bd. 44, 1904, S. 418 eine polizeiliche Anordnung, die tatsächlich Unmögliches verlangt.

[48]) SKEDL (s. IX, Anm. 34), S. 348, Anm. 7. Vgl. auch WAGNER, HEINRICH: Die Ungültigkeit von Zivilurteilen. Diss. Königsberg 1922 und FUEHRER, HANS: Die absolute Ungültigkeit eines Strafurteils. Diss. Königsberg 1922.

[49]) WEISMANN, JAKOB: Lehrbuch des deutschen Zivilprozeßrechts. Bd. 1. Stuttgart 1903, S. 314.

[50]) SKEDL (s. IX, Anm. 34), RGStr. Bd. 34, 1901, S. 382 f. Vgl. ferner unten die Ausführungen über das erschlichene Urteil.

[51]) KORMANN (s. II, Anm. 2), S. 206.

bei formell gültigem Titel ist der Gerichtsvollzieher dagegen verpflichtet, und seiner Durchsetzung leistet der Bürger nicht ungestraft Widerstand [52]).

c) Der anfechtbare Akt

Die normale Rechtsfolge des den Bürger zu Unrecht belastenden Akts besteht in der Befugnis der Beteiligten, mittels Klage oder Beschwerde irgendwelcher Art auf Aufhebung der Benachteiligung zu dringen [53]). Unter welchen Voraussetzungen dies jeweils gestattet ist, kann naturgemäß nur im Einzelfalle dem positiven Recht entnommen werden. Allgemeingültige Regeln lassen sich dagegen selbst dort nicht aufstellen, wo die Normwidrigkeit des Staatsakts in dem Fehlen eines jener Elemente besteht, die, wie Zuständigkeit der Behörde, zum theoretischen Skelett des Staatsakts a priori gehören.

In der Literatur werden so Akte unzuständiger Behörden bald schlechthin als nichtig betrachtet, wie etwa von Fleiner, Herrnritt, Neuhäuser [54] und Kelsen [55]), bald erklärt man nur Akte sachlich unzuständiger Behörden für nichtig, so Bernatzik, W. Jellinek [56]) und im wesentlichen Kormann, schließlich sollen derartige Verwaltungsakte grundsätzlich anfechtbar sein und nur nichtig, wenn die fragliche Stelle gar keine Behörde war oder die Handlung aus dem

---

[52]) Nach Skedl: a.a.O. ist die Nichtigkeit eines Urteils durch negative Feststellungsklage, im Laufe der Vollstreckung durch Klage auf Ungültigkeits- oder Unwirksamkeitserklärung oder auf Aufhebung des scheinbaren Titels geltend zu machen. Vgl. ferner Friedrichs (s. II, Anm. 77), S. 1221.

[53]) Im Gegensatz etwa zu Kelsen, der bei fehlenden gesetzlichen Bestimmungen aus angeblich logischen Gründen Nichtigkeit des Akts annimmt, erklären eine Anzahl Entscheidungen des österreichischen Verwaltungsgerichtshofs in solchem Falle Anfechtbarkeit als allein vertretbare Sanktion. Vgl. Tezner (s. II, Anm. 75), S. 299.

[54]) Neuhäuser, Robert: Die Erschleichung rechtsgeschäftlicher Verwaltungsakte. Hamburg 1921, S. 86.

[55]) Kelsen (s. II, Anm. 85), S. 91.

[56]) Ob Jellinek (s. VI, Anm. 9), S. 208 ff., 269 diese Ansicht aufgegeben hat und die Akte unzuständiger Behörden für anfechtbar ansieht, ist nicht recht zu erkennen. Vgl. auch Bühler, Ottmar: Die subjektiven öffentl. Rechte u. ihr Schutz in der deutschen Verwaltungsrechtsprechung. Stuttgart 1914, S. 69, Anm. 267.

Rahmen ihrer allgemeinen Zuständigkeit völlig herausfiel, so O. MAYER, LABAND [57]), HATSCHEK [58]) und SCHOEN [59]).

In Wahrheit werden belastende Akte sachlich unzuständiger Behörden regelmäßig als anfechtbar, bisweilen, wo berechtigte Interessen des Belasteten dem nicht entgegenstehen, selbst als gültig angesehen werden müssen. Diese Ansicht entspricht einmal der Praxis des OVG, welches [59a]) den „Rechtsgrundsatz der Anfechtbarkeit von Rechtsakten sachlich unzuständiger Behörden als stets in der Verwaltungspraxis in Übung und im wesentlichen allen Rechtsgebieten gemeinsam hinstellt" [60]). Belastende [61]) Handlungen *örtlich* unzuständiger Finanzämter erklärt ebenso allgemein § 61 der RAbgO für nicht unwirksam. Vielmehr darf hier die Unzuständigkeit der Behörde allein durch die gewöhnlichen Rechtsbefehle und nur bis zum Ablauf der Einspruchs-, Anfechtungs- oder Beschwerdefrist geltend gemacht werden. Eine ungebrochene Geltung belastender Akte durch örtlich unzuständige Stellen erschien im Interesse des Beteiligten als unbillig. Denselben Standpunkt nimmt das OVG ein [62]), wenn es eine von örtlich unzuständiger Stelle ausgegangene Polizeiverfügung nach Ablauf der Rechtsmittelfrist für unanfechtbar erklärt und diese formelle Zuständigkeit für den konkreten Fall auch auf die Anordnung neuer Zwangsmittel durch die materiell unzuständige Behörde erstreckt. Schließlich folgt wieder aus der positivrechtlichen Ausgestaltung des Rechtsmittelsystems, daß belastende Akte unzuständiger Behörden bloß anfechtbar sein können [62a]). Denn da die Fehlerhaftigkeit etwa

---

[57]) LABAND (s. VIII, Anm. 10), Bd. 2, S. 196.

[58]) Bei HATSCHEK kommt einschränkend hier der Gedanke des Vertrauensschutzes hinzu. Vgl. S. 50 ff. der Arbeit.

[59]) HOLTZENDORFF, FRANZ VON (Hrsg.): Enzyklopädie der Rechtswissenschaft in systematischer Bearbeitung. 7. Aufl. Bd. 4. München 1914, S. 266.

[59a]) OVG Bd. 22, 1892, S. 383.

[60]) Im selben Sinne etwa die Entscheidungen OVG Bd. 2, 1877, S. 424; Bd. 9, 1887, S. 443; Bd. 10, 1887, S. 366; Bd. 14, 1887, S. 348; Bd. 20, 1891, S. 302; Bd. 48, 1907, S. 406 unter Bezugnahme auf die grundsätzliche Entscheidung im Bd. 22; s. auch § 7 FGG, Art. 1 Pr. FGG und GÜTHE, GEORG u. FRANZ TRIEBEL: Grundbuchordnung. Bd. 1. Berlin 1923, S. 23 ff.

[61]) Bei begünstigenden Akten kommt wohl stets § 78 zur Anwendung.

[62]) OVG Bd. 61, 1913, S. 185; vgl. auch Bd. 22, 1892, S. 384.

[62a]) Man beachte auch, daß im frz. Recht incompètence einen der Hauptgründe des recours pour excès de pouvoir bildet. Nur, „si l'acte est accompli

einer Polizeiverfügung regelmäßig darin besteht, daß die Behörde ihre Zuständigkeit überschreitet, so würde das Dogma der Nichtigkeit, konsequent durchgeführt, geradezu zur Aufhebung des ordentlichen Rechtsmittelsystems führen. Auch liegt wenigstens insoweit regelmäßig keine Veranlassung vor, belastende Akte unzuständiger Behörden für nichtig anzusehen, als dem Beteiligten die Möglichkeit offen steht, dieselbe durch formelle Rechtsmittel geltend zu machen. Als nichtig werden daher in der Hauptsache nur die belastenden Akte unzuständiger Behörden in Frage kommen, deren Duldung oder Durchführung auch nach Ablauf der Rechtsmittelfrist dem Betroffenen nicht zugemutet werden kann. Wann darüber hinaus ein Recht zum Widerstand besteht, wurde früher schon festgestellt.

Volle Gültigkeit von Akten unzuständiger Behörden kann dagegen aus Gründen öffentlichen Interesses, denen gleichwertige Interessen des Belasteten nicht entgegenstehen, gefordert sein. So hat nach § 21 StPO ein für das Verfahren als Ganzes örtlich unzuständiges Gericht Untersuchungshandlungen vorzunehmen, in Ansehung deren Gefahr im Verzuge obwaltet [63]). Die entsprechende Anordnung trifft § 144 GVG für die Staatsanwaltschaft. Ohne Bezugnahme auf diese gesetzliche Regelung vertritt das OVG in ständiger Rechtsprechung die Ansicht, daß die polizeiliche Aufsichtsinstanz nur „befugt ist, die Obliegenheiten der an sich gesetzlich zuständigen niederen polizeilichen Instanz an sich zu ziehen . . ., wenn Gefahr im Verzuge ist, oder wenn ohne ein solches Eingreifen der höheren Instanz die Zwecke der durch das Gesetz geordneten Aufsicht nicht erfüllt werden können“ [64]). Kann „der im öffentlichen Interesse polizeilicherseits zu erreichende Erfolg nicht auf dem als Regel gegebenen Wege der Anweisung zum Zwecke der Ausführung durch den Ortspolizeiverwalter“ mit Sicherheit erreicht werden, so sind also auch Akte der an sich unzuständigen Aufsichtsinstanz gültig [65]). Handelt es sich in obigen Fällen um gültiges Handeln einer bewußt unzuständigen Behörde,

par une personne dépourvise de toute autorité“, besteht nach Berthélemy, Traité élémentaire de droit administratif. 10. Aufl., 1923, S. 998 inexistance desselben.

[63]) Vgl. auch § 163 StPO, 167 GVG.

[64]) OVG Bd. 53, 1909, S. 423; dort Angabe der älteren Judikatur. Vgl. auch V, Anm. 59.

[65]) OVG Bd. 2, 1877, S. 424. Der Versuch, dies Ergebnis als logische Konsequenz der §§ 60, 67, 77 der KreisO v. 13. XII. 1872 hinzustellen, dürfte schwerlich überzeugen.

eine Art Notzuständigkeit, so erklärt darüber hinaus § 21 StPO gerichtliche Untersuchungshandlungen für nicht darum ungültig, weil irrtümlich die örtliche Zuständigkeit angenommen wurde [66]). Eine Bestimmung, die offenbar und nach Erklärung der Motive dem öffentlichen Interesse dienen soll. Dem Interesse des Beschuldigten dient dagegen, wenn bei fortdauernden Maßnahmen, welche ein unzuständiges Gericht traf, eine neue Beschlußfassung und Prüfung der getroffenen Maßnahmen durch das zuständige Gericht erfolgt. Wenn vorstehende Bestimmungen über örtliche Unzuständigkeit bereits de lege lata auf sachliche Unzuständigkeit analog angewendet werden, so gründet die Berechtigung hierzu allein in der Geltung der Idee. Dem Gedanken nämlich, daß berechtigte Interessen der Allgemeinheit dort zu schützen sind, wo gleichberechtigte Interessen des Beschuldigten nicht entgegenstehen. Die Entwürfe zur StPO von 1908 und 1920 haben denn auch die Vorschriften der §§ 20 und 21 StPO ausdrücklich auf sachliche Unzuständigkeit erstreckt.

Volle Gültigkeit von Akten unzuständiger Behörden kann ferner die gegenseitige Bindung der Gewalten im Sinne MONTESQUIEUS wie die Rechtskraft einer Entscheidung herbeiführen. So macht etwa Ressortverwechslung keineswegs ohne weiteres den derart fehlerhaften Staatsakt nichtig [67]). Vielmehr wird die Entscheidung etwa des Bezirksausschusses oder der Bescheid des Oberpräsidenten vom OVG aufgehoben, falls ein Verwaltungsstreitverfahren nicht oder ausschließlich zulässig war [68]). Da im übrigen bei einem Kompetenzkonflikt zwischen Verwaltungsgerichten und Verwaltungsbehörden endgültig das OVG entscheidet [69]), dieses auch selbst über seine Zuständigkeit befindet, können im Fall unrichtiger Entscheidung Akte unzuständiger Behörden unanfechtbar sein [70]). Wird ferner der Kompetenzkonflikt nicht erhoben, so ist das rechtskräftige Urteil des Zivilrichters über öffentlichrechtliche Ansprüche für den Verwaltungs-

---

[66]) Vgl. auch WIRTH, ERICH: Die Behandlung der örtlichen Zuständigkeit in der StPO unter Berücksichtigung der neuen Entwürfe. Diss. Würzburg 1922, S. 170 ff.

[67]) Dies nimmt HATSCHEK (s. II, Anm. 70), S. 95 an.

[68]) OVG Bd. 2, 1877, S. 212; Bd. 4, 1889, S. 236; Bd. 7, 1892, S. 418.

[69]) LVG § 113, V.

[70]) Anders liegt es, wo wie in Baden gegen Urteile des Verwaltungsgerichtshofs vom Vertreter des Staatsinteresses Nichtigkeitsbeschwerde erhoben werden kann, über die der Kompetenzgerichtshof entscheidet.

richter im Einzelfall bindend[71]). Schließlich wurde bereits früher festgestellt, daß rein positivrechtlich Urteile unzuständiger Gerichte unanfechtbar sein können. Auch bei der Zwangsversteigerung kann Unzuständigkeit des Gerichts nur bis zur Rechtskraft des Akts geltend gemacht werden[72]).

Soweit jedoch der belastende Akt wegen Unzuständigkeit anfechtbar ist, wird er regelmäßig als ex tunc ungültig anzusehen sein. Denn hier wie sonst erscheint es billig, daß der zu Unrecht Beschwerte voll entlastet werde[73]). Daß umgekehrt bei gutgläubig erlangter Begünstigung durch unzuständige Behörden gewöhnlich allein Widerruf ex nunc in Frage kommt, wird sich noch zeigen. Eigentümlich ist der belastenden Verfügung schließlich, daß ihrem Widerruf von seiten des Beteiligten all die Bedenken nicht entgegenstehen, welche den Widerruf einer Begünstigung vielfach als unzulässig erscheinen lassen[74]).

Ob und wann im übrigen die Entziehung günstiger Rechtspositionen unzulässig ist, welche Rechtsfolgen insbesondere an die Fehlerhaftigkeit eines derartigen Staatsakts sich knüpfen, ist bedingt durch die Eigenart des betreffenden Rechtsverhältnisses. Deutlich wird dies etwa am Beispiel der ohne Antrag erfolgten Entlassung eines Beamten bei irriger Annahme, der Betreffende sei um seine Entlassung eingekommen. Für die Art der Rechtsfolgen eines derartigen Aktes ist offenbar zunächst von Bedeutung, nach welcher Rechtsfigur die Beziehungen zwischen Staat und Beamten sich bestimmen. Wer ernsthaft hier auf dem Boden der Vertragstheorie steht[75]), wird eine ohne Antrag erfolgte Entlassung für geradezu nichtig ansehen müssen. Denn erfolgt die Anstellung eines Beamten durch Vertrag, so können für die

---

[71]) S. auch Tezner (s. I, Anm. 1), S. 421.

[72]) Jaeckel, Paul: Kommentar zum Zwangsversteigerungsgesetz. 5. Aufl. Berlin 1915, S. 23.

[73]) Wie bei allen Rechtsinhaltsfragen gilt diese Lösung nicht schlechthin und kann aus Gründen öffentlichen Interesses ausgeschlossen sein.

[74]) Demgemäß ist nach Ansicht des österreichischen Verwaltungsgerichtshofes die Behörde berechtigt, fehlerhafte Belastungen, aus denen nicht bereits subjektive Rechte der Hauptpartei oder Dritter entstanden, jederzeit zurückzunehmen. Tezner (s. II, Anm. 75), S. 281 ff. Ebenso Schoen (s. VI, Anm. 12), S. 267, der Seite 266 mit Recht bemerkt, daß dort, wo der Widerruf wie im Fall der Unzweckmäßigkeit im Ermessen der Behörde steht, diese die Folgen ex nunc oder ex tunc ansetzen darf.

[75]) So neuerdings Vogels: Willensmängel bei der Beamtenanstellung in: Verwaltungs-Archiv. Bd. 27. 1919, S. 251 f.

Beendigung eines derartigen Dienstverhältnisses lediglich die gesetzlichen und vertraglichen Gründe in Frage kommen. Die irrige Annahme des einen Kontrahenten, ein derartiger Grund sei gegeben, kann aber den zur Beendigung des Dienstverhältnisses nach dem Vertragsinhalt erforderlichen Antrag des Gegenkontrahenten nicht ersetzen. Diesem stehen also weiter seine bisherigen Rechte zu. Nun wird jedoch, was hier nicht ausgeführt werden kann, die Vertragstheorie kaum der Eigenart jener Beziehungen gerecht, welche als zwischen dem Staat und seinen Beamten bestehend auf der gegenwärtigen historischen Stufe der Rechtsentwicklung in Deutschland angenommen werden müssen. Sieht man dementsprechend mit der Praxis und herrschenden Lehre als für den Akt der Beamtenentlassung normgebend die Rechtsfigur des einseitigen Verwaltungsakts auf Unterwerfung an, so darf das Vorhandensein eines gültigen Antrages nicht ohne weiteres als Voraussetzung für das Zustandekommen einer Entlassung überhaupt betrachtet werden. Allerdings steht fest, daß etwa die Entlassung eines lebenslänglich angestellten Reichsbeamten, von hier nicht interessierenden Ausnahmen abgesehen, wider seinen Willen nur durch Urteil des Disziplinar- oder Strafrichters erfolgen darf. Und § 21 des Gesetzes über die Reichs- und Staatsangehörigkeit spricht ausdrücklich von einer Entlassung auf Antrag. Aber wenn auch so das Vorliegen des Antrages als Voraussetzung der *Rechtmäßigkeit* einer Entlassung betrachtet werden muß, bleibt doch zu untersuchen, ob und inwieweit die *Gültigkeit* der Entlassung durch ihre Unrechtmäßigkeit beeinträchtigt wird. Den eigentlichen Kern der Frage dürfte von den Autoren O. Mayer treffen, wenn er die Art der Rechtsgeltung des fehlerhaften Akts letzten Endes von der Berechtigung, den Fehler geltend zu machen, abhängen läßt[76]). Für die Möglichkeit richterlicher Nachprüfung ist aber das Wesen des fraglichen Akts von Bedeutung. Dies zeigt sich, wenn diejenigen Autoren, welche nicht auf dem Boden der Vertragstheorie stehen, in der fehlerhaften Entlassung regelmäßig einen einseitigen Hoheitsakt erblicken. Denn hiermit verbunden findet sich gewöhnlich die Ansicht, deren Wurzel übrigens in den Boden der absoluten Monarchie zurückgeht, Hoheitsakte seien richterlicher Nachprüfung schlechthin

[76]) Mayer, Otto: Zur Lehre vom öffentl.-rechtl. Vertrage in: Archiv f. öffentl. Recht. Bd. 3. Freiburg 1888, S. 47, Anm. 66 mit Angabe älterer Literatur.

entzogen. Von einem solchen Standpunkt aus kann aber dem zu Unrecht Entlassenen allein das Recht der Gegenvorstellung und Aufsichtsbeschwerde zugestanden werden [77]). Dagegen findet sich andererseits wieder, und nicht nur von den Vertragstheoretikern, die Meinung vertreten, das Erfordernis des Antrages sei für die Gültigkeit der Entlassung wesentlich. Beim Fehlen eines Antrages soll deshalb auch die Entlassung selbst nichtig sein [78]). Wie diese angebliche Nichtigkeit jedoch eigentlich geltend zu machen sei, wird bezeichnenderweise nicht weiter untersucht.

Bei dieser scheinbaren Antinomie der Meinungen dürfte es gut sein, sich klar zu machen, daß beide Ansichten auf verschiedene Wertgesichtspunkte zurückgehen und beide in ihrer Allgemeinheit schwerlich haltbar sind. Die Lehre zunächst, welche aus der hoheitlichen Natur des Entlassungsaktes auf seine Unüberprüfbarkeit schließt, macht das Begründete zum Grund. Denn sieht man als Hoheitsakt unüberprüfbare Staatsakte an, so fragt es sich gerade, ob die Beamtenentlassung einen solchen Akt darstellt [79]). Wer dies bejaht, kann es nur begründen, indem er als geltende Normidee, als anzunehmenden Rechtswert eine unüberprüfbare Sphäre freier Verwaltung behauptet. Ein Gesichtspunkt, der tatsächlich in § 155 RBeamtenG einen teilweisen, aber eben nur teilweisen Niederschlag gefunden hat, der es verbietet, die Beamtenentlassung schlechthin als unüberprüfbaren Hoheitsakt zu betrachten. Die entgegengesetzte Ansicht, welche im Vorhandensein des Antrages eine für die Gültigkeit der Entlassung wesentliche Voraussetzung sieht, findet ihre Begründung letztlich in der Idee, daß gegen rechtswidriges Handeln des Staats der Bürger irgendwie zu schützen sei. Aber mag auch diese Idee an sich berechtigt sein, so kann aus ihr mit Grund eine Nichtigkeit des Staatsakts schlechthin nicht abgeleitet werden. Denn in letzterem Falle würde der zu Unrecht Entlassene sich gewaltsam auf seinem Posten behaup-

---

[77]) Darauf etwa kommt Giessner, Richard: Wirkungen von Willensmängeln auf d. Anstellung oder Entlassung e. unmittelbaren preuß. Staatsbeamten. Diss. Göttingen 1912 heraus.

[78]) So Jellinek (s. I, Anm. 5), S. 81; Rauchalles, Heinrich: Das Reichsgesetz über die Erwerbung u. den Verlust der Bundes- u. Staatsangehörigkeit v. 1. 6. 1870. München 1901, S. 75.

[79]) Der Beweis hierfür kann übrigens nicht etwa historisch geführt werden. Es ließe sich sonst auf diese Weise jede Rechtsinstitution der Vergangenheit aus der Grube heben und bliebe immer noch zu rechtfertigen, warum man nicht in die Vorvergangenheit ging.

ten und auch weiterhin Amtsfunktionen vornehmen dürfen. Eine Folgerung, welche aus Gründen des öffentlichen Interesses sinnvoll nicht gezogen werden darf und die auch nur durch die früher gekennzeichnete formale Einschränkung der Unwirksamkeitsformen wie die Verbindung der Nichtigkeit mit dem schweren Fehler scheinbar gerechtfertigt wird. Man wird demgegenüber zunächst feststellen dürfen, daß auch der zu Unrecht Entlassene jedenfalls nicht mehr Amtsinhaber ist. Und, da ihm andere direkte Rechtsbehelfe nicht zur Verfügung stehen, ist er lediglich befugt, durch Gegenvorstellung und Aufsichtsbeschwerde, eventuell durch Petition, durch Anfragen seiner Partei im Parlament wie durch die Presse und den Druck der öffentlichen Meinung auf Wiedereinsetzung in sein Amt zu dringen. Hiervon zu unterscheiden ist die weitere Frage, ob dem derart zu Unrecht Entlassenen der Anspruch auf Gehalt und Titelführung bleibt. Den ersten dieser beiden Punkte bejaht wohl mit Recht das Reichsgericht [80]), wobei es § 155 RBG seinem Prüfungsrechte nicht entgegenstehen läßt. Tatsächlich ist es unmöglich, aus diesem Paragraphen mit Sicherheit etwas für oder gegen ein Prüfungsrecht im vorliegenden Falle zu entnehmen. Mag im übrigen demselben historisch der Gedanke des unüberprüfbaren Hoheitsakts wesentlich zugrunde liegen, so läßt dagegen Art. 139 RV für vermögensrechtliche Ansprüche der Beamten den Rechtsweg offen. Auch derjenige, welcher die juristische Bedeutung der Grundrechte nicht hoch veranschlagt, wird anerkennen müssen, daß immerhin hier eine Rechtsidee vorliegt, welche in Zweifelsfällen als richtunggebend Geltung beanspruchen kann. Erklärt schließlich das OVG [81]) den zu Unrecht Entlassenen für befugt, weiterhin seinen Titel zu führen, verneint also inzidenter die Gültigkeit der Entlassung, so wird dieser Entscheidung im eben angegebenen Umfange zuzustimmen sein [82]). Umgekehrt aber muß schließlich ein

---

[80]) RG.Z. Bd. 96, 1919, S. 303; Jurist. Wochenschrift. Bd. 46, 1917, S. 225; vgl. auch RG: Kündigung d. Dienstes d. Beamten in: Preuß. Verwaltungsblatt. Bd. 43. 1921/22, S. 595 f.

[81]) Urteil v. 5. Okt. 1922 in: Deutsche Juristenzeitung. Bd. 27. 1922, Sp. 756 f.

[82]) Absolute Nichtigkeit, die das OVG unter Berufung auf W. Jellinek annimmt, liegt also nicht vor. Wie hier im Ergebnis auch Arndt, Adolf: Das Reichsbeamtengesetz. 3. Aufl. Berlin 1923, S. 181.

Recht der Verwaltung angenommen werden, von dem, der alle Befugnisse des Beamten behielt, auch die Wiederaufnahme seiner Amtstätigkeit verlangen zu können [83]).

3. Der begünstigende Akt

a) Die Begünstigung durch unzuständige Stellen

Nach § 78 der RAbgO darf, „wo eine Anerkennung, Genehmigung, Bewilligung oder Erlaubnis ausgesprochen worden ist, die den Beteiligten Befugnisse oder Vergünstigungen gewährt oder sie von Pflichten befreit, ... diese Vergünstigung, soweit nicht Widerruf oder weitere Bedingungen vorbehalten sind, nur zurückgenommen oder eingeschränkt werden:

1. Wenn die Verfügung von sachlich unzuständiger Stelle erlassen worden ist". Dagegen sind, wie aus dem Schweigen der Reichsabgabenordnung zu schließen, rechtsverleihende Verfügungen *örtlich* unzuständiger Behörden voll wirksam.

Wird eine den Aktadressaten begünstigende Verfügung der im § 78 RAbgO genannten Art wegen sachlicher Unzuständigkeit der sie erlassenden Behörde zurückgenommen oder eingeschränkt, so treten die Folgen des Widerrufs ex nunc ein. Hat dagegen „der Beteiligte die Verfügung durch unlautere Mittel wie Täuschung, Zwang, Bestechung veranlaßt, so kann sie mit rückwirkender Kraft zurückgenommen werden" [84]). Die Normidee des § 78 RAbgO ist also offenbar, denjenigen, welcher gutgläubig steuerliche Begünstigungen erlangte, möglichst zu schützen. Auch fehlerhaft derart erlangte Rechtspositionen sollen nur soweit und mit den Folgen entzogen werden dürfen, die das öffentliche Interesse oder die Billigkeit fordert.

Aber auch dem OVG ist der Gedanke, daß durch begünstigende Verfügungen unzuständiger Behörden gutgläubig erlangte Rechtspositionen, wenn überhaupt, nur ex nunc entzogen werden dürfen, keineswegs fremd. Eine Gewerbekonzession, welche eine örtlich und sachlich unzuständige Behörde erteilte, erklärt OVG 40 S. 300 für

---

[83]) Dies machte die Revision in einem Falle geltend, ohne darauf, als für den Anspruch gleichgültig, eine Antwort zu erhalten. Vgl. RG.Z. Bd. 37, 1896, S. 242, 305.

[84]) Den Zeitpunkt, auf welchen die Rechtsfolgen zu beziehen sind, darf also in letzterem Falle die rücknehmende Behörde bestimmen, nicht treten diese Folgen, wie es der Anfechtung des BGB entspräche, ex tunc ein.

anfechtbar, d. h. sie kann zurückgenommen werden. Mit Unrecht wird m. E. die fragliche Entscheidung von W. JELLINEK [85]), KORMANN [86]) und FLEINER [87]) zur Stütze ihres Grundsatzes der Nichtigkeit von Akten unzuständiger Behörden herangezogen [88]). Allerdings bezeichnet das OVG eine Erlaubnis, welche der Polizeipräsident von Berlin an Stelle des eigentlich zuständigen Polizeipräsidenten von Charlottenburg erteilte, als „unwirksam und nichtig". Letzteres jedoch „in dem Sinne", „daß aus ihr das Recht auf Fortsetzung des Gewerbebetriebes von dem Kläger nicht in Anspruch genommen werden könne", wobei die Möglichkeit nachträglicher Genehmigung der unzulässigerweise erteilten Konzession unterstellt wird [89]). Des weiteren ist in der Überschrift von „Ungültigkeit" und davon die Rede, daß § 40 der GO lediglich bei rechtsgültig erteilter Erlaubnis „den Widerruf" ausschlösse. Schließlich wird bezüglich der Rechtsfolgen auf jene oben genannte Entscheidung im 22. Bd. Bezug genommen, welche den Grundsatz der Anfechtbarkeit bei sachlicher Unzuständigkeit „der verfügenden oder erkennenden Behörde" ausspricht.

In jener grundsätzlichen Entscheidung im 22. Bd. selbst handelte es sich um eine von unzuständiger Stelle erteilte Ansiedelungsgenehmigung. Auch hier denkt das OVG ganz offenbar an Beseitigung ex nunc. Denn bald ist die Rede von „Anfechtung bestehender Verhältnisse", dann wieder heißt es, daß „der durch die Ansiedelungsgenehmigung geschaffene Rechtszustand jeden Augenblick und noch Jahre

---

[85]) JELLINEK (s. I, Anm. 5), S. 97, Anm. 2

[86]) KORMANN (s. II, Anm. 2), S. 246.

[87]) FLEINER (s. II, Anm. 69), S. 194, Anm. 59.

[88]) Allein auf obige Entscheidung stützt sich offenbar auch FRIEDRICHS, wenn er, entgegen seiner grundsätzlichen Stellungnahme S. 1017 (s. II, Anm. 77), *Erlaubniserteilungen* durch unzuständige Behörden für nichtig erklärt (PolG S. 282). Denn in den sonst von FRIEDRICHS herangezogenen Entscheidungen handelt es sich durchweg um Widerruf.

[89]) Wie wenig Gewicht auf den Sprachgebrauch des OVG gelegt werden kann, zeigt obige Entscheidung. Hier werden bezüglich derselben Frage die Ausdrücke Nichtigkeit, Ungültigkeit, Unwirksamkeit, Anfechtbarkeit und Widerruf gebraucht. Es wird ferner OVG Bd. 55, 1910, S. 237 die Ausstellung einer Naturalisationsurkunde durch eine unzuständige Behörde als nichtig bezeichnet unter Berufung auf OVG Bd. 13, 1887, S. 408. Die gleiche Entscheidung wird in Bd. 22, 1892, S. 384 als Beleg für den Grundsatz der *Anfechtbarkeit* von Akten sachlich unzuständiger Behörden herangezogen. In der fraglichen Entscheidung selbst ist von „absoluter Nichtigkeit" bei Naturalisation durch „unbedingt unzuständige" Behörden die Rede.

nachher wieder aufgehoben werden" könne. Im übrigen hat auch die Befugnis des Widerrufes nur ex nunc das OVG vorliegendenfalls im Ergebnis offenbar nicht befriedigt. Die fragliche Ansiedelungsgenehmigung war nämlich vom Amtsvorsteher an Stelle des Kreisausschusses erteilt worden, weil man irrtümlicherweise die kleine Häusergruppe nicht als Kolonie im Sinne des § 18 AnsiedlG vom 25. Juli 1876 betrachtet hatte. Es erging daraufhin mehrere Jahre später eine Verfügung des Nachfolgers jenes Amtsvorstehers, durch die wegen Unzuständigkeit des ersteren die erteilte Genehmigung „ausdrücklich aufgehoben" wurde, verbunden mit der Aufforderung, binnen zwei Monaten die Genehmigung des Kreisausschusses beizubringen oder die errichteten Anlagen wegzuräumen. Den Begünstigten hatte bei Erteilung der Genehmigung also keinerlei Verschulden getroffen, aus welchem Grunde offenbar der Kreisausschuß die Verfügung aufhob, eine Entscheidung, die auch der Bezirksausschuß in der Berufungsinstanz bestätigte. Seine abweichende Stellungnahme begründet das OVG durch Bezugnahme auf den Grundsatz der Anfechtung von Akten sachlich unzuständiger Behörden, von dem abzugehen man sich offenbar scheut. Die Unbilligkeit des Ergebnisses aber mildert die Empfehlung, „daß die Aufsichtsbehörde da einschreitet und der unteren polizeilichen Instanz die Anfechtung bestehender Verhältnisse untersagt, wo diese erkennbar erfolgt, ohne daß dazu der Schutz wesentlicher öffentlicher Interessen nötigt". Einleuchtender wäre wohl die Feststellung gewesen, daß gutgläubig erlangte Rechtspositionen nur aus Gründen des öffentlichen Interesses entziehbar sind. Ein Gedanke, der um so näher lag, als ihn, wie sich noch zeigen wird, das OVG sonst im Falle behördlichen Irrtums vertritt [90]).

Als nichtig im Sinne von „nicht vorhanden" dürfen daher auch nach der Rechtsprechung des OVG nur Akte „völlig unzuständiger" Behörden betrachtet werden [91]). Im übrigen ist der Begriff der abso-

[90]) Die Ansicht von LANDMANN, ROBERT: Kommentar zur Gewerbeordnung f. das Deutsche Reich. 7. Aufl. Bd. 1. München 1917, S. 231 f., der eine von sachlich oder örtlich unzuständiger Stelle erteilte Approbation oder Konzession unter Berufung auf W. JELLINEK für absolut nichtig erklärt, ist gegenüber den Bestimmungen der Reichsabgabenordnung nicht haltbar und widerspricht der Rechtsprechung des OVG, ist auch im Ergebnis offenbar unbillig. Dies gilt entsprechend gegen SCHENKEL, KARL: Die deutsche Gewerbeordnung. 2. Aufl. Bd. 1. 1892, S. 395.

[91]) OVG Bd. 39, 1902, S. 371; Bd. 13, 1887, S. 400 ff.

luten Unzuständigkeit in Praxis wie Literatur durchaus dunkel geblieben [92]). Der Grund hierfür liegt darin, daß wie die Begriffe der allgemeinen Zuständigkeit, zwingenden Norm, des schweren Fehlers, der wesentlichen Form usw. auch der Begriff der absoluten Unzuständigkeit zu seiner Auflösung eine Beziehung auf Werte oder Zwecke fordert [93]). Alle diese Begriffe bilden so gewissermaßen Zufluchtsburgen, in welche sich die Wertprobleme vor dem Verfahren des Positivismus zurückgezogen haben, wobei die Einnahme dieser letzten Stellungen für den Positivismus schon deshalb unmöglich war, weil ohne dieselben er selbst nicht bestehen könnte. Immerhin hat die Verkennung der Eigenart jener Begriffe, verbunden mit einem naturalistischen Verfahren, vielfach zu einer Umkehrung und damit völligen Verschiebung der eigentlichen Problemlage geführt. Es wird nämlich, so deutlich bei KORMANN [94]), der Begriff der absoluten Unzuständigkeit direkt als Ursache der Nichtigkeit hingestellt, wodurch der Rechtswissenschaft die Scheinaufgabe erwächst, dieser unbekannten und unauffindbaren Ursache nachzuspüren. In Wahrheit ist jedoch von der Rechtsfolge der Nichtigkeit auszugehen und nun zu fragen, in welchen Fällen der Unzuständigkeit beim Fehlen ausdrücklicher Normierung Nichtigkeit als Sanktion des Fehlers dem „Willen des Gesetzgebers" gemäß angenommen werden muß. Es ergab sich bei einer solchen Problemstellung schon, daß belastende Akte [95]) unzuständiger Behörden namentlich dann als nichtig anzusehen sind, wenn berechtigte Interessen der Beschwerten diese Regelung dringend

---

[92]) Ausdrücklich f. das österreichische Recht bezeugt dies TEZNER (s. II, Anm. 75), S. 404; s. ferner KORMANN (s. II, Anm. 2), S. 247.

[93]) Daß es zur Entscheidung, ob Merkmale wesentlich oder unwesentlich sind, der Beziehung auf einen Zweck bedarf, rein logische Überlegungen ohne materiale Gesichtspunkte nicht weiterzuführen, stellt RIKKERT, HEINRICH: Zur Lehre von der Definition. 2. Aufl. Tübingen 1915, S. 43 fest. Wenn GSCHNITZER: Wesentlich und unwesentlich im BGB in: Archiv f. die civilist. Praxis. Bd. 121, 1923, S. 199 ff. den Begriff wesentlich durch erheblich ersetzen will, weil es sich um einen Werttatbestand handle, so ist damit das Problem richtig erkannt, sachlich jedoch nichts gewonnen.

[94]) KORMANN (s. II, Anm. 2), S. 232 ff.

[95]) Selbstverständlich handelt es sich hier wie sonst nicht um empirische individuelle, sondern um typische, gewissermaßen normative Interessenlagen. Daher wird der belastende Akt nicht zum begünstigenden, wenn auch dem Beschwerten aus irgendwelchen besonderen Gründen die Belastung einmal als erwünscht erscheint.

erfordern. Umgekehrt werden begünstigende Akte unzuständiger Behörden bei Gutgläubigkeit des Adressaten wesentlich nur dort als nichtig angesehen werden dürfen, wo wertvolle Güter der Allgemeinheit oder berechtigte Interessen Dritter die auch nur vorläufige Gültigkeit des fehlerhaften Akts offenbar verbieten. Als nichtig hat so die österreichische Rechtsprechung etwa die Erlaubnis zur Haltung eines Bordells, einer Spielbank, wie die Erlaubnis zur Nachbildung von Geldmünzen erklärt [96]). Als nichtig werden Eintragungen durch eine andere Behörde wie das Grundbuchamt anzusehen sein [97]). Im übrigen ist es gerade bei der fehlerhaften Erlaubnis häufig ohne jede praktische Bedeutung, ob man in dem Verbot der Ausübung des Erlaubten einen Widerruf ex nunc oder ex tunc oder die Geltendmachung einer Nichtigkeit sieht, zumal bei Gutgläubigkeit des Aktadressaten seine Strafbarkeit regelmäßig sowieso entfällt [98]). Andererseits kann aus Gründen des öffentlichen Interesses Nichtigkeit von Begünstigungen unter Umständen selbst dort anzunehmen sein, wo das Gesetz diese Rechtslage nicht ausdrücklich vorsieht. So dürfen – wie schon erwähnt – Begünstigungen durch sachlich unzuständige Stellen nach § 78 RAbgO nur zurückgenommen oder eingeschränkt werden. Trotzdem ergibt sich ein Kreis auch nach § 78 nichtiger Akte, da einleuchtenderweise nicht jede Erlaubnis durch dazu Unbefugte als eine „von unzuständiger Stelle" erteilte im Sinne dieses Paragraphen angesehen werden kann. Dies gilt z. B. sicher, wenn der Private A seinem Freunde B Steuern stundet, offenbar, falls es die Brotmarkenstelle statt des Finanzamtes tut, nicht dagegen, falls etwa das Finanzamt an Stelle des Reichsfinanzministeriums einen Steuernachlaß gewährt. Denn dem Steuerzahler darf nicht zugemutet werden, besser über Zuständigkeiten im Steuerrecht orientiert zu sein als das Finanz-

---

[96]) Vgl. Tezner (s. II, Anm. 75), S. 300. Bemerkt sei bei dieser Gelegenheit, daß bezüglich begünstigender Akte, denen gegenüber ein Widerstandsrecht praktisch nicht in Frage kommt, eher von Nichtigkeit schlechthin gesprochen werden darf als bei belastenden Staatsakten.

[97]) Vgl. dazu Güthe (s. IX, Anm. 60), S. 15.

[98]) Ohne Aufhebung verbietet etwa der österreichische Verwaltungsgerichtshof die Ausübung einer dem Gesetz gänzlich unbekannten Bewilligung. Tezner (s. I, Anm. 1), S. 422. Das Ergebnis wäre kaum anders, wenn man Rücknahme der Bewilligung ex nunc oder tunc mit nachfolgender richterlicher Feststellung der Rechtmäßigkeit des Widerrufs konstruierte.

amt selber[99]). Die Grenze zwischen den Fällen der Nichtzuständigkeit und denen der Unzuständigkeit muß also durch Beziehung auf einen vorausgesetzten Zweck gezogen werden, wobei, entsprechend der Normidee des § 78, der gutgläubige Steuerzahler weitgehend zu schützen ist. Andererseits verbieten begründete öffentliche Interessen, daß jedes empirische Subjekt allein wegen seiner Gutgläubigkeit sich mit Recht auf § 78 berufen darf. Schutz im Sinne dieses Paragraphen kann vielmehr nur ein normatives Subjekt von verständiger, noch verkehrsüblicher Gutgläubigkeit finden[100]).

Handelt es sich hierbei um Fälle sachlicher Unzuständigkeit, so sind nach § 78 Begünstigungen durch örtlich unzuständige Finanzämter schlechthin gültig. Es erscheint fraglich, ob einer bedingungslosen Verallgemeinerung dieser Bestimmungen über ihren ursprünglichen Geltungsbereich hinaus nicht berechtigte Interessen der Allgemeinheit entgegenstehen. Jedenfalls aber kann die Geltung dieser Idee bei verwandten Rechtslagen mit Fug nicht bezweifelt werden. Soweit im übrigen nicht berechtigte Interessen der Verwaltung oder Allgemeinheit geradezu die Rücknahme der Begünstigung fordern, werden schon zur Vermeidung sinnloser Güterzerstörung Begünstigungen örtlich unzuständiger Behörden tunlichst aufrecht zu erhalten sein[101]).

Die Fehlerhaftigkeit des Staatsakts kann ferner im Nichthandeln der zum Handeln doch verpflichteten zuständigen Behörde, in der Verweigerung einer Begünstigung bestehen. Da Nichtigkeit als Sanktion des Fehlers bei Unterlassungen keinen Sinn ergibt, vielmehr den normwidrigen Zustand noch legalisieren würde, kommen als Rechts-

---

[99]) Rüde, Fritz: Reichsabgabenordnung. 2. Aufl. Stuttgart 1922, S. 6 sieht dagegen im obigen Beispiel einen Fall absoluter Unzuständigkeit. Es ist dabei übersehen, daß der Begriff der Unzuständigkeit im Sinne des § 78 nur mit Beziehung auf den Steuerzahler bestimmt werden darf, will man nicht jener Norm ihre eigentliche Bedeutung nehmen. Vgl. auch Mrozek, Alfons: Kommentar zur Reichsabgabenordnung. Köln 1921, S. 308.

[100]) Vgl. auch S. 72 ff. der Arbeit.

[101]) Dem entspricht, wenn Ollmann, Rudolf: Die Rechtswirkung e. fehlerhaften Vereinseintragung. Diss. Greifswald 1922 im Gegensatz zur älteren Literatur die Rechtsfähigkeit eines Vereins durch örtliche Unzuständigkeit der eintragenden Behörde nicht beeinträchtigt sein läßt. Lediglich Löschung der bisherigen Eintragung und Übertragung derselben in das Register des eigentlich zuständigen Gerichts erscheint hier als angemessene Rechtsfolge. Dagegen ist nach O. die Eintragung durch eine sachlich unzuständige Behörde ex nunc rücknehmbar.

behelfe für den Betroffenen wesentliche Beschwerden in irgendeiner Form bei der säumigen oder vorgesetzten Behörde wie Klage bei den Gerichten in Frage [102]). Während im übrigen ein Widerstandsrecht des Bürgers wegen Unzuständigkeit der Behörde in gewissen Fällen besteht, verbietet § 114 StGB dem Betroffenen, die säumige, fraglos zuständige Behörde gewaltsam zum Handeln zu nötigen.

b) Die irrtümliche Erteilung einer Begünstigung

Es entspricht weiter der Idee, den gutgläubig Begünstigten zu schützen, wenn behördlicher Irrtum, den der Bürger nicht verschuldete, diesem, soweit es das öffentliche Interesse erlaubt, nicht zur Last gelegt wird [103]). So gestattet § 78 RAbgO die Rücknahme von Begünstigungen wegen behördlichen Irrtums nur, falls der Begünstigte den Irrtum hervorrief [104]). Eine wegen irriger Rechtsmittelbelehrung versäumte Frist wird vom OVG als gewahrt angesehen [105]). Und auf demselben Billigkeitsgedanken beruht es, wenn Kormann [106]) durch Bestätigung des Statuts einer Wassergenossenschaft das Vorhandensein des gemeinen Nutzens endgültig festgestellt sein läßt. Nur soweit das öffentliche Interesse es zuläßt, darf jedoch der Schutz mit Grund Gutgläubiger erstreckt werden. Eine irrtümlich erteilte Bauerlaubnis ist grundsätzlich unwiderruflich, wenn der behördliche Irrtum sich in

---

[102]) OVG Bd. 7, 1890, S. 268 verurteilt eine zuständige Behörde, die sich weigert, eine Bescheinigung auszustellen, wozu sie verpflichtet war. Vgl. ferner OVG Bd. 7, 1890, S. 17; Bd. 5, 1890, S 295; Bd. 44, 1904, S. 354 ff.

[103]) In diesem Sinne bereits OVG Bd. 4, 1889, S. 293 ff. Die Befugnis zu uneingeschränktem Widerruf wegen behördlichen Irrtums erklärt Jellinek (s. I, Anm. 5), S. 156 als mit der „Idee des modernen Staates" für unvereinbar. Ein Widerrufsrecht wegen Irrtums in Ausübung des freien Ermessens hält Kormann (s. II, Anm. 2), S. 377 aus Billigkeitsgründen für ausgeschlossen. Interessenabwägende Gesichtspunkte erscheinen Neuhäuser (s. IX, Anm. 54), S. 31 beim Fehlen kodifizierter Grundsätze als allein gangbar. Man sieht, es ist die Geltung von Werten, welche dem schrankenlosen Widerruf entgegensteht.

[104]) Dies verkennt Mrozek (s. IX, Anm. 99), S. 308, wenn er den § 78 „nicht nur wegen irrtümlicher Auffassung der Behörde" ein Widerrufsrecht statuieren läßt. In dem von M. angenommenen Fall besteht ein solches Recht gerade nicht. So auch Rüde (s. IX, Anm. 99), S. 66; Becker (s. IX, Anm. 24), S. 94.

[105]) OVG Bd. 3, 1878, S. 34.

[106]) Kormann (s. II, Anm. 2), S. 391.

der Sphäre des freien Ermessens hielt [107]). Falls jedoch die irrige Erlaubnis einen im öffentlichen Interesse unerträglichen Zustand herbeiführt oder herbeizuführen droht, kann auch irriger Gebrauch des Ermessens den Widerruf rechtfertigen [108]). Soweit ein Widerrufsvorbehalt zulässig ist, muß seine Ausübung auf polizeilichen Motiven beruhen, da ein anderes Verfahren der Idee des Rechts offenbar zuwiderliefe [109]). Verstößt aber die Bauerlaubnis gegen solche Normen, die als im Interesse der öffentlichen Sicherheit ergangen gelten müssen [110]), dann sichert auch fehlendes Verschulden bei behördlichem Irrtum die Rechtsposition des Begünstigten nicht. Vielmehr besteht hier Recht und Pflicht [111]) zum Widerruf der Begünstigung. Dies gilt dabei nicht nur bei Verstößen gegen Bestimmungen der Bauordnung. Auch irrtümliche Nichtbeachtung der Normen des § 10 II, 17 berechtigt zur Rücknahme der Erlaubnis, falls eine solche Gefährdung durch deren Aufrechterhaltung droht, „daß das öffentliche Interesse eine Remedur unabweisbar erheischt" [112]). Allein aus solchen Gründen gestattet das

---

[107]) OVG Bd. 2, 1877, S. 422; Bd. 8, 1886, S. 215 f.; Bd. 19, 1890, S. 384 f.; Bd. 24, 1883, S. 349 f.; Bd. 28, 1896, S. 272 f.; Bd. 29, 1896, S. 369; Bd. 40, 1902, S. 377; Bd. 55, 1910, S. 438. SCHOLZ: Zur Lehre von der Bauerlaubnis in: Verwaltungsarchiv. Bd. 23. Berlin 1915, S. 225 f.; KORMANN (s. II, Anm. 2), S. 389; MESOW, WERNER: Der Widerruf einer Bauerlaubnis nach preußischem Recht. Diss. Göttingen 1922, S. 81. Nach Ansicht des österreichischen Verwaltungsgerichtshofs sind begünstigende Akte, die sich im Rahmen des freien Ermessens halten, stets unwiderruflich. TEZNER (s. II, Anm. 75), S. 441, der wohl mit Grund diese Praxis für zu weitgehend ansieht.

[108]) OVG Bd. 29, 1896, S. 393; vgl. auch OVG Bd. 48, 1907, S. 398 ff.; FLEINER (s. II, Anm. 69), S. 189. Eine Zusammenstellung der typischen Fälle, in denen die preußisch-österreichische Gerichtspraxis behördliche Akte wegen Ermessenmißbrauchs kassiert, bei TEZNER: a.a.O. S. 338 f.

[109]) OVG Bd. 39, 1902, S. 367; Bd. 57, 1911, S. 496; Bd. 71, 1917, S. 431.

[110]) Das meint im Grunde das OVG, wenn es Bd. 24, 1893, S. 344 von positiv-bindenden, das freie Ermessen ausschließenden Normen spricht. Denn ob eine Norm diesen Titel verdient, läßt sich ohne Zirkel nur durch Wertbeziehung feststellen. Mit Recht bemerkt übrigens EHRLICH, EUGEN: Richterliche Rechtsfindung ... in: Jherings Jahrbücher. F. 2. Bd. 31, 1917, S. 34, ob ein Rechtssatz zwingend sei, lasse sich durch historische Auslegung häufig nicht feststellen, weil niemand bei Abfassung des Gesetzes an diese Frage gedacht habe. Vgl. auch OVG Bd. 68, 1915, S. 435; Bd. 55, 1910, S. 437.

[111]) OVG Bd. 19, 1890, S. 385; Bd. 20, 1891, S. 397. Von ev. Pflicht zur Schadloshaltung des Beschwerten ist hier abgesehen.

[112]) OVG Bd. 24, 1883, S. 350 f.; s. auch OVG Bd. 2, 1877, S. 422; Bd. 11, 1895, S. 370; Bd. 29, 1896, S. 392 f.

sächsische Recht den Widerruf nach Baubeginn [113]). Neue Bestimmungen, welche nach Baubeginn erlassen wurden, finden auf schon begonnene Bauten keine Anwendung [114]), es sei denn, daß das öffentliche Interesse ausnahmsweise dringend das Gegenteil fordert [115]). Wohl aber können derartige Bestimmungen den Widerruf vor Baubeginn rechtfertigen [116]). Man sieht, es sind Gesichtspunkte der Billigkeit und nicht der Logik [117]), welche die Verschiedenartigkeit der Entscheidungen rechtfertigen. Die versehentliche Aushändigung einer Naturalisationsurkunde durch die an sich zuständige Stelle, wenn von dem Irrtum „der zu Naturalisierende keine Kenntnis hatte und nach Lage der Sache auch keine Kenntnis haben konnte", beeinträchtigt nach Ansicht des OVG die Rechtsgültigkeit des Akts so wenig „wie bei der Ausstellung der Urkunde selbst vorgekommene Irrtümer" [118]).

Allerdings wird man nicht als gleichgültig ansehen können, worauf sich der Irrtum erstreckt. Nicht verpflichtend für den Staat dürfte daher etwa die irrige Erklärung bei der Anstellung eines Beamten sein, das Anfangsgehalt seiner Besoldungsgruppe betrage x M., während es sich in Wahrheit nur auf x–y M. beläuft [119]). Die entgegengesetzte Ansicht würde zu einem Vertrauensschutz des Begünstigten auch in Fällen führen, wo ein solcher weder als berechtigt noch als tragbar anerkannt werden kann [119a]). Auch dürfte schwerlich ein Anlaß vorliegen, bei Zustellung eines begünstigenden Akts an einen falschen Adressaten den letzteren die nicht für ihn bestimmte Rechtsposition erlangen zu lassen, selbst wenn er mit gutem Grunde sich für gemeint

---

[113]) § 157 des BauG von 1904. Entsprechend auch die preußische Praxis und Theorie; SCHOEN (s. VI, Anm. 12), S. 267.

[114]) OVG Bd. 24, 1883, S. 365 unter Berufung auf die unannehmbaren Folgerungen einer etwa entgegengesetzten Ansicht; ferner OVG Bd. 4, 1889, S. 361; Bd. 6, 1890, S. 316.

[115]) JEBENS, A.: Ausschließung und Ablehnung beteiligter Beamten ... in: Preuß. Verwaltungsblatt. Bd. 26, 1904/05, S. 303.

[116]) OVG Bd. 24, 1883, S. 364 ff.

[117]) Daß die Begründung mitunter mehr oder weniger dialektisch ist, ändert daran nichts.

[118]) OVG Bd. 55, 1910, S. 237.

[119]) MÜLLER, FRITZ: Die rechtliche Bedeutung der Willensmängel bei der Beamtenanstellung. Diss. Breslau 1916, S. 60.

[119a]) S. a. § 313 f. ZPO.

hielt [120]). Schließlich müssen von den Fällen unbeachtlichen Ermessensirrtums diejenigen geschieden werden, wo die Begünstigung durch offenkundiges Versehen, wie Verschreiben, Versprechen usw. erfolgte. Warum jemand einen ihm irrtümlich verliehenen Titel oder Orden, auf den er keinerlei Anrecht hat, unwiderruflich soll behalten dürfen, wie KORMANN behauptet [121]), ist schlechterdings nicht einzusehen [122]).

Soweit der Widerruf einer Begünstigung wegen behördlichen Irrtums überhaupt zulässig ist, werden auch hier im Anschluß an die Regelung des § 78 RAbgO die Folgen normalerweise ex nunc zu bestimmen sein.

c) Die durch unlautere Mittel erlangte Begünstigung

Erscheint es billig, denjenigen tunlichst zu schützen, der gutgläubig infolge behördlichen Irrtums eine Rechtsposition erlangte, so entfällt dieser Gesichtspunkt durchaus, falls der Beteiligte [123]) durch unlautere Mittel wie arglistige Täuschung, Drohung, Zwang oder Bestechung die Begünstigung erschlich.

---

[120]) JELLINEK (s. I, Anm. 5), S. 77; TEZNER (s. II, Anm. 75), S. 272 f.; vgl. dagegen KORMANN (s. II, Anm. 2), S. 301 ff.; JOSEF, EUGEN: Willensmängel bei der Beamtenanstellung in: Preuß. Verwaltungsblatt. Bd. 41, 1919/1920, S. 590; MÜLLER (s. IX, Anm. 119), S. 59 und die bei TEZNER genannten Entscheidungen des österreich. Verwaltungsgerichtshofs.

[121]) KORMANN (s. II, Anm. 2), S. 381.

[122]) BRAUN, E.: Die Zurückziehung von Titeln, Orden u. Ehrenzeichen nach dem Verwaltungsrecht Preußens in: Archiv f. öffentl. Recht. Bd. 18, 1901, S. 554 hält Titel, Orden und Ehrenzeichen wegen Unehrenhaftigkeit und im öffentl. Interesse für entziehbar. Vgl. ferner PLEIN: Willensmängel bei der Beamtenanstellung. Diss. Berlin 1921.

[123]) Nicht also ein Dritter ohne Vorwissen des Begünstigten. In diesem Sinne auch die Entscheidung des österreich. Verwaltungsgerichthofs bei TEZNER (s. II, Anm. 75), S. 212; ferner NEUHÄUSER (s. IX, Anm. 54), S. 15; dagegen kann NEUHÄUSERs Ansicht, daß fahrlässiges Nichtkennen dem Vorsatz gleichzustellen sei, als berechtigt nicht anerkannt werden. Denn diese Regelung ist dem Beteiligten gegenüber zu hart und in praxi geeignet, schlechthin den Widerruf bei eigenem Irrtum der Behörde zu ermöglichen. Auch widersprechen NEUHÄUSERs Ansicht fast alle der von ihm herangezogenen Normen und Lehren, können insbesondere diejenigen Bestimmungen, wo aus Gründen öffentlichen Interesses bereits objektive Unrichtigkeit von Nachweisen den Widerruf rechtfertigt, bei der Verschiedenheit der ihnen zugrunde liegenden Idee die Zulässigkeit des Widerrufs wegen Fahrlässigkeit nicht begründen.

Im § 78 der RAbgO wird denn auch eine durch unlautere Mittel, wie Täuschung, Zwang, Bestechung vom Beteiligten veranlaßte, diesen begünstigende Verfügung für ex tunc rücknehmbar erklärt. Nur ex nunc widerruflich ist dagegen ein derartiger Akt, wenn das Vorhandensein tatsächlicher Verhältnisse, die für den Erlaß der Verfügung maßgebend waren, auf Grund unrichtiger oder irreführender Angaben des Beteiligten irrig angenommen wurden. Als Vorbild für obige Regelung der Reichsabgabenordnung diente dabei die badische VO v. 31. August 1884, der zufolge die Behörde, von der eine Bewilligung oder Genehmigung erteilt wurde, berechtigt sein soll, den ergangenen Akt im Falle seiner Erschleichung abzuändern oder ganz aufzuheben. Die gleiche Befugnis wird auch der vorgesetzten höheren Behörde zugesprochen. Unbestimmter als die betreffende Normierung der Reichsabgabenordnung ist jene badische VO insofern, als bei ihr sowohl das Subjekt der Erschleichung wie der Tatbestand der Erschleichung undefiniert bleiben, auch über die Art der Wirkung der Rücknahme sich nichts ausgeführt findet. Ihrem ganzen Aufbau nach erinnern die vorliegenden Bestimmungen der Reichsabgabenordnung an strafrechtliche Normierungen. Wer durch unlautere Mittel Begünstigungen erlangt, kann bestraft werden durch Entziehung derselben, wobei der Grad der Benachteiligung dem Grade des Verschuldens anzupassen ist.

Wenn der Gedanke naheliegt, die obigen Bestimmungen der Reichsabgabenordnung über ihr ursprüngliches Geltungsgebiet hinaus analog anzuwenden, so gründet die Berechtigung hierzu offensichtlich in der Geltung einer Idee. Erschiene es nicht billig, derart erschlichene Begünstigungen stets wieder entziehen zu können, so würde niemand auf den Gedanken verfallen, die Frage darnach überhaupt aufzuwerfen. Wird also hier der Satz aufgestellt, daß durch unlautere Mittel erlangte Begünstigungen stets widerruflich seien, so ward derselbe gewonnen durch Verallgemeinerung einer Rechtsidee, er gründet in der Geltung dieser Idee und mag, insofern er in dieser Allgemeinheit sich nicht kodifiziert findet, immerhin als naturrechtlich bezeichnet werden [124]).

[124]) NEUHÄUSER (s. IX, Anm. 54) sucht den Nachweis eines Instituts amtlicher Anfechtung wegen Erschleichung zunächst auf deduktivem Wege zu erbringen. In Wahrheit hat dies Verfahren wie auch NEUHÄUSERs sog. dritte Methode mit Deduktion nichts zu tun, bedeutet vielmehr die Gewinnung einer Norm aus Wertgesichtspunkten. Im übrigen wird NEUHÄUSER durch das bereits

In aller Deutlichkeit liegt der eben aufgestellte Satz bereits einer der ersten Entscheidungen des OVG zugrunde [125]). Das fragliche Urteil, welches in der Überschrift „Irrtum und Erschleichung" einander gegenüberstellt, behandelt die Zurücknahme einer Erlaubnis zum Schankwirtschaftsbetriebe wegen Unrichtigkeit der Nachweise, auf Grund deren dieselbe erteilt wurde. Die Klage des Amtsvorstehers, dem Beklagten die Konzession als erschlichen zu entziehen, wird abgewiesen. Denn, wie das OVG ausführt, sind „dem Kreisausschusse ... diejenigen Tatsachen wohl bekannt gewesen, von welchen die Beurteilung des Konzessionsgesuchs abhing; er ist wenigstens in Beziehung auf diejenigen Umstände, welche für seine Entschließung bestimmend sein konnten, nicht durch nunmehr als unrichtig erkannte Nachweise zu falschen Voraussetzungen veranlaßt worden, und selbst wenn bei Ausstellung der Konzessionsurkunde ein Irrtum vorgekommen sein sollte, so konnte dies doch dem Beklagten nicht zum Nachteil gereichen".

Andererseits kann dem OVG nicht zugestimmt werden, wo es das grundsätzlich von ihm anerkannte Prinzip des Widerrufes erschlichener Akte an dem Formalcharakter der Naturalisation seine Grenze finden läßt [126]). Auch dürfte das OVG in einer neuen Entscheidung seinen alten Standpunkt kaum aufrecht erhalten, da es andernfalls die erschlichene Naturalisation mit stärkeren Sicherungen umgeben

---

gewonnene Prinzip dazu verleitet, sein Institut der Täuschungsanfechtung bei Fortsetzung der Untersuchung auf induktivem Wege überall zu entdecken. Tatsächlich findet es sich so in keiner einzigen der angezogenen Gesetzesstellen normiert. Zu seinen Ergebnissen gelangt NEUHÄUSER im wesentlichen entgegen einem „einseitig-positivistischen Standpunkt" (S. 50, 34) durch „Zweckmäßigkeitsmomente und ruhige Interessenabwägung" (S. 86). Insbesondere spielt der zugrunde gelegte Rechtsgeschäftsbegriff praktisch bei NEUHÄUSER kaum eine Rolle.

[125]) OVG Bd. 4, 1889, S. 293 v. 13. Mai 1878. Auch wird Bd. 55, 1910, S. 264 die Entziehung einer durch Täuschung erlangten Genehmigung als fraglos zulässig hingestellt. – Erscheint es billig, erschlichene Begünstigungen widerrufen zu können, dann müssen offenbar entsprechend auch arglistig entzogene Begünstigungen ungültig sein. Tatsächlich vertritt das RG.Z. Bd. 81, 1913, S. 107 ff. diese Ansicht, wenn es den Pensionsanspruch eines Beamten anerkennt, dem bei eingetretener Dienstunfähigkeit nur darum gekündigt wurde, um ihm den Anspruch auf Pension abzuschneiden. Vgl. auch BRAND, A.: Das Beamtenrecht. Berlin 1914, S. 37.

[126]) OVG Bd. 13, 1887, S. 408 ff.; Bd. 27, 1895, S. 410 ff.; Bd. 55, 1910, S. 235 ff.

würde, als diese nach Ansicht des RG dem Urbild aller Formalakte, dem gerichtlichen Urteil zukommen[127]). Gerade diese Stellung des RG und der seiner Ansicht im Ergebnis zustimmenden Literatur ist geeignet, den hier aufgestellten, in der Rechtsgeltung einer Idee gründenden Satz von der Widerruflichkeit erschlichener Begünstigungen zu stützen. Als Rechtsmittel zur Beseitigung arglistig erschlichener rechtskräftiger Urteile[128]) wird von der ZPO in gewissen Grenzen die Restitutionsklage gewährt. Keineswegs aber ist damit in allen Fällen arglistiger Urteilserschleichung die Möglichkeit der Restitutionsklage gegeben. Denn weder trifft notwendig einer der sieben Restitutionsgründe des § 580 zu, noch ist der Geschädigte stets in der Lage, binnen der fünfjährigen Frist Klage zu erheben[129]). Auch liegen nicht immer die Voraussetzungen des § 581 ZPO vor, die ein vorgängiges rechtskräftiges Strafurteil gegen den arglistig Handelnden verlangt. Es ist bezeichnend, daß das RG, welches über den Umfang der Restitutionsklage hinaus eine Klage aus § 826 BGB bei Erschleichung des Urteils gibt, eine eigentliche Begründung hierfür nicht hat finden können. Denn gerade weil aus Gründen der Gerechtigkeit und nicht getrieben durch den Zwang der Logik der oberste Gerichtshof zu seiner Stellungnahme kam, ist er bei dem Versuch, sie mit den herkömmlichen Mitteln aus dem Gesetz abzuleiten, über Widersprüche und Zirkelschlüsse nicht hinausgekommen[130]). Auch

---

[127]) Vgl. zum folgenden NATHAN, HANS: Die arglistige Erschleichung eines Urteils. Diss. Breslau 1922 wie IX, 2. b) vorliegender Arbeit.

[128]) Gedacht ist hier nur an den wichtigsten Fall, daß ein Urteil durch Arglist, etwa Vorlegung falscher Urkunden, zu einem unrichtigen gemacht wurde. Die arglistige Vollstreckung eines unrichtigen, aber ordnungsgemäß zustande gekommenen Urteils wie die Erschleichung der Rechtskraft fallen daher aus. Vgl. dazu NATHAN: a.a.O. S. 32; FRIEDRICHS (s. II, Anm. 77), S. 1012 ff.

[129]) RG.Z. Bd. 61, 1906, S. 359 ff. behandelt den Fall, wo jemand eine völlig unbegründete Klage gegen eine im Ausland befindliche Person, deren Adresse er genau kannte, durch öffentliche Zustellung erhob. Wie vorausgesehen, erfuhr der Beklagte weder etwas davon, noch kehrte er vor Ablauf der Restitutionsfrist zurück.

[130]) So soll RG.Z. Bd. 46, 1901, S. 75 ff. die Rechtskraft dem fundamentalen Satz, nach welchem vorsätzliche Rechtsverletzung zum Ersatz des daraus entstehenden Schadens verpflichte, weichen und wiederum nicht weichen. In Bd. 61, 1906, S. 359 ff. dagegen, auf welches Urteil sich alle späteren beziehen, ist zwar von einem Zessieren der Rechtskraft die Rede, wird aber § 826 gleichzeitig als Grund und Folge hierfür hingestellt.

laufen sämtliche Versuche der Theorie, die im Ergebnis den Standpunkt des RG billigen, insoweit irgendwo in die Irre [131]), als sie in logischer Weise dies Ergebnis ableiten wollen. Dagegen stützen DERNBURG, HEIM, STAMMLER, FÖRSTER-KANN, SAUER, BELING und REICHEL [132]), die ebenfalls der Entscheidung des RG zustimmen, sich unter Verzicht auf haltlose Konstruktionen letzten Endes auf die Idee der Gerechtigkeit, welche das Zurücktreten des Vergewisserungszwecks dort fordert, wo es unbegründet, ja geradezu unsittlich wäre, an ihm festzuhalten. Gelangt demgegenüber HELLWIG [133]) zu dem Ergebnis, daß rebus judicatis standum est, so wird damit die Rechtskraft zum absoluten Wert erhoben, eine Ansicht, welche als billigenswert schwerlich einleuchten dürfte [134]).

Erwies sich, wie eben gezeigt, die Idee der Gerechtigkeit als stark genug, bei flagranter Verletzung selbst die Rechtskraft des Urteils zu sprengen, so liegt erst recht kein Anlaß vor, in solchem Fall etwa die durch Drohung, Zwang oder arglistige Täuschung erschlichene Naturalisation oder Beamtenanstellung mit chinesischer Mauer zu schützen [135]). Ja, von ausländischen Rechten verpflichtet das amerikanische Naturalisationsgesetz die zuständigen Behörden geradezu, für Außer-

---

[131]) Vgl. dazu im einzelnen NATHAN (s. IX, Anm. 127), S. 46 ff.

[132]) Die fraglichen Literaturnachweise bei NATHAN: a.a.O.

[133]) HELLWIG, KONRAD: System d. deutschen Zivilprozeßrechts. Bd. 1. Leipzig 1912, S. 786.

[134]) Dem Einwand, daß aus den Vorschriften über das Wiederaufnahmeverfahren sich per argumentum e contrario die Unzulässigkeit einer so verallgemeinernden Actio doli ergäbe, kann mit derselben logischen Berechtigung die Behauptung zulässiger Analogie entgegengesetzt werden. Stützt man sich dagegen auf den Wertgesichtspunkt der Rechtsvergewisserung, so gilt das oben Ausgeführte. Daß nicht in jedem Falle das Prinzip der Rechtskraft zurücktreten darf, vielmehr nur dort, wo es ersichtlich den minderen Wert darstellt, wurde schon hervorgehoben.

[135]) So bringen auch weder SEYDEL, MAX: Die deutsche Reichs- und Staatsangehörigkeit in: Annalen des Deutschen Reichs. Hrsg. von Hirth. Leipzig 1876. S. 139 noch BUCERIUS: Aus der Rechtsprechung des Reichsgerichts in: Preuß. Verwaltungsblatt. Bd. 39, 1917/18, S. 251 f. noch JOSEF (s. IX, Anm. 120), S. 590 für ihre gegenteilige Ansicht eine eigentliche Begründung. Das Urteil des OVG legt KELLER, FRITZ u. PAUL TRAUTMANN: Kommentar zum Reichs- und Staatsangehörigkeitsgesetz. München 1914, S. 216 zugrunde. Wenig überzeugende Ausführungen bei ELSNER, GERHARD: Die Fehlerhaftigkeit des Staatsakts bei der Entlassung aus dem Staatsverbande. Diss. Breslau 1923, der S. 68 selbst den Widerruf einer fehlerhaften Entlassung wegen deren Formalcharakters für unzulässig erklärt.

kraftsetzung betrügerisch erlangter Bürgerbriefe zu sorgen [136]). Auch in der Literatur ist die Ansicht weit verbreitet, daß Akte, deren Herbeiführung durch unlautere Mittel erfolgte, anfechtbar seien, wobei allerdings Formalakte mitunter ausgenommen werden [137]). Soweit der durch unlautere Mittel herbeigeführte Zustand an sich gesetzwidrig ist und dadurch der Widerruf der Begünstigung gerechtfertigt und geboten erscheint, spielt der Widerruf wegen Erschleichung naturgemäß keine selbständige Rolle. Auch läßt sich die Ansicht vertreten [138]), daß insbesondere bei der erschlichenen Beamtenanstellung die Entlassung des Beteiligten im Disziplinarwege wohl stets zulässig sei, es daher einer besonderen Anfechtung nicht bedürfe. Aber abgesehen davon, daß wenigstens nach preußischem Recht [139]) eine Entlassung grundsätzlich nur wegen unwürdigen Verhaltens im Amte gestattet ist [140]), liegt wohl kein Anlaß vor, das generell angenommene Institut des Widerrufs wegen Erschleichung dort auszuschließen, wo möglicherweise auf Umwegen ein ähnliches Ergebnis [141]) sich erreichen läßt. Die Folgen des Widerrufs durch unlautere Mittel erlangter Begünstigungen werden entsprechend § 78 der RAbgO ex tunc zu bestimmen

[136]) Hartmann: Die Rechtswirkungen d. Kassation ausl. Naturalisationsurkunden in: Annalen f. das Deutsche Reich. Hrsg. v. Hirth. Bd. 50, 1917, S. 784; entsprechend die Schweizer Praxis nach Fleiner (s. II, Anm. 69), S. 199, Anm. 17.

[137]) Bezüglich der erschlichenen Naturalisation weist schon Landgraff, Theodor: Die Einwanderung der Prinzessin Bauffremont in: Annalen d. Deutschen Reichs. Hrsg. v. Hirth. 1876, S. 1029 auf die Unbilligkeit des nur formalen Standpunktes hin. Widerruf bei jeder arglistigen Beeinflussung nimmt Jellinek (s. I, Anm. 5), S. 159 an. Vgl. ferner Loening (s. IX, Anm. 22), S. 245; Mayer (s. II, Anm. 72), S. 306; Kormann (s. II, Anm. 2), S. 298 ff.; Scholz (s. IX, Anm. 107), S. 227; Alexander-Katz (s. I, Anm. 2); Vogels (s. IX, Anm. 75), S. 263 ff.; Fleiner (s. II, Anm. 69), S. 198; Schoen (s. VI, Anm. 12), S. 268, der allerdings Formalakte für unwiderruflich hält und hier die Naturalisation nennt und vor allem Neuhäuser (s. IX, Anm. 54); s. auch RG.Z. Bd.83, 1914, S. 433; Bd. 96, 1919, S. 240. Im Falle von Schiebungen beim Wohnungstausch widerrufen die Berliner Wohnungsämter die Tauschgenehmigung. Körner, Walter u. Margarete Hoffmann: Wie arbeitet das Wohnungsamt? Berlin 1923, S. 36.

[138]) Dies tut neuestens Müller (s. IX, Anm. 119), S. 64 ff.

[139]) Anders Bad. BeamtenG § 84.

[140]) Allerdings legt der Disziplinarhof die betreffenden Normen extentiv aus; vgl. Dultzig, Eugen von: Das preußische Disziplinargesetz f. die nichtrichterlichen Beamten. Berlin 1914, S. 45.

[141]) Entlassung im Disziplinarverfahren hätte nur Folgen ex nunc.

sein, falls dies der Schwere der Verfehlung entspricht. Inzwischen ordnungsmäßig ergangene Amtshandlungen müssen dagegen aus Gründen der Verkehrssicherheit als gültig anerkannt werden [142]).

Zu behandeln bleibt noch der Fall, daß als Objekt der unlauteren Einwirkung nicht ein einzelner, sondern ein Kollegium in Frage kam. Hier erscheint es billig, den Widerruf der Begünstigung selbst dann zuzulassen, wenn auch nur ein Mitglied des Kollegiums etwa bestochen wurde und dessen Stimme bei der Entscheidung nicht den Ausschlag gab. Dagegen wird der Irrtum einzelner Mitglieder des Kollegiums den Widerruf einer Begünstigung nur dann rechtfertigen können, falls jene irrig abgegebenen Stimmen quantitativ oder qualitativ [143]), tatsächlich oder möglicherweise das Ergebnis der Abstimmung entscheidend beeinflußten [144]).

Hervorgehoben sei bei dieser Gelegenheit, daß nach heutigem Völkerrecht Zwang [145]), Drohung oder Täuschung die Geltung völkerrechtlicher Verträge nicht beeinträchtigen, soweit sich die unlautere Einwirkung nicht gegen das ratifizierende oder verhandelnde Organ als solches richtet [146]). Dabei kann der Grund für diese Tatsache allein in dem sittlichen Tiefstand des Völkerrechts gesehen werden, der es als zur Zeit noch zwecklos erscheinen läßt, hier Rechtsideen zugrunde zu legen, an deren innerstaatlicher Geltung kaum jemand zweifelt [147]). Immerhin werden auch im Völkerrecht von einer Anzahl Autoren

---

[142]) Im Falle des falschen Bürgermeisters von Köslin wurden die unter dem Vorsitz des Betrügers ergangenen Entscheidungen des Gewerbegerichts durchweg als gültig angesehen. GALIENKAMP: Der falsche zweite Bürgermeister von Köslin in: Deutsche Juristenzeitung. Bd. 19, 1914, Sp. 884 f.; HACHENBURG: Juristische Rundschau in: Deutsche Juristenzeitung. Bd. 19, 1914, Sp. 677; BUCHKA: Der falsche zweite Bürgermeister von Köslin in: Deutsche Juristenzeitung. Bd. 19, 1914, Sp. 851, der seinerseits KOHLER zitiert. Vgl. insbesondere auch NEUHÄUSER (s. IX, Anm. 54); ferner MÜLLER (s. IX, Anm. 119), S. 51; PLEIN (s. IX, Anm. 122), S. 109.

[143]) Etwa der Irrtum eines Referenten, dessen Votum einem Kollegialbeschluß zugrunde gelegt wird.

[144]) PLEIN: a.a.O. S. 92 ff. Vgl. auch die entsprechende Praxis bei der Prüfung von Wahlen S. 78 der Arbeit. Ferner GIESSNER (s. IX, Anm. 77), S. 61.

[145]) GROSCH, GEORG: Der Zwang im Völkerrecht. Breslau 1912.

[146]) Vgl. dazu insbesondere SCHLIFFKE, WALTER: Die Bedeutung von Willensmängeln beim Abschluß völkerrechtl. Verträge. Diss. Königsberg 1922.

[147]) Die Rechtsgeltung innerstaatlicher Ideen überträgt aufs Völkerrecht BELING: Versailler Frieden u. deutsche Rechtspflege in: Festgabe f. Otto Liebmann. Berlin 1920, S. 16. Dagegen SCHLIFFKE: a.a.O. S. 69.

Verträge als nichtig angesehen, die allgemein anerkannten Kulturwerten völlig zuwiderlaufen. Für ungültig erklärt so BLUNTSCHLI [148]) die Rechtloserklärung der Fremden, Glaubensverfolgungen, Sklavereiverträge und gewaltsame Unterdrückung eines lebensfähigen Staates. Und weniger kasuistisch hält HALLEK Verträge, die aller Gerechtigkeit und allen Menschenrechten Hohn sprechen, für nichtig [149]). Als nichtig werden aber auch im Verwaltungsrecht Begünstigungen anzusehen sein, bei denen, wie im Falle der vis absoluta, von einer bloßen Beeinträchtigung der Willensfreiheit nicht mehr gesprochen werden kann. Dagegen wird man andererseits sagen dürfen, daß der Widerruf einer fehlerhaften, gutgläubig erlangten Begünstigung, den das öffentliche Interesse nicht dringend fordert, falls überhaupt, nur innerhalb angemessener Frist seit Kenntnis des Mangels erfolgen darf [150]).

X. Das Verfahren teleologischer Rechtsauslegung im Sinne vorliegender Arbeit und der Methodenstreit der Rechtswissenschaft

Im Jahre 1891 stellt G. RÜMELIN [1]) in seiner Freiburger Rektoratsrede fest, daß allgemein die Ansicht verbreitet sei, die Rechtsauslegung bedeute einen logischen Prozeß. Wenn RÜMELIN demgegenüber die Unsicherheit der Auslegung hervorhebt und diese auf Verschiedenheiten der Werturteile zurückführt, so ist er sich eigentlicher Vorgänger nicht bewußt [2]). In seiner Tübinger Rektoratsrede [3]) vom Jahre 1920 erklärt M. RÜMELIN dagegen, daß neuerdings immer mehr die Erkenntnis Platz greife, wie groß die Zahl der Fälle sei, in denen

---

[148]) BLUNTSCHLI, J. C.: Das moderne Völkerrecht. 3. Aufl. Nördlingen 1878, S. 237 ff.; SCHLIFFKE (s. IX, Anm. 146), S. 95.

[149]) SCHLIFFKE: a.a.O.

[150]) Ähnlich TEZNER (s. II, Anm. 75), S. 212, der „Zurückstellung des Formalismus hinter den Gesichtspunkt der Zweckmäßigkeit" fordert. Vgl. auch OVG Bd. 5, 1890, S. 20 ff. In Anlehnung an das Privatrecht fordert PLEIN (s. IX, Anm. 122), S. 114 ff. bei Irrtum unverzügliche, bei arglistiger Täuschung, widerrechtlicher Bedrohung und Bestechung Anfechtung in angemessener Frist. Dagegen nimmt KORMANN (s. II, Anm. 2), S. 314 unbefristetes Anfechtungsrecht an.

[1]) RÜMELIN, GUSTAV: Werturteile u. Willensentscheidungen im Civilrecht. 2. Aufl. Freiburg 1912.

[2]) RÜMELIN: a.a.O. S. 29.

[3]) RÜMELIN, M.: Die Gerechtigkeit. Rektoratsrede. Tüb. 1920, S. 11.

unmittelbar dem Gesetz eine Antwort nicht entnommen werden könne. Wesentlich in das Menschenalter zwischen diesen Jahren fällt der große Methodenstreit der Rechtswissenschaft.

Diesen Methodenstreit in ganzer Breite zu entfalten, bietet vorliegende Untersuchung weder Raum noch Anlaß. Insofern aber das Spezialproblem des fehlerhaften Staatsakts sich rein logischer Behandlung unzugänglich erwies, erscheint es geboten, dem hierbei am Einzelfall herausgewachsenen Verfahren wenigstens grundsätzlich seinen juristischen Ort anzuweisen. Wie früher ausgeführt, bedeutet nach hier vertretener Ansicht der Wille des Gesetzgebers eine Idee, der diejenige Rechtsauslegung jeweils entspricht, welche aus irgendwelchen Gründen als wertvollste sich darstellt. Eine Ansicht, die jedenfalls mit dem ursprünglichen *Programm* des Rechtspositivismus unvereinbar ist. Denn die Einführung des Wertes als Richtpunkt der Rechtsfindung widerspricht durchaus der Stellung, welche der Rechtspositivismus gemäß dem Prinzip der Dreiteilung der Gewalten dem Richter anweist[4]). Da nämlich nach Ansicht des Rechtspositivismus die richterliche Gewalt derart der Legislative unterworfen ist, daß jede Freiheit bei der Rechtsanwendung grundsätzlich entfällt, müssen aus diesem in sich logisch geschlossenen, lückenlosen System alle Wertgesichtspunkte, die im Gesetz selbst nicht ihren klaren Ausdruck finden, als normtranszendent verwiesen werden[5]). Aus demselben Grunde kommt aber auch dem Tatbestand eine selbständige Bedeutung nicht zu[6]). Vielmehr fordert die vorausgesetzte Möglichkeit, stets eine Entscheidung der positiven Norm entnehmen zu können[7]), geradezu ein logisch deduktives Verfahren der Rechtsauslegung. Andererseits wiederum liegt die Norm, vom Standpunkt des Auslegenden betrachtet, zeitlich zurück, weswegen ihre historisch-philologische Erfassung, zumal unter der Herrschaft des gemeinen Rechts, erforderlich scheint.

---

[4]) Radbruch, Gustav: Rechtswissenschaft als Rechtsschöpfung in: Archiv f. Sozialwissenschaft u. Sozialpolitik. Tüb. Bd. 22, 1906, S. 305 ff. Stampe, Ernst: Die Freirechtsbewegung. Berlin 1921, S. 8 ff. Über die Art, in welcher man die Gewaltenteilungslehre logisch auszudeuten sucht, wie über die sich hierbei ergebenden Antinomien s. v. Hippel (s. VI, Anm. 30), S. 86 ff.

[5]) Laband, Paul: Arch. öff. R. 2, S. 317.

[6]) Kantorowicz, Herm.: Rechtswissenschaft u. Soziologie. Tüb. 1911, S. 278; Ehrlich, Eugen: Die juristische Logik. Tüb. 1918, S. 193.

[7]) Vgl. die eigentümliche Formulierung dieses Gedankens bei Bergbohm (s. VI, Anm. 15), S. 381.

Wurde aber der Wertgedanke so für normtranszendent erklärt, nur für den Gesetzgeber, nicht für den Richter von Bedeutung, so sprengte doch in Wahrheit von vornherein die stets anerkannte Notwendigkeit und Zulässigkeit von Analogie und argumentum e contrario das logische System. Da im übrigen der Rechtspositivismus, zum mindesten in der Mehrzahl seiner Vertreter, so gut wie die neuere Richtung dem Leben dienen wollte [8]), bestand von Anfang an eine Spannung zwischen Methode und Ziel. Die tatsächliche Unmöglichkeit logischer Rechtsauslegung schließlich forderte und begünstigte jene dem Positivismus eigentümlichen Verfahrensarten, die unter sich äußerst verschieden nur insofern zusammengehören, als sie dem Programm des Positivismus entsprechend ateleologisch sind. Von diesen Verfahrensarten seien hier wenigstens diejenigen angegeben, welche im Laufe vorliegender Untersuchung sich als für die Behandlung des fehlerhaften Staatsakts bedeutungsvoll ergaben. Es begegnete da zunächst jene von JHERING als naturhistorisch, von BAUMGARTEN [9]) als Transponierungsverfahren bezeichnete Methode, welche in einer Verkörperlichung von Rechtsbegriffen besteht. Es entspricht dieser Methode, wenn das Institut der Nichtigkeit, das die Verweigerung von Rechtsfolgen auf Grund verschiedenartiger Wertgesichtspunkte bezweckt, in seinen rechtlichen Beziehungen den ontologischen Möglichkeiten toter Körper angeglichen wird [10]). Nahe dem Transponierungsverfahren steht weiter die Gleichsetzung von Rechtsbegriffen mit solchen der Naturwissenschaften, demzufolge etwa der juristische Begriff der Willenserklärung mit dem psychologischen vertauscht [11]) oder aus einer Einteilung nach naturwissenschaftlichen

---

[8]) So erklärt WINDSCHEID, BERNHARD: Die Aufgaben der Rechtswissenschaft. Rektoratsrede v. 31. Okt. 1884 in: Windscheid: Gesammelte Reden und Abhandlungen. Hrsg. von Paul Oertmann. Leipzig 1904, S. 109: „Wir wissen, daß die Rechtswissenschaft dazu da ist, um mitzuwirken, daß ein Recht vorhanden sei und ein Recht gesprochen werde, welches menschliche Interessen und Bedürfnisse, wie sie nun zu dieser Zeit an diesem Ort begriffen werden, zu befriedigen imstande ist."

[9]) BAUMGARTEN (s. I, Anm. 1), Bd. 1, S. 379.

[10]) Siehe II der Arbeit.

[11]) Siehe III der Arbeit. Der rechtliche Psychologismus fand übrigens seine Wurzel in der zeitgenössischen Philosophie, einen gewissen Anhalt an der weitverbreiteten und viel zitierten Logik SIGWARTS.

Gesichtspunkten [12]) rechtliche Folgerungen gezogen werden. Es gehört weiter hierher das von HECK als Inversionsmethode bezeichnete Verfahren [13]), welches in einer Verselbständigung und normativen Verwendung von Abstraktionsbegriffen besteht. So sollen etwa im öffentlichen Recht die Normen über Rechtsgeschäfte darum anwendbar sein, weil es die als Rechtsgeschäfte bezeichneten Tatbestände angeblich auch im öffentlichen Recht gibt [14]). Da ferner die naturwissenschaftliche Bildung von Rechtsbegriffen am zu subsumierenden Tatbestand eben diese Merkmale zu entdecken fordert [14a]), wird etwa die nach teleologischen Gesichtspunkten erfolgende Scheidung der Rechtsgeschäfte von den Rechtshandlungen nach psychologischen Anzeichen vorgenommen, die in Wahrheit gar nicht vorhanden sind [15]). Schließlich tritt hinzu jenes von den Gegnern als scholastische Dialektik [16]) bezeichnete Verfahren, welches wiederum mannigfach verschieden seinem Kern nach in dem Versuch besteht, Entscheidungen, die sich nur teleologisch einleuchtend machen lassen, als logisch abgeleitet zu erweisen [17]).

---

[12]) Siehe IV der Arbeit. Hierher gehört auch die Verwandlung des rechtlichen Grund-Folgeverhältnisses in ein Verhältnis von Ursache und Wirkung, wie ferner die Gleichsetzung praktischer und rechtlicher „Unmöglichkeit“ durch KORMANN. Ersteres ist etwa dort der Fall, wo statt von Rechtsfolgen von Rechtswirkungen gesprochen wird und die Unerwünschtheit von Rechtsfolgen ex tunc mit der Unmöglichkeit, den Kausalzusammenhang umzukehren, begründet wird. So z. B. SULSER (s. III, Anm. 14), S. 20 unter Berufung auf TUHR.

[13]) HECK, PHILIPP: Das Problem der Rechtsgewinnung. Tübingen 1912, S. 14 ff.; BAUMGARTEN (s. I, Anm. 1), S. 395.

[14]) So etwa VOGELS (s. IX, Anm. 75), S. 249. Gegen dies Abstraktionsverfahren vgl. HECK: Was ist diejenige Begriffsjurisprudenz, die wir bekämpfen? in: Deutsche Juristenzeitung. 1909, Sp. 1458; EHRLICH (s. X, Anm. 6), S. 245 ff.; SCHWIND, ERNST VON: Schuld und Haftung im geltenden Rechte ... in: Iherings Jahrbücher. F. 2, Bd. 32, Jena 1919, S. 7; KAUFMANN, FELIX: Logik und Rechtswissenschaft. Tübingen 1922, S. 51 ff.

[14a]) In dieser Richtung liegt, was STAMPE (s. X, Anm. 4), S. 17 ff. über Falschsubsumption und Tatbestandsfiktion ausführt.

[15]) Siehe III der Arbeit.

[16]) Vgl. etwa GMELIN, JOH. GEORG: Quousque? Hannover 1910.

[17]) Siehe V der Arbeit. EHRLICH: a.a.O. S. 299. Hierher gehört auch das Verfahren von JELLINEK, GEORG: Die Lehre von den Staatenverbindungen. Wien 1882, S. 34 ff., aus dem *Begriff* der Souveränität ein *Recht* der Souveränität zu schließen. Vgl. auch dagegen NELSON, LEONARD: Die Rechtswissenschaft ohne Recht. Leipzig 1917, S. 57 ff.

Die Herausstellung des Zweckmoments durch JHERING wie die Bekämpfung der subjektiven durch die objektive Theorie der Rechtsauslegung bedeuten den ersten Vorstoß gegen den logischen wie den historischen Zweig des Rechtspositivismus. Die Zerstörung des Glaubens an die Lückenlosigkeit des Rechts durch JUNG [18]), EHRLICH [19]) und ZITELMANN [20]) hat den Rechtspositivismus in seiner alten Form wenigstens theoretisch aufgehoben. Denn mit dem Nachweis, daß, wenn überhaupt, doch nur in gewissen Grenzen eine logische Ableitung der Entscheidung möglich sei [21]), fiel der Rechtspositivismus selbst, dessen Rückgrat eben diese widerlegte Annahme bildet [22]).

---

[18]) JUNG, ERICH: Die logische Geschlossenheit des Rechts in: Festgabe d. Gießener jurist. Fakultät f. Heinrich Dernburg. Berlin 1900.

[19]) EHRLICH, EUGEN: Freie Rechtsfindung u. freie Rechtswissenschaft. Leipzig 1903.

[20]) ZITELMANN, ERNST: Lücken im Recht. Leipzig 1903. Literatur über das Lückenproblem bei HECK, PHILIPP: Gesetzesauslegung und Interessenjurisprudenz. Tübingen 1914, S. 157 und SOMLO, FELIX: Juristische Grundlehre. Leipzig 1917, S. 403 ff. Eine Behandlung desselben vom Boden ZITELMANNS aus durch HERRFAHRDT, HEINRICH: Lücken im Recht. Diss. Bonn 1915.

[21]) Da die Rechtsbegriffe keine Zahlen seien, könne die Auslegung nach ihnen nicht errechnet, sondern nur durch Würdigung der im Rechtssatz und Tatbestand vorliegenden Werte vollzogen werden, erklärt HUBER, EUGEN: in: Zeitschrift f. Rechtswissenschaft. Dorpat 1921, S. 290 ff. Die Notwendigkeit, auch beim Schweigen des Gesetzes zu entscheiden, kann allerdings nicht logisch nachgewiesen werden (SOMLO: S. 399 ff.), bildet aber ein Grundaxiom auch des Rechtspositivismus.

[22]) Eine Kritik des staatsrechtlichen Positivismus gibt neuestens LAUN, RUDOLF: Staatsrechtslehrer u. Politik in: Archiv f. öffentl. Recht. Bd. 43, 1922, S. 145 ff. So sehr derselben grundsätzlich hier zugestimmt wird, kann doch die anscheinend von LAUN vertretene Ansicht der objektiven Gleichwertigkeit aller Werturteile als richtig und letztmöglicher Standpunkt nicht anerkannt werden. Insbesondere gründet die Geltung einer Rechtsauslegung nicht in einem subjektiven Werturteil, sondern in der Rechtsgeltung objektiver Werte, die ihrerseits erst dem subjektiven Werturteil Berechtigung geben können. Dies wird auch dadurch nicht anders, daß es nicht selten unmöglich ist, eine Auslegung als wertvollere zu erkennen oder einleuchtend zu machen, namentlich wegen der Schwierigkeit richtiger Tatsachenbewertung. An dem Streben nach strenger Wissenschaftlichkeit, das stets gefordert zu haben eines der Hauptverdienste des Rechtspositivismus darstellt, muß vielmehr auch den Wertproblemen gegenüber unbedingt festgehalten werden. Dann aber steht das subjektive Werturteil am Anfang und nicht am Ziel des neuen Weges. Unbegründet ist, wenn: Prolegomena zur Rechtsphilosophie. Allgemeiner Umriß einer Rechtstheorie von einem Landsturmmann. 1915, S. 23 aus der Erkenntnis durch ein Subjekt auf die Subjektivität der Erkenntnis geschlossen wird.

Hatte schon G. RÜMELIN[23]) betont, daß der Analogie Werturteile zugrunde liegen, so wurde nunmehr von Praktikerseite energisch die tatsächliche Unmöglichkeit des Subsumptionsverfahrens festgestellt[24]). Man wies darauf hin, daß auch im Begriffshimmel keine Objektivität herrsche[25]), im Gegenteil Neigung zur Eigenmacht und willkürlichen Gesetzesänderung[26]), und man entdeckte weiter, wie in Wahrheit ein teleologisches Verfahren sich unter pseudologischem Gewande verberge[27]). Schließlich bekämpfte man die philologische Methode und den Historismus der alten Schule[28]).

Dem Kern dieser Kritik hat der Rechtspositivismus ernsthafte Argumente nicht entgegenzustellen vermocht. Zwar wehrten sich seine Vertreter mit Recht gegen formelle und materielle Übertreibungen der Reformer[29]), betonten die Bedeutung wissenschaftlicher Begriffe

---

[23]) RÜMELIN (s. X, Anm. 1), S. 39.

[24]) GMELIN (s. X, Anm. 16). Ein Praktiker wie TEZNER (s. I, Anm. 1), S. 19 bezeichnet die Ansicht, daß der Richterspruch eine logisch-exakte Subsumption des Einzelfalles unter das Gesetz sei, als Köhlerglauben. Nicht ein Kampf um die Schlußformeln der Logik, sondern um Ideen spiele sich in den Beratungen ab, und herrschend sei die Persönlichkeit des großen autoritativen Richters. MEZGER, EDMUND: Sein und Sollen im Recht. Tüb. 1920, S. 106 hält sogar Ausschluß der Eigenwertung des Richters aus logischen Gründen für unmöglich. Im Anschluß an Gedanken BÜLOWs hebt RUMPF, MAX: Gesetz und Richter. Berlin 1906 die schöpferische Tätigkeit der Rechtsprechung hervor. Über das nichts weniger wie logische Verfahren der Rechtsauslegung in Frankreich vgl. etwa PERREAU, E. HIPP.: Technique de la jurisprudence dans l'élaboration du droit privé. Bd. 1. Paris 1923, S. 28 ff.

[25]) STAMPE, ERNST: Unsere Rechts- u. Begriffsbildung. Greifswald 1907, S. 37; GMELIN (s. X, Anm. 16), S. 6. Vgl. ferner MÜLLER-ERZBACH, RUDOLF: Die Relativität der Begriffe und ihre Begrenzung durch den Zweck des Gesetzes. Jena 1913.

[26]) STAMPE (s. X, Anm. 4), S. 13 ff.

[27]) Ein von FUCHS als kryptosoziologische Methode bezeichnetes Verfahren.

[28]) FUCHS, E.: Die Gemeinschädlichkeit der konstruktiven Jurisprudenz. Karlsruhe 1909, S. 8. WIELAND, KARL: Die historische u. die kritische Methode in der Rechtswissenschaft. Leipzig 1910.

[29]) UNGER, J.: Kampf um die Rechtswissenschaft in: Deutsche Juristenzeitung. 1906, Sp. 781 ff.; BÜLOW, O. u. KLEIN: Verhältnis der Rechtsprechung zum Gesetzesrecht in: Das Recht. Hannover 1906, Sp. 769 ff., 916 ff.; MITTEIS, L.: Freirechtslehre u. Juristenzunft in: Deutsche Juristenzeitung. 1909, Sp. 1038 ff.

überhaupt [30]) wie der Rechtsbegriffe insbesondere [31]) und wiesen auf unbestreitbare Unklarheiten der gegnerischen Stellung hin [32]). Soweit man im übrigen aber, nicht ganz ohne Grund [33]), erklärte, niemals derart verfahren zu sein, wie die neue Richtung es darstellte [34]), gab man damit bereits implicite das positivistische Programm preis und stellte sich auf den Boden der Gegner [35]). Völlig auf diesem Boden spielt sich bereits der nunmehr entbrennende Kampf um die Art der Bindung des Richters an die Norm ab. Denn wenn etwa die „Freirechtlerei auch wider das Gesetz" von BIERLING [36]) abgelehnt wird, durch den Hinweis auf die chaotischen Zustände, zu welchen ihre Zulassung führen müsse, so stützt sich BIERLING hierbei auf einen Wert, dessen Geltung im übrigen auch die Reformer grundsätzlich stets anerkannt haben [37]).

[30]) HÖLDER, E.: Ist der Handlungsunfähige ein Subjekt rechtl. Macht? in: Deutsche Juristenzeitung. 1909, Sp. 1026 ff. Dagegen FUCHS, E.: Soziologische Rechtslehre in: Deutsche Juristenzeitung. 1910, S. 283 mit der Erklärung, den Wert wissenschaftlicher Begriffsbildung keineswegs anzuzweifeln.

[31]) SOHM, R.: Begriffsjurisprudenz in: Deutsche Juristenzeitung. 1909, Sp. 1021. Mit Recht bemerkt HECK (s. X, Anm. 14), Sp. 1457 ff., daß auch die Reformer die Bedeutung der Rechtsbegriffe gar nicht bestritten.

[32]) VIERHAUS, F.: Freirechtsschule in der heutigen Rechtspflege in: Deutsche Juristenzeitung. 1909, Sp. 1175, der es aber für möglich hält, den Rechtsbegriff gleichsam auf das Tatbestandsbild zu legen.

[33]) Über die Art, in der bereits BARTOLUS verfuhr, vgl. FLAVIUS, GNAEUS: Der Kampf um die Rechtswissenschaft. Heidelberg 1906.

[34]) Als eigentliches Argument des Positivismus gaben dies HECK und WIMPFHEIMER: Debatte zu KANTOROWICZ: Rechtswissenschaft und Soziologie in: Verhandlungen d. 1. Deutschen Soziologentages 1910 in Frankfurt. Tübingen 1911, S. 317, 321 an.

[35]) So findet SOHM (s. X, Anm. 31), Sp. 114 zwischen sich und HECK keinen grundsätzlichen Gegensatz, erklärt vielmehr, daß die Auslegung der Rechtssätze nach der ihnen zugrunde liegenden „praktischen Idee" zu erfolgen habe und die „Interessenabwägung" über ihren Inhalt entscheide. DANZ: Fortschritte durch Erkenntnis der Lücken im Gesetz in: Deutsche Juristenzeitung. 1914, Sp. 7 ff. bezeichnet die Ansicht, nach welcher der Richter Lücken auszufüllen hat, als herrschend.

[36]) BIERLING, ERNST R.: Juristische Prinzipienlehre. Bd. 4. Tübingen 1911, S. 295.

[37]) Den wenigen Ausnahmen kommt weder praktisch noch theoretisch eine Bedeutung zu. Vgl. im übrigen KANTOROWICZ, HERM.: Die contra-legem-Fabel in: Deutsche Rechtszeitung. Bd. 3. Witten 1886, S. 256 ff.; EHRLICH (s. IX, Anm. 110), S. 48 ff.; HECK (s. X, Anm. 20), S. 14. Wenn STAMPE (s. X, Anm. 4), S. 28 bei drohender Massenkalamität unter allerhand Kautelen eine richterliche Befugnis zur Gesetzesänderung annimmt, so steht er praktisch auf

Mit der Zerstörung des Glaubens an die schrankenlose Möglichkeit logischer Rechtsauslegung sind aber nicht nur die Reformer, sondern ist die Rechtstheorie überhaupt vor neue Schwierigkeiten geraten, Schwierigkeiten, die nicht nur von ihrer Überwindung gegenwärtig noch entfernt sind, sondern welche auch in ihrer Eigenart vielfach verkannt werden. Eine Tatsache, die einen der Hauptgründe für zahlreiche Methodenstreitigkeiten der heutigen Rechtswissenschaft bilden dürfte.

Solange die Subsumptionstheorie in ihrer alten Form schrankenlos herrschte, bot wenigstens theoretisch die Gewinnung der auszulegenden Norm keine Probleme. Denn das stete Vorhandensein eines Rechtssatzes bildet ja ein Grunddogma des Positivismus. Mit dem Moment aber, in dem das Bestehen unbestimmter Rechtsbegriffe zugegeben wird, fragt sich, welche der möglichen, nun nicht mehr logisch ableitbaren Auslegungen richtig ist. Eine Frage, auf welche sich eine begründete Antwort offenbar erst dann geben läßt, wenn vorher Klarheit darüber herrscht, worin eigentlich der Geltungsgrund einer nicht logisch aus der Norm abgeleiteten Entscheidung überhaupt bestehen kann. Von den Reformern wie ihren Gegnern wurde dieser Gesichtspunkt wenig beachtet. Vielmehr schritten die ersteren einfach dazu, in Abkehr von der Begriffsjurisprudenz die richtige Entscheidung aus den sozialen Verhältnissen ableiten zu wollen, weswegen das Schwergewicht juristischer Arbeit von ihnen geradezu auf das Gebiet der Gesellschaftswissenschaften, insbesondere Soziologie, verlegt wurde. Erwarteten doch EHRLICH u. a. gar, die Rechtswissenschaft werde sich aus einer praktischen Disziplin noch zu einem Zweige der Soziologie entwickeln [38]). Entsprechend liegt auch bei FUCHS, wie

dem Boden der herrschenden Lehre. Im übrigen erklärt auch SOHM (s. X, Anm. 35), Sp. 115, es gäbe „einen Notstand, in welchem die Rechtsprechung *gegen* das Gesetz geradezu die *richtige* und darum sich siegreich als Recht durchsetzende (rechtsändernde) Rechtsprechung“ sei. Einen Versuch, „das Recht der logischen und der teleologischen Betrachtensweise gegeneinander abzugrenzen“, macht KRETZSCHMAR: Grundfragen der Privatrechtsmethodik in: Jherings Jahrbücher. 2. F. Bd. 30. 1911, S. 249, 277. Siehe auch FRIEDRICHS: Grundsätze der Auslegung in: Juristische Wochenschrift. Leipzig 1921, S. 878 ff.

[38]) Vgl. Ausführungen und Literatur bei KANTOROWICZ (s. X, Anm. 6), S. 302. In seinen letzten Schriften teilt übrigens EHRLICH den oben gekennzeichneten Standpunkt nicht. S. ferner KORNFELD, IGNAZ: Soziale Machtverhältnisse. Wien 1911; WURZEL, KARL G.: Das juristische Denken. 2. Aufl. Wien 1924, S. 14, nach dem die Normen, auf welche die Auslegung zurückgeht, Naturgesetze und keine Rechtsgesetze sind.

Stillschweig[39]) neuestens mit Recht hervorhebt, der wesentliche Nachdruck auf der Bedeutung der Tatsachenwelt. Schließlich steht Sander, wenn nicht in der Methode, zum mindesten im Ergebnis dieser Richtung nahe.

Auch der Interessenjurisprudenz in ihren verschiedenen Abschattungen liegt im großen und ganzen ein Verfahren zugrunde, das, da es Herkunft wie Geltung der nicht logisch abzuleitenden Entscheidungen letzten Endes auf die Erfahrung stützt, als Rechtsempirismus bezeichnet werden kann. Dementsprechend erklärt etwa Heck die Interessenforschung geradezu als Hauptaufgabe der Rechtswissenschaft[40]). Der Gesetzgeber selbst wird zu einer zusammenfassenden Bezeichnung für die kausalen Interessen, sein Wille von einem psychologischen zu einem Interessenbegriff[41]). Die Grundsätze der Gesetzesauslegung sollen gefunden werden durch Prüfung der möglichen Verfahrensformen auf ihre Interessenwirkung, auf ihren Lebenswert[42]), und zum Endziel richterlicher Fallentscheidung wird die Befriedigung „der in der Rechtsgemeinschaft vorhandenen Begehrungen und Begehrungstendenzen, der materiellen wie der idealen“[43]). Als „Kern der Interessenjurisprudenz“ aber erscheint die Erkenntnis, daß die Gesetze „Resultanten der in der Rechtsgemeinschaft einander gegenübertretenden und um Anerkennung ringenden Interessen materieller, nationaler, religiöser und ethischer Richtung“[44]) seien. Anhaltspunkte für die Auslegung schließlich soll eine Untersuchung der „Handlungen des praktischen Lebens und anderer Wissenschaften in ihrer psychologischen und logischen Eigenart“[45]) liefern, wonach dem Richter im

---

[39]) Stillschweig: Konstruktion u. Soziologie in: Juristische Wochenschrift. 1920, S. 10.

[40]) Heck (s. X, Anm. 20), S. 65; dagegen Sohm (s. X, Anm. 35), Sp. 117. Eine kritische Auseinandersetzung mit Jung (s. VI, Anm. 16) nimmt von fachphilosophischer Seite Münch: in: Zeitschrift f. Rechtsphilosophie. Bd. 1, 1914, S. 122 vor. Münch weist hier nach, daß Jung das Problem der Rechtsgeltung mit dem der Rechtsentstehung verwechselt, damit aber vor die unlösbare Aufgabe gerät, einem Wertproblem psychogenetisch beizukommen.

[41]) Heck (s. X, Anm. 20), S. 8.

[42]) Desgl. S. 10. Nach Rechtsgewinnung, S. 7, soll „dem biologischen Rechtsbedürfnisse“ genügt werden.

[43]) Desgl. S. 11.

[44]) Desgl. S. 17.

[45]) Desgl. S. 23.

Verhältnis zum Gesetzgeber diejenige Stellung angewiesen wird, die das regelmäßig geforderte Verhalten des Dieners kennzeichnet [46]).

Es wurde bereits hervorgehoben, daß dort, wo eine logische Rechtsauslegung sich als unmöglich erweist, die trotzdem getroffene Entscheidung auch nicht als notwendige Konkretisierung des Gesetzes erwiesen werden kann, sich unabweisbar die Frage nach dem sonstigen Geltungsgrund einer solchen Entscheidung aufdrängt. Eine Antwort auf sie vermag der Rechtsempirismus in keiner seiner Formen zu geben [47]). Zwar ist es historisch betrachtet richtig, daß die Gesetze in vieler Hinsicht als Resultanten kämpfender Interessen sich darstellen. Aus diesem genetischen Vorgang, den im übrigen auch der Rechtspositivismus keineswegs bestreitet, folgt jedoch für die Rechtsauslegung unmittelbar nichts. Auch Feststellung der realen Interessen selber, so wichtig deren Kenntnis als Material sein kann, vermag eine Auslegung als berechtigt nicht zu begründen. Wenn vielmehr der Rechtsempirismus mit seinen Mitteln die Methode der Rechtsauslegung zu schaffen sucht, überschreitet er den Kreis der für ihn lösbaren Aufgaben. Denn die Berechtigung einer Auslegung, die nicht unmittelbar aus dem Gesetz sich ergibt, kann nur auf Rechtswerte, auf Ideen zurückgeführt werden, deren Geltung historisch-psychologisch oder soziologisch sich nicht begründen läßt [48]). Läßt sich aber die Geltung einer teleologisch gefundenen Entscheidung nicht auf Erfahrung stützen, dann bedarf der Rechtsempirismus seiner Ergänzung durch ein Verfahren, das im Anschluß an die entsprechenden ethischen Richtungen als Rechtsapriorismus bezeichnet werden mag. Nur auf eine apriorische Werterkenntnis irgendwelcher Art läßt sich mit anderen Worten die Geltung teleologisch gefundener Entscheidungen gründen.

Diese Notwendigkeit wird offenbar, wenn die Interessenjurisprudenz von einer *Abwägung* der Interessen redet. Denn eine Abwägung setzt eine Waage voraus, als welche Waage normalerweise die Rechts-

---

[46]) Desgl. S. 21.

[47]) Vgl. STAMMLER, RUDOLF: Rechts- u. Staatstheorien. Leipzig 1917, S. 73 ff.; SOMLO (s. X, Anm. 20), S. 415 ff.; ferner S. 61 ff. der Arbeit und von fachphilosophischer Seite vor allem HUSSERL, EDMUND: Kritik der naturalistischen Philosophie in: Logische Untersuchungen. Bd. 1. Halle 1900 und in: Logos. Bd. 2. 1911, S. 289 ff.

[48]) Vgl. auch DEL VECCHIO, GIORGIO: Die Grundprinzipien des Rechts. Berlin 1923, S. 70. BONNECASE, JULIEN: La nation de droit en France au dixneuvième siècle. Paris 1919, S. 183 ff., ferner X, Anm. 13 vorliegender Arbeit.

norm zu fungieren hat. Sind aber mehrere Auslegungen möglich, oder besteht eine Lücke im Gesetz, so bedarf es statt der Norm eines anderen Maßstabes a priori, der mit den zu messenden Interessen nicht zusammenfallen kann [49]). Der Notwendigkeit, nach einem solchen Maßstab zu suchen, hat sich daher auch der Rechtsempirismus nicht entziehen können, weswegen bald von wohlverstandener Interessenabwägung [50]), bald von Interessenbefriedigung [51]), bald von Abstellung auf das Rechtsgefühl [52]), bald schlechthin von dem Streben nach materieller Gerechtigkeit die Rede ist. Im übrigen wird dem Maßstab selbst und seiner näheren Bestimmung gewöhnlich keine weitere Aufmerksamkeit geschenkt. Nicht ohne Grund kann daher STAMPE [53]) erklären, daß über die Arbeitsmethode die Ansichten nur formell auseinander gingen, während der sachliche Kern sämtlicher Formulierung sei, „daß der Richter wie ein verständiger Gesetzgeber verfahren müsse".

Ehe auf diese Formulierungen des näheren eingegangen wird, erscheint es zweckmäßig, festzustellen, wie weit in Wahrheit bis hierhin von einem Methodengegensatz innerhalb der Rechtstheorie noch gesprochen werden kann. Ausgegangen wird dazu von der Voraussetzung, daß dort, wo eine Entscheidung nicht zwingend aus dem Gesetze folgt, sich eine solche nur auf die Geltung von Werten stützen läßt [53a]). Es ergibt sich dann, daß in dem hier angenommenen Umfange jedes ateleologische Verfahren der Auslegung zu einer begrün-

---

[49]) Siehe KANTOROWICZ (s. X, Anm. 6), S. 292 ff. Ein solcher Maßstab bei der Auslegung sine lege ist nach MÜNCH (s. X, Anm. 40) der Geschichtsphilosophie zu entnehmen.

[50]) GMELIN (s. X, Anm. 16), S. 4.

[51]) HECK (s. X, Anm. 20), S. 54.

[52]) GMELIN: a.a.O. S. 60. Nach WÜSTENDÖRFER: Verhandlungen des ersten Soziologentages, S. 316 kann nur das jeweilige soziale Empfinden des Richters oder Theoretikers die Entscheidung geben. Dagegen zieht BOOR, HANS OTTO DE: Urheberrecht und Verlagsrecht. Stuttgart 1917, S. 33 mit Recht einen objektiven Maßstab heran und will die Interessen an den allgemeinen Zwecken der Rechtsordnung messen. Siehe neuestens auch CALKER, FRITZ VAN: Recht und Weltanschauung. Leipzig 1924, der auf die Weltanschauung als inhaltliches Kriterium zurückgeht und eine Verknüpfung von Rationalem und Irrationalem im Recht anstrebt.

[53]) STAMPE (s. X, Anm. 4), S. 26.

[53a]) Nicht nur für die Auslegung des Völkerrechts kommt so ein „materiell-ethisches" Moment in Frage, wie BURCKHARD, WALTER: Die völkerrechtl. Verantwortlichkeit der Staaten. Rektoratsrede. Bern 1924, S. 26 annimmt.

deten Entscheidung nicht zu führen vermag. Hieraus folgt die Unmöglichkeit logischer Lösungsversuche[53b]), auf welche jedoch der Rechtspositivismus um so eher wird verzichten können, als er praktisch seine Konstruktionen längst überwiegend in Richtung der Idee sachgemäßer Entscheidung gesponnen hat. Es wird weiter der Rechtsempirismus auf das ihm zukommende Gebiet der Tatfrage zurückgedrängt und seine Aufgabe im wesentlichen auf Aufdeckung und Schilderung historischer, psychologischer und soziologischer Entwicklungen und Gesetze beschränkt. Die Entscheidung, welche Auslegung jeweils zu gelten habe, vermag dann allein der Rechtsapriorismus zu treffen.

Vom Boden des Rechtsapriorismus aus kann die Bestimmung derjenigen Momente, die eine nicht logisch ableitbare Entscheidung als begründet rechtfertigen, durch Angabe eines formalen oder materialen Kriteriums erfolgen. Eine solch formale Bestimmung bedeutet etwa STAMPES Formulierung, nach welcher der Richter wie ein verständiger Gesetzgeber verfahren soll. Eine Regel, wie sie als Norm ähnlich auch dem Schweizer ZGB zugrunde liegt. Ein formales Kriterium ist es weiter, wenn hier[54]) als richtig die jeweils höchstwertigste Auslegung hingestellt wird, oder wenn STAMMLER[55]) die „grundsätzlich richtige" Entscheidung auszuwählen fordert. Formeln, die letzten Endes alle auf den kategorischen Imperativ der Ethik Kants irgendwie zurücklaufen. Es bedarf keiner längeren Ausführungen, daß diese formalen Prinzipien wesentlich nur die Idee einer Entscheidung, nicht sowohl die Möglichkeit einer Entscheidung im Einzelfalle bieten. Allein ein materiales Prinzip vermag hier weiter zu helfen. Einem derartigen Kriterium scheint diejenige Entscheidung zu entsprechen, welche, wie HECK es verlangt, die empirischen Interessen befriedigt. Jedoch kann eine Entscheidung, die dies tut, darum allein als berechtigt noch nicht

---

[53b]) Die Verwerflichkeit angeblich logischer Rechtsauslegungen zeigt einleuchtend TEZNER, FRIEDRICH: Das freie Ermessen der Verwaltungsbehörden. Leipzig 1924. Auch wird man TEZNERS Ansicht (S. 13) nur zustimmen können, daß viel schon damit gewonnen sei, wenn der Auslegungsstreit sich um Gerechtigkeitserwägungen drehe und „nicht lediglich blinder und gefühlloser logischer Formalismus getrieben" werde.

[54]) STAMPE (s. X, Anm. 4), S. 64.

[55]) STAMMLER (s. III, Anm. 4), S. 272. Nach MEZGER (s. X, Anm. 24), S. 106 ist die Auslegung zu richten nach den letzten Zwecken der sozialen Daseinsgestaltung.

anerkannt werden. Vielmehr müßte die Entscheidung, um begründet zu sein, der Befriedigung des jeweils berechtigten Interesses dienen, wobei die Berechtigung eines Interesses aus seiner Existenz nicht abgeleitet werden kann. Es gilt hier also das schon allgemein gegen den Rechtsempirismus Gesagte. Im übrigen ist aber der Gesichtspunkt des Interesses als generelles Prinzip auch nicht umfassend genug. So kann die Berechtigung einer Strafe nicht durch Abwägung der Interessen von Verbrecher und Gemeinschaft gefunden werden, und wenn eine Polizeiverfügung, die Unsittliches verlangt, nicht befolgt zu werden braucht, so folgt dies etwa aus der Idee des Staates als sittlicher Institution und nicht aus irgendwelchen Interessenabwägungen. Erst der Wert vermag also dem empirischen Interesse seinen Anspruch auf Schutz zu verleihen. Desgleichen dient wohl das Rechtsgefühl als Anzeichen für die mögliche Berechtigung einer Entscheidung, bedarf jedoch, um berechtigt zu sein, selbst der Begründung. Zur allgemeinen Norm der Beurteilung erhoben, würde es dagegen die Rechtsauslegung einem schrankenlosen Subjektivismus preisgeben [56]).

Die Aufzählung weiterer materieller Prinzipien der Auslegung kann hier unterbleiben. Ihnen allen gemeinsam ist, daß sie entweder die Fülle möglicher Gesichtspunkte nicht erschöpfen oder zu unbestimmt sind, um anwendbar zu sein. Im übrigen hat seit je das Bestreben nach grundsätzlicher Formulierung zahlreiche Antinomien der Prinzipien erzeugt, die im Einzelverfahren gar nicht bestehen. Genannt sei hier etwa die alte Streitfrage, ob die Rechtsauslegung historisch oder ahistorisch zu erfolgen habe. Zwar ist sicherlich ein Auslegungsverfahren, das stets die gesetzgeberischen Zwecke ignoriert, zu verwerfen, da es letzten Endes die Rechtsordnung überhaupt aufheben muß. Wer vertritt aber in Wahrheit konsequent einen derartigen Standpunkt [56a])? Ebenso sicher ist umgekehrt, daß weder stets historische Zwecke eines Gesetzes nachgewiesen, noch daß sie immer beachtet werden können. Zum mindesten in diesem Umfange ist also

---

[56]) Vgl. STAMMLER (s. X, Anm. 47), S. 80. Eine psychologische Untersuchung des Rechtsgefühls bringt KORNFELD, SIGMUND: Das Rechtsgefühl in: Zeitschrift f. Rechtsphilosophie. Bd. 1. 1914, S. 135 ff. und 1919, S. 28 ff. Siehe ferner RIEZLER, ERWIN: Das Rechtsgefühl. München 1921.

[56a]) REGELSBERGER, FERDINAND: Gesetz u. Rechtsanwendung in: Jherings Jahrbücher. F. 2. Bd. 22. 1911, S. 146 ff.

auch historische Rechtsauslegung nicht möglich[57]). Jeder der beiden Standpunkte hat daher nur einen beschränkten Geltungsbereich, wodurch sowohl der Gegensatz zwischen ihnen verringert als auch ihre absolute Berechtigung aufgehoben wird[57a]). So fraglos ferner die Idee der Rechtssicherheit einen Grundwert der Auslegung überhaupt darstellt, so offenbar muß dies Prinzip bisweilen der Forderung materieller Gerechtigkeit weichen. Wann dies aber jeweils der Fall ist, kann nur an Hand sorgfältiger Einzeluntersuchungen festgestellt werden, mangels deren auf Aufstellung materieller Prinzipien der Rechtsauslegung verzichtet werden mußte. Ein Verzicht, der methodisch um so eher zulässig war, weil ja die einleuchtende Berechtigung der Lösung spezieller Probleme ein vorgefaßtes Prinzip lediglich hätte erhärten können, während dies allein umgekehrt eine Einzellösung nicht hätte zu rechtfertigen vermögen. Insofern dagegen die Gewinnung begründeter materieller Prinzipien der Rechtsauslegung wie eine Theorie möglicher Rechtswerte überhaupt Sammlung und Bearbeitung eines ausreichenden Induktionsmaterials verschiedenartiger Wertungen zur Voraussetzung hat[57b]), können in gewissem Sinne auch die vorliegenden Untersuchungen zum Problem des fehlerhaften Staatsakts als kleiner Beitrag hierzu wohl betrachtet werden.

Zu behandeln bleibt noch, ob etwa die Berechtigung des Standpunktes, nach welchem der Wert eine zentrale Stellung in der Lehre von der Rechtsauslegung gewinnt, durch KELSENS Methode reiner Rechtslehre wie SANDERS Theorie der Rechtserfahrung wiederum problematisch gemacht wird.

---

[57]) So fordert EHRLICH (s. IX, Anm. 110), S. 14 ff. eine teleologische Auslegung nach den Zwecken des Urhebers, muß aber S. 52 ff. andererseits in bestimmten Fällen selbst eine Auslegung gegen das Gesetz für berechtigt erklären. Man beachte auch, daß strenge Bindung an die ursprünglichen Gesetzeszwecke aus Gründen der Rechtssicherheit dort regelmäßig erforderlich sein wird, wo umstrittene politische Zielsetzungen in Frage stehen. Handelt es sich dagegen um rein praktische Erwägungen, wird möglicherweise eine sinnvolle ahistorische Auslegung zu treffen sein.

[57a]) So auch vom Standpunkt der Interessenjurisprudenz aus mit Recht LEHMANN (s. III, Anm. 27), S. 24 f.

[57b]) Etwas wie eine Theorie der Rechtswerte scheint auch ZITELMANN zuletzt vorgeschwebt zu haben. Vgl. ZITELMANN, ERNST: Rechtswissenschaft d. Gegenwart in Selbstdarstellungen. Bd. 1. Leipzig 1924, S. 33. Nahe den in vorliegender Arbeit vertretenen Ansichten stehen auch seine Ausführungen S. 24 ff., ebendort.

Vor Beantwortung dieser Frage sei zunächst betont, daß jedenfalls der kritische Teil vorliegender Untersuchung durch die Schriften der Wiener Schule seine volle Bestätigung erfährt. Denn ein großer Teil der Arbeit jener Richtung besteht ja gerade darin, überall Werturteile in der Praxis und den Begriffen des Rechtspositivismus zu entdecken. Insoweit gehen also die Österreicher mit den Vertretern teleologischer Rechtsauslegung Hand in Hand. Dagegen scheiden sich bei der Frage nach dem eigenen Ziel alsbald die Wege. Wurde hier der Versuch gemacht, die teleologisch verfahrende *Praxis* theoretisch zu rechtfertigen, so sucht demgegenüber die reine Rechtslehre das wertfremde *Programm* des Rechtspositivismus durchzuführen. Ein Versuch, der von vornherein zum Scheitern verurteilt ist, da gegen ihn all jene Argumente sprechen, die den Rechtspositivismus gezwungen haben, seinen ursprünglichen Plan praktisch preiszugeben. Es kann insofern auf die bisherige Darstellung verwiesen werden. Im übrigen steht aber die Forderung ateleologischer Rechtsauslegung in einem immanenten Widerspruch zu dem Verfahren der reinen Rechtslehre, dessen Zentrum der Begriff des Sollens bildet. Denn da niemals *nur* gesollt, sondern stets *etwas* gesollt wird, der verpflichtende Grund dieses Sollens aber in Werten ruht, müßte gerade für die reine Rechtslehre der Wert eine besondere Bedeutung gewinnen. Wie wenig im einzelnen es dementsprechend KELSEN gelingt, den Schwierigkeiten der Auslegung gerecht zu werden, zeigte sich gerade am Problem des fehlerhaften Staatsakts[58]). Auch scheint die neuere Entwicklung der reinen Rechtslehre zu ergeben, daß ihre Vertreter das Problem der Rechtsauslegung eben wegen seiner unlösbaren Verknüpfung mit der Werttheorie aus ihrem Programm gänzlich gestrichen haben. Denn wie FELIX KAUFMANN dasselbe neuestens formuliert, hat die „reine Rechtslehre die vor aller Rechtserfahrung liegenden Konstitutionsprobleme des Rechts zu behandeln, die Grundbegriffe und die ihnen

---

[58]) Es verdient weiter Beachtung, wenn TEZNER bei der von ihm geforderten Gerechtigkeitslehre sich vielfach auf KELSEN bezieht (s. II, Anm. 75), S. CLVII. Denn tatsächlich ist den Schriften KELSENs ein sittliches Pathos immanent, das in auffälligem Widerspruch zu dem Programm wertfreien mathematischen Verfahrens steht. Auch in der Problemstellung KELSENs kommt das Streben nach Verwirklichung von Werten zum Ausdruck. So läuft die Lehre von der Souveränität doch letzten Endes auf das Ziel hin, die Notwendigkeit der Civitas maxima zu erweisen, und die Gleichsetzung von Staat und Rechtsordnung bedeutet den wenigstens formalen Sieg der Rechtsidee.

korrelaten synthetischen Grundsätze aufzusuchen und in ihren logischen Verbindungen zu studieren, nicht anders wie die Geometrie die Gesetze des Raumes, wie reine Phoronomie die Gesetze der Bewegung studiert" [59]). Bei einer solchen Beschränkung auf die allgemeinen Strukturphänomene des Rechts, Untersuchungen, deren Bedeutung hier durchaus anerkannt wird, bestehen irgendwelche Reibungsflächen zwischen einer so verstandenen reinen Rechtslehre und dem hier vertretenen Verfahren teleologischer Rechtsauslegung nicht [60]). Ebenso müssen auch die polemischen Berührungspunkte zwischen reiner Rechtslehre und Rechtspositivismus in dem Augenblick verschwinden, wo sich der letztere offen zu seiner teleologischen Praxis bekennt. Denn auf den tiefen Gegensatz, welcher zwischen Theorie und Praxis des Rechtspositivismus besteht, weisen mit Grund immer wieder die Vertreter der reinen Rechtslehre hin. Dagegen ist die Unzulässigkeit teleologischer Rechtsauslegung von ihnen bisher keineswegs nachgewiesen worden [61]).

---

[59]) Kaufmann, Felix: Theorie der Rechtserfahrung oder reine Rechtslehre? in: Zeitschrift f. öffentl. Recht. Bd. 3. Wien 1922/23, S. 258 f., ähnlich schon Kelsen (s. III, Anm. 34), S. 93. Auch Merkl, Adolf: Zum Interpretationsproblem in: Zeitschrift f. Privatrecht u. öffentl. Recht der Gegenwart. Hrsg. von Grünhut. Bd. 42. 1916, S. 535 ff. schiebt die Lösung der Frage letzten Endes auf die Praxis ab. Nahe diesen Gedankengängen steht Beling, Ernst: Rechtswissenschaft u. Rechtsphilosophie. Augsburg 1923, S. 37.

[60]) Dies scheint Kaufmann (s. X, Anm. 14), S. 54 implizite zuzugeben, wenn er den Standpunkt der reinen Rechtslehre dahin formuliert, daß den Juristen der empirische Inhalt der Rechtssätze, den Rechtstheoretiker die a priori feststehende Form derselben anginge. Rechtswissenschaft und apriorische Rechtslehre im Sinn einer allgemeinen Gegenstandstheorie des Rechts werden hier also gleichgesetzt, die Möglichkeit anderer Gebiete „juristischer Forschertätigkeit" wird daneben wenigstens anerkannt. Bemerkt sei dagegen immerhin, daß die Ersetzung der Rechtswissenschaft durch eine apriorische Rechtslehre der Verdrängung der Naturwissenschaft durch die Naturphilosophie ziemlich gleichkäme. Neuestens erklärte denn auch Schreier, Fritz: Grundbegriffe und Grundformen des Rechts. Leipzig 1924, Nachwort ausdrücklich, daß die formale Rechtslehre nur Konstruktionsprobleme lösen könne, und hält besondere Bearbeitung der Interpretationsregeln für erforderlich.

[61]) Dies gilt auch gegenüber Kelsen (s. III, Anm. 34), S. 57 ff. und Preuss, Hugo: Zur Methode der juristischen Begriffskonstruktion in: Schmollers Jahrbuch. N. F. 24. Leipzig 1900, S. 359 ff. Insbesondere berühren Kelsens psychologische Untersuchungen, der unter teleologischem Verfahren Betrachtung des Geschehens nach Mittel und Zweck versteht, das eigentliche Problem der Rechtsauslegung nicht. Vielmehr unterläuft hier Kelsen im Anschluß an Sig-

Die Entdeckung des teleologischen Verfahrens, dessen sich in Wahrheit der Positivismus bedient, führte die Vertreter der reinen Rechtslehre zum ursprünglichen Programm jener Richtung zurück. Die Feststellung, daß auch die reine Rechtslehre nicht frei von teleologischen Momenten sei, läßt SANDER das *„Dogma der Normativität des Rechts"* als *„Quelle aller naturrechtlichen Spekulationen"* [62]) preisgeben. Die Berechtigung hierzu scheint SANDER eine „schlichte deskriptive Analyse des Rechts" zu ergeben, nach welcher Recht „ein Erfahrungszusammenhang, ein Zusammenhang von Realurteilen über raumzeitlich konkretisierte Tatsachen" sein soll. Ist aber so das Recht ein Sein und kein Sollen, dann verbleibt für SANDER der Rechtswissenschaft als *„einzige* Aufgabe die *Reflexion* über bereits vollzogene Akte von bestimmten Menschen" („Organen") [63]).

Wären diese Behauptungen SANDERS haltbar, dann müßte allerdings der hier gemachte Versuch teleologischer Rechtsauslegung zum mindesten aus dem Rahmen der Rechtswissenschaft herausfallen. Denn deren Aufgabe würde sich auf Anstellung jener Untersuchungen beschränken, die sonst der Rechtssoziologie zugeschrieben zu werden

---

WART selber die sonst von ihm so bekämpfte Vertauschung von Geltungs- und Seinsproblemen. Die von KELSEN vorgenommene Einschränkung der rechtswissenschaftlichen Aufgaben auf Untersuchung formaler Strukturprobleme unter Absehung vom Rechtsinhalt (S. 69, 92) ist daher nur scheinbar begründet. Wenn neuestens KAUFMANN (s. X, Anm. 14), S. 80 erklärt, der Sinn der Norm sei für den Juristen ihr Inhalt, nicht ihre Richtung auf einen individuellen oder überindividuellen transzendenten Zweck, so unterläßt er anzugeben, wie ohne Richtung auf Werte oder Zwecke, die übrigens nicht immer transzendent zu sein brauchen, der Inhalt einer Norm fixiert werden kann. Dies Problem zu lösen ist auch, wie gezeigt, der reinen Rechtslehre bisher keineswegs gelungen. Über immanente Widersprüche des Verfahrens bei KELSEN vgl. HIPPEL (s. I, Anm. 3). Auch sieht KELSEN in den Hauptproblemen als Übertretung einer Norm ein dem Zweck derselben zuwiderlaufendes Verhalten an. Wenn demgegenüber KAUFMANN, S. 99 das Kriterium der Übertretung allein in der Diskrepanz zwischen dem faktischen und dem in einer Rechtsnorm geforderten Verhalten findet, so ist diese Definition zwar formal zutreffend, jedoch ohne Angabe, wie das in der Rechtsnorm geforderte Verhalten festgestellt werden kann, unverwendbar. Die hierzu erforderliche Methode der Rechtsauslegung ist aber anscheinend auch für KAUFMANN eine teleologische, da andernfalls der von ihm den Zivilisten gemachte Vorwurf allzu wörtlicher Auslegung der Gesetzestexte (S. 128) unverständlich bleibt.

[62]) SANDER, F.: Das Recht als Sollen u. das Recht als Sein in: Archiv f. Rechts- u. Wirtschaftsphilosophie. Bd. 17, 1923, S. 3.

[63]) Desgl. S. 11.

pflegen. Eine Notwendigkeit, welche auch dadurch nicht aufgehoben wird, daß für SANDER „die rechtserhebliche Tatsache, die Rechtsmaterie, entsteht und besteht in Korrelation zu den Urteilen des Rechts, in Korrelation zu der Einheit der Bedingungen der Rechtsanschauung, dem Rechtsverfahren, nicht aber in Korrelation zu den Urteilen einer soziologischen Jurisprudenz“ [64]). Der lange Weg, auf welchem SANDER zu diesem Ziel gelangte, kann hier im einzelnen nicht verfolgt werden [65]). Das Ergebnis ist jedenfalls nicht geeignet, die Notwendigkeit teleologischer Rechtsauslegung aufzuheben. Die Tatsache, daß „Rechtsakte wie z. B. Baukonsense“ sich auf „*reale* Tatbestände beziehen“ [66]), wird auch von der herrschenden Rechtslehre keineswegs bestritten und dient nicht dazu, den Seinscharakter des Rechts zu erhärten. Dagegen kann umgekehrt allein eine auf Normen und Rechtswerte bezogene Methode der Auslegung im bloßen Sein Organe und Rechtshandlungen erkennen [67]). Den Geltungsgrund einer Entscheidung vollends vermag auch der Sandersche Rechtsempirismus nicht aufzuweisen. Insofern aber dieser Geltungsgrund in Werten ruht, fordert er, mangels zweifelsfreier gesetzlicher Bestimmungen, die teleologische Behandlung des fehlerhaften Staatsakts.

---

[64]) SANDER (s. X, Anm. 62), S. 7.

[65]) Auch bleibt hierbei vieles dunkel. So, was ein Erfahrungszusammenhang eigentlich ist, was unter Urteilen des Rechts gedacht werden kann und das Verhältnis dieser Urteile zu den Organakten. Die Rechtswissenschaft selbst wird bald zu einer Art Naturphilosophie, bald zu einer Naturwissenschaft, mitunter verschwindet sie völlig. Die ursprüngliche Problemstellung, die apriorische Struktur der Rechtswissenschaft zu finden, endet bei SANDER mit Entdeckung des Rechtsseins und der Kantischen Kategorien. Der eigentümliche Geltungscharakter des Rechts schließlich bleibt unbeachtet. Vgl. im einzelnen bezüglich SANDERs älterer Schriften KELSEN, HANS: Rechtswissenschaft u. Recht in: Zeitschrift f. öffentl. Recht. Bd. 3. Wien 1922/23, S. 103 ff.; KAUFMANN (s. X, Anm. 59), S. 236 ff.; KUNZ: Rezension zu SANDER, FRITZ: Staat und Recht in: Archiv f. öffentl. Recht. N. F. 5. 1923, S. 249 ff.

[66]) SANDER (s. X, Anm. 62), S. 6.

[67]) Wie wenig es SANDER selbst gelingt, Rechtsauslegungsfragen gerecht zu werden, zeigt VERDROSS, ALFRED: J. J. Mosers Programm einer Völkerrechtswissenschaft der Erfahrung in: Zeitschrift f. öffentl. Recht. Bd. 3. Wien 1922/23, S. 102, Anm. 1.

Fünfter Teil

Rückblick und Ausblick

XI. Positivistische Einwände und Verfahrensarten

1. Die Replik Walter Jellineks

Von den Besprechungen vorliegender Arbeit, die dem Verfasser zu Gesicht kamen, verdient offenbar besonderes Interesse die Replik der Betroffenen. Denn indem der Verfasser das Verfahren einzelner Autoren bei der Behandlung des fehlerhaften Staatsakts als solches kritisierte, mußte er eine grundsätzliche Antwort auf seine eigene Methode herausfordern. Wer aber hätte mehr Anlaß, ein bestrittenes Verfahren zu verteidigen, als derjenige, der es seinen Ausführungen als diese tragend zugrunde legte?

Auch muß es offenbar Mißvergnügen erregen, wenn dargelegt wird, daß gebrauchte Argumente aus dem Rechtsbereich herausführen und also Rechtsfragen begründet nicht lösen können. Ja, wenn versichert wird, daß sachfremde Argumente darüber hinaus zuletzt auch jene Ansichten verschleiern, die der getroffenen Stellungnahme wirklich zugrunde liegen.

a) Das Argument mangelnder Erfahrung und Reife

Es hat als der zunächst Betroffene Walter Jellinek, zugleich für den gefallenen Kormann das Wort mitergreifend, diesem verständlichen Mißvergnügen in einer ausführlichen Besprechung [1]) Luft gemacht. Und er stellt hier zunächst fest, es sei eine „alte Weisheit", „daß methodologische Studien erst im reiferen Mannesalter geschrieben werden sollten, am besten sogar als Krönung des wissenschaftlichen Lebenswerkes. Denn die Methoden ... muß man erlebt, man muß ihre Vorzüge entsprechend am eigenen Leibe erfahren haben. Über die Schießkunst soll erst schreiben, wer mit Erfolg geschossen, über die Methode der Bogenführung, wer sich als ausübender Künstler einen Namen gemacht hat. Auch die Handhabung des Rechts ist

[1]) Arch. d. Öff. Rechts N. F. 9 (1925), S. 361–371.

eine Kunst, auch sie muß in allen Zweigen und Verästelungen gelernt und erprobt sein, ehe eine Methode der Rechtsauslegung mit Nutzen verfaßt werden kann".

Allerdings belege der „junge Gelehrte", dem „Scharfsinn und Belesenheit" zuerkannt wird, sein Verfahren mit Beispielen, um so die „Überlegenheit der teleologischen Auslegung vor einer andersartigen darzutun", womit er von seiner Schrift die „Öde ... rein methodologischer Abhandlungen" ferngehalten habe. Doch frage sich, ob dieser Nachweis ihm „überall geglückt" sei. Und indem JELLINEK dies bezweifelt, empfiehlt er am Schluß seiner Besprechung „dem begabten Verfasser, von dem wir noch manches Gute erhoffen", über ein Zitat von SOHM eine „tiefinnerliche Bescheidenheit".

Nun wird man diesem stets beherzigenswerten Wunsch gern zustimmen können, zugleich aber auch feststellen dürfen, daß die von W. JELLINEK besprochene Schrift des Verfassers eine Habilitationsschrift war, seine eigene über den fehlerhaften Staatsakt eine Dissertation, der so durch den inzwischen zum Kieler Professor Gewordenen etwas wie eine nachträgliche Altersweisheit verliehen wird.

Wichtiger jedoch als dieser mehr persönliche Gesichtspunkt ist die Sache, nämlich das Argument mangelnder Reife und Erfahrung als solches. Hätte doch nach JELLINEK der Verfasser eigentlich erst an seinem Lebensende sein teleologisches Verfahren darlegen dürfen, um zunächst einmal Erfahrung zu sammeln und also selber zu lernen.

Nun hat dies Argument, anschaulich gemacht durch die Beispiele des Schießens und der musikalischen Bogenführung, zunächst etwas Bestechendes, zumal es für die von JELLINEK vorgestellten Fälle grundsätzlich zutrifft. Doch übersieht dabei JELLINEK mit dem Positivismus, daß es nicht nur einen *Erfahrungsbereich* gibt, sondern auch einen *Ideenbereich,* in dem das Recht wurzelt, und ohne den es nicht einmal aufgefunden werden könnte. Denn ohne ein Wissen der Seele um Recht und Unrecht läßt sich dies auch nicht im Erfahrungsbereich entdecken, der als solcher nur unterschiedliches Verhalten zeigt. Auch lautet die juristische Fragestellung keineswegs, wie man zu einer erprobten Theorie und Technik der Schießkunst gelangt, sondern ob es *berechtigt* ist, auf Menschen zu schießen. Offenbar aber kann die so reiche Praxis der modernen Despotie im gekonnten Genickschuß nicht die Frage nach deren Berechtigung ersetzen, weshalb dem die Rechtsfrage Aufwerfenden auch nicht sinnvoll entgegen gehalten werden kann, er müsse erst einmal „Erfahrung" im Schießen sammeln.

So verliert das Argument der Erfahrung dort sein Gewicht, wo es juristisch zunächst um Recht und Unrecht geht. Dazu zeigt gerade die Erfahrung, daß die ursprüngliche Liebe der gesunden jugendlichen Seele für das Gute und Gerechte durch die nur bis zum Gesetzesdenken sich erhebende Theorie und Praxis des Positivismus vielfach verdunkelt wird. Und so kann das innere Erlebnis der Gerechtigkeit auch nicht durch die äußere Erfahrung bloßen Gesetzeswesens und leerer Gesetzestechnik, mag immer diese durch Jahrzehnte als angeblich lebensnah betrieben werden, ersetzt oder grundsätzlich erweitert werden.

b) Die Gleichsetzung von Gesetz und Recht

Es bezeugt die Replik JELLINEKs weiter das positivistische Unvermögen, sich in den Ideenbereich zu erheben und damit zwischen Recht und Gesetz zu unterscheiden. Ja, auch wo JELLINEK von Recht spricht, wo er meint, den „wunden Punkt der ganzen Schrift" zu berühren, nämlich die Blindheit des Verfassers für den „Rechtswert" der „Rechtssicherheit", ist bei ihm der Sache nach nur von Gesetz die Rede.

So hätte nach JELLINEK „eine wahrhaft methodologische Schrift ... das Problem der Rechtsauslegung ganz anders anpacken müssen", als der Verfasser dies tat. „Zunächst war zu fragen, wen wir höher stellen: den rechtsanwendenden Richter oder den rechtsetzenden Gesetzgeber. Entscheidet man sich für den Richter, dann ist die Methode des Verfassers richtig". Wie aber „Plato den Staat der Weisen durch den Staat der Gesetze ablöste, da sich der erste nicht verwirklichen ließ, so wird auch heute nur eine verschwindend kleine Schar von Richtern ein solch hohes Vertrauen genießen, daß man ihnen eine Entscheidung nach eigener Wertsetzung anheimzugeben geneigt wäre. Also bleibt nur der andere Weg: Herrschaft der Gesetze. Endziel dieser Herrschaft ist aber Gleichmäßigkeit der Behandlung gleichgelagerter Fälle, Ausschaltung der individuellen Bewertung im Einzelfall. Bedenkt man, daß die Verfassung den Richter dem Gesetz unterwirft, daß Verfassung und Gesetz Einrichtungen für die Wahrung der Rechtseinheit treffen, so muß man zugeben, daß dem positiven Rechte dies zweite Ideal: Herrschaft der gleichmäßig anzuwendenden Gesetze besser entspricht als das an sich ja auch mögliche erste Ideal: Herrschaft des überragenden Richters. Ist aber Herrschaft des Gesetzes das zu erstrebende Ziel, dann müssen Mittel und Wege ersonnen werden, um das Gesetz möglichst eindeutig, möglichst frei von subjektivem Einfluß auf den Einzelfall anzuwenden."

Es kann nun abgesehen werden von dem, was als bloßer Behauptungscharakter, ja, fast schon als juristische Phraseologie sich hier zeigt. Denn entscheidend ist in diesem Zusammenhang die Ansicht W. JELLINEKS, daß der Gesetzgeber „Recht setzt" und dieses demnach schafft. Auch ist es folgerichtig, wenn W. JELLINEK von diesem Boden aus sich kritisch gegen ein teleologisches Verfahren wendet, das nicht im *Gesetz* sondern im *Recht* seinen letzten Bezugspunkt findet, und das also den bloßen Gesetzesbegriff juristisch transzendiert.

Nun besteht aber die einfache Tatsache und historische Erfahrung, daß der von JELLINEK hier vertretene Gesetzesabsolutismus das Dritte Reich juristisch erst ermöglicht hat und den Gewaltstandpunkt des Bolschewismus noch heute „juristisch" begründet. Dazu hat sich gezeigt, daß der bloße Gesetzesabsolutismus keineswegs zum Rechtsstaat führen muß, sondern sehr wohl auch zum totalen Unrechtsstaat führen kann, bei dem die Gleichsetzung von Gesetz und Recht für jedes unverbildete moralische Empfinden sich als ein Hohn auf die Rechtsidee und als offenbare Lüge enthüllt. Auch garantiert dann die von JELLINEK geforderte Unterworfenheit des Richters unter das Gesetz nun keineswegs die Sicherheit des *Rechts*, vielmehr dient sie bloß dazu, die Totalität des *Unrechts* durch Bindung des Richters an die Interessen böser Gewalt aufrecht zu erhalten.

Wird schon durch diese einfache Überlegung die rechtsferne Rechtsauslegung W. JELLINEKS ad absurdum geführt, so wird sie darüber hinaus heute durch das Bonner Grundgesetz auch positivrechtlich ausdrücklich verworfen. Kennt dieses doch selbst den Gesetzgeber bindende unveräußerliche Menschenrechte und unterscheidet ausdrücklich (Art. 20) zwischen Gesetz und Recht. Damit aber besteht heute ein Staatsaufbau, der dem Richter die Nachprüfung von Gesetzen nicht nur erlaubt, sondern unter Umständen zur Pflicht macht, von welcher Befugnis auch in recht erheblichem Umfang Gebrauch gemacht worden ist [2]). Ja, bereits in dem Interregnum zwischen Drittem Reich und

---

[2]) Vgl. E. v. HIPPEL, Das Naturrecht in der Rechtsprechung der Bundesrepublik in „Mechanisches und moralisches Rechtsdenken", 1959, S. 224 ff. und insbesondere A. LANGNER, Der Gedanke des Naturrechts seit Weimar und in der Rechtsprechung der Bundesrepublik. Bonn 1959.

Bonner Grundgesetz haben Gerichte unter Ablehnung des bloßen Legalitätsprinzips und unter Berufung auf die Rechtsidee Gesetze und Anordnungen des Dritten Reichs für rechtswidrig und unverbindlich erklärt. Damit aber erweist sich der Gesetzesabsolutismus JELLINEKs als an sich rechtswidrig und als heute auch illegal. So aber darf sich der inzwischen ergraute Verfasser vielleicht ohne Unbescheidenheit auf W. JELLINEK selber berufen, wenn dieser erklärt: „Entscheidet man sich für den Richter, dann ist die Methode des Verfassers richtig."

c) Das Postulat der Eindeutigkeit

In „seinem Bestreben, die dem Einzelfalle angemessenste Lösung zu finden, ist Verfasser blind für einen anderen Rechtswert: den der *Rechtssicherheit*", versichert W. JELLINEK in seiner Replik. Nun ergab sich jedoch bereits, daß man auf dem Wege des Positivismus zur Rechtssicherheit überhaupt nicht gelangen kann, sondern höchstens zur Herrschaft des Gesetzes und zur erzwungenen Gleichmäßigkeit seiner Anwendung, wobei juristisch die Frage offen bleibt, ob das Gesetz Recht oder Unrecht zum Inhalt hat. Damit aber stellt die sogenannte Rechtssicherheit nur dann ein Rechtsgut dar, wenn das zu schützende Gesetz *Recht* und nicht *Unrecht* zum Inhalt hat. Dagegen ist es anderenfalls, wie dies der Bolschewismus heute lehrt, gerade vom Rechtsstandpunkt aus gesehen besser, wenn das als Recht sich ausgebende Unrecht nicht mit Sicherheit verwirklicht wird und also der Gerechte eine Chance behält, vielleicht zu überleben.

Im übrigen aber muß es Verwunderung erregen, wenn dem Verfasser zum Vorwurf gemacht wird, die „dem Einzelfall angemessenste Lösung" zu suchen. Ging doch darum seit jeher das Bemühen der europäischen Jurisprudenz. Denn nichts anderes besagt schließlich der Begriff der „epikie" bei Aristoteles oder der entsprechende der „aequitas" bei den Römern wie im Mittelalter, als daß es darauf ankommt, den Einzelfall so zu entscheiden, daß ein normalerweise begründetes Rechtsprinzip auf ihn bezogen nicht zum Unrecht wird. Und so hat das Postulat der Eindeutigkeit auch nicht zuletzt juristische Gründe, sondern es folgt aus der fehlgehenden Anwendung naturalistischer Vorstellungen im rechtlichen Bereich.

Für W. JELLINEK dienen nämlich „alle die bekannten Auslegungsregeln" dem einen „wichtigen Zweck", von ihm auch als „Ideal" bezeichnet, nämlich der „Eindeutigkeit". Ja, es sind alle Auslegungsmethoden für W. JELLINEK nur „technische Behelfe zur Erreichung des Endzieles ‚Eindeutigkeit'".

Nun bewegt sich aber W. JELLINEK auch mit dieser Argumentation außerhalb des Rechtsbereichs, für den als Endziele nur die *Gerechtigkeit des Ergebnisses* wie die *Objektivität des Verfahrens* sinnvoll angestrebt werden können. Demgegenüber läuft das Ideal der Eindeutigkeit auf die Entmenschlichung menschlicher Beziehungen und Verhältnisse zugunsten des *Mechanismus* heraus. Denn nur dort, wo das Persönliche vernachlässigt werden darf und die Beziehung abstrakter Rechenfaktoren in Frage steht, läßt sich verlangen, daß das Ergebnis „eindeutig" in dem Sinne ist, daß jeder, der richtig rechnet, auch zu ihm gelangen muß.

Daher ist es auch kein Argument, wenn W. JELLINEK feststellt: „Da das Reich der Werte nun einmal leider in den meisten Fällen einer solchen Eindeutigkeit widerstrebt, ist die Wertbetrachtung ein an diesem Endziel (der Eindeutigkeit) gemessen technisch unvollkommenes Auslegungsmittel." Handelt es sich doch eben nicht um Technik und um mechanisches Denken, sondern um Recht und damit um den im weiteren Sinne moralischen Bereich. Offenbar aber ist es juristisch unzulässig, diesen gegen seine eigenen Voraussetzungen technisieren zu wollen. Ja, jeder Versuch hierzu bedeutet notwendig schon einen Angriff auf die Würde, auf die Freiheit wie zuletzt auf die Person des Menschen.

d) Das Argument der Subjektivität und Wertantinomie

Nun wird nach W. JELLINEK die von ihm geforderte „Tendenz zur Eindeutigkeit" da „beseitigt", wo die „subjektive Wertbetrachtung und damit die Verneinung einer wirklichen Gesetzesanwendung zur Herrschaft gelangt". Auch spricht JELLINEK gelegentlich von „objektiver Auslegung", die er auf sich selber bezieht, im Gegensatz zur vorgeblich „subjektiven Werterwägung des Verfassers".

Nun bezeugt aber dieses Argument nur den tragischen Grundirrtum des Positivismus, demzufolge Werte darum nicht objektiv und verbindlich sind, weil keine Möglichkeit besteht, sie mathematisch zu beweisen. Ein Irrtum, der die Degeneration nicht nur der Jurisprudenz [3]) sondern der europäischen Kultur überhaupt zugunsten

[3]) Vgl. V. TOMBERG: Degeneration und Regeneration der Rechtswissenschaft. 1946; FR. v. HIPPEL: Die Perversion von Rechtsordnungen, 1955.

einer bloß technischen Zivilisation zur Folge hatte. Denn Werte gehören nicht zum Bereich der theoretischen sondern der praktischen Vernunft, und sie können so zwar nicht bewiesen, aber eingesehen und begründet werden. Diese Begründung aber ist nicht darum subjektiv, weil sie durch ein Subjekt erfolgt, was im übrigen auch von der theoretischen Erkenntnis gilt, oder weil sich vielleicht höhere und noch begründetere Gesichtspunkte finden lassen. Vielmehr zeigen sich so nur die Unterschiede der Einsicht und Entwicklung und damit die wahre Wirklichkeit des Menschlichen. Denn dieses enthält in sich die Möglichkeit des Fortschrittes und ist bezogen auf eine erst zu realisierende Zukunft, wogegen der Positivismus zugunsten einer toten mathematischen Technik zuletzt die Vergangenheit schablonisiert, was auf die Wiederkehr des Ewig-Gleichen hinausläuft.

Im übrigen aber könnte das Argument der „Eindeutigkeit" dem Verfasser sinnvoll nur dann entgegengehalten werden, wenn auf dem Wege des Positivismus sich dieses Ideal offenbar erreichen läßt. Nun ist dies jedoch, wenn man absieht etwa von der Berechnung von Fristen und Terminen, die sich, wenn auch nur innerhalb der Grenzen des Rechtsgedankens, mathematisieren lassen, keineswegs der Fall. So kommen bereits W. JELLINEK und KORMANN, die doch beide mit positivistischem Verfahren das gleiche Gebiet bearbeiten, vielfach zu verschiedenen Ergebnissen, so daß von Eindeutigkeit hier nicht wohl die Rede sein kann [4]). Im übrigen aber genügt jeder Blick in einen juristischen Kommentar, um festzustellen, daß eine Eindeutigkeit der Rechtsauslegung durch den Positivismus durchaus nicht erreicht wird. Dann aber muß entweder das Postulat der Eindeutigkeit juristisch sinnlos sein oder sind seine Vertreter unfähig, es zu verwirklichen.

Es tritt dann W. JELLINEK selber in den Bereich der „Werterwägungen" ein, und zwar, um darzutun, daß die vom Verfasser getroffenen Entscheidungen ebensogut sich gegenteilig rechtfertigen ließen, und daß die so entstehende Wertantinomie nicht behebbar sei. Das teleologische Verfahren soll also als letztlich unbegründbar durch sich selbst widerlegt werden.

So stellt W. JELLINEK fest, Verfasser untersuche „die Frage sehr eingehend", ob etwa nach Art. 6 der Weimarer Verfassung die Delegation von Teilen der ausschließlichen Kompetenz einen fehlerhaften

---

[4]) Dies gilt etwa hinsichtlich ihrer Auffassung der Folgen sachlicher oder örtlicher Unzuständigkeit.

Staatsakt darstelle und komme „auf Grund von Werterwägungen zu ihrer Verneinung". Art. 6 habe nach ihm den Zweck, „bestimmte Fragen des sozialen Lebens, welche eine unitarische Regelung heischten, dem Zugriff des Reichsgesetzgebers offen zu halten. Diesem Zugriff widerspricht die Delegation als freiwillige Selbstentäußerung von Befugnissen nicht, zumal durch Bindung der delegierten Stelle an bestimmte Weisungen Einheitlichkeit des Verfahrens verbürgt werden kann". Hiergegen stellt W. JELLINEK den Einwand, daß „der Wert der Einheitlichkeit" nur „dann hoch genug eingeschätzt" werde, wenn „man keine landesgesetzliche Normierung auch nicht auf Grund einer reichsgesetzlichen Delegation" zulasse. Und er knüpft daran die Frage: „Welche von diesen beiden Werterwägungen ist richtig? Darauf gibt die Methode des Verfassers keine Antwort."

Nun besagt aber JELLINEKs gegenteilige „Werterwägung" zunächst nur, daß man stets anderer Meinung sein kann, wenn man dies will. Die Forderung an den Verfasser, diese Möglichkeit aufzuheben, bedeutet demgegenüber der Sache nach einen Angriff auf die Grundrechte, indem nämlich moralische Freiheit durch eine Art logischen Zwang aufgehoben werden soll. Die positivistische Methode in ihrer Tendenz, durch rationale und sachfremde Schablonen an Stelle freier und vernünftiger Überlegungen angeblich logischen Zwang zu setzen, enthält, verbunden mit der Souveränitätslehre, im Keim die geistigen Voraussetzungen des Dritten Reichs.

Dazu läuft auch der Inhalt der Jellinekschen „Werterwägungen" in gleicher Richtung, indem er einen abstrakten Zentralismus selbst gegen dessen eigene Vernunft als Höchstwert setzt. Demgegenüber darf Verfasser feststellen, daß der von ihm vertretene Standpunkt, demzufolge die ausschließliche Kompetenz des Reichs es nicht verbot, einzelne Sachgebiete auf die Landesgesetzgebung zu delegieren, als sinnvoll eingesehen werden kann und so auch seinerzeit vom Verfassungsausschuß ohne Widerspruch zugrunde gelegt wurde [5]). Darüber hinaus wird heute durch Art. 71 des Bonner Grundgesetzes das Delegationsrecht ausdrücklich auch durch den Verfassungstext selber anerkannt.

Nicht viel besser aber steht es um das zweite Gegenbeispiel, das W. JELLINEK bildet. In ihm werden die „Staatsfinanzen" und das

---

[5]) G. ANSCHÜTZ, Die Verfassung des Deutschen Reichs, 14. Aufl. 1933, S. 77.

„Staatsinteresse" dem vom Verfasser vertretenen Anspruch des Bürgers auf Schutz begründeten Vertrauens als angeblich unaufhebbare Wertantinomie entgegengehalten. In Wahrheit wird hier aber nur das etatistische Interesse an Macht und Geld für primär zu berücksichtigen erklärt und damit der positivistische Ausgang wiederholt, für den der Staat das eigentliche Rechtssubjekt, der Bürger Objekt und Material für dessen Pläne darstellt.

Nun ist aber auch dieser Standpunkt, der die wahren Grundverhältnisse verkehrt, durch das Dritte Reich ad absurdum geführt worden, eine „deductio ad absurdum", die W. JELLINEK als „Wertbetrachtung" und als „Daimonion" des guten Juristen ausdrücklich anerkennt. Wird doch mit dem Positivismus auch dieser Ausgang JELLINEKs heute durch das Bonner Grundgesetz verworfen, das den Staat in den Dienst des Menschen stellt und so auch nicht erlaubt, diesen primär als Objekt von Finanzinteressen zu betrachten. Und so läßt sich schon einsehen, daß hier durch W. JELLINEK der sekundäre Zweck zum primären gemacht wird und damit die wahre Wertordnung sich verkehrt.

Im übrigen aber hatte der Verfasser gar nicht behauptet oder wird es jemals tun, daß seine Entscheidungen stets die richtigeren seien. Dargelegt wurde vielmehr nur, daß Rechtsauslegung ohne ein teleologisches Verfahren, d. h. ohne Bezug auf rechtliche Werte und zuletzt den Ideenbereich juristisch begründet nicht möglich ist.

e) Sonstige Argumente und Ausklang

Die weiteren Argumente W. JELLINEKs laufen auf den Versuch hinaus, den Verfasser zu widerlegen, indem er ihn diskreditiert. Die hier entscheidende Stelle lautet: „Ernstes Bedenken erregt die Ungenauigkeit des Verfassers allerdings erst, wenn er sich in einem schwer erträglichen Tone gegen andere Schriftsteller wendet, deren Äußerungen mißverständlich oder aus dem Zusammenhange gerissen wiedergibt und dann mit einer wegwerfenden Geste abfertigt. Ein Zeichen dieses geringen Gefühles für die Würde des andern ist schon die Gleichgültigkeit in der Rechtschreibung der Eigennamen (es folgen 6 Beispiele) ... Was die Polemik selbst anlangt, so möchte ich auf die vielen mir selbst gewidmeten freundlichen Worte des Verfassers an dieser Stelle nicht eingehen. Dagegen glaube ich es dem 1914 gefallenen jungen Meister Kormann schuldig zu sein, auf einige von den Angriffen zu antworten, die Verfasser gegen ihn zu richten für gut befunden hat."

Nun kann hier abgesehen werden von dem nicht eben sachlichen und gereizten Ton W. JELLINEKs, da er begreiflich ist als Seelenausdruck eines Menschen, der sich unerwartet in die Enge gedrängt sieht. Und da dem Leser die Arbeit als solche ja vorliegt, muß er schon selber entscheiden, ob dieses Bedrängen in unsachlicher Weise oder mit Gründen geschah.

Im übrigen ist W. JELLINEK zuzugeben, daß tatsächlich einige Eigennamen verschrieben wurden, wie, daß sich sonstige kleine Ungenauigkeiten fanden. Und so hat Verfasser diese Hinweise JELLINEKs hier dankbar verwertet, soweit er sie für berechtigt hält. Doch kann er versichern, daß diese Irrtümer ihren Grund nicht in einem „geringen Gefühl für die Würde des andern" hatten. Auch lag es dem Verfasser fern, an seinem gefallenen Kriegskameraden eine Art Leichenschändung vornehmen zu wollen. Doch ist auch der Tod kein wissenschaftlich hinlängliches Argument, unzutreffende Ansichten unwidersprochen zu lassen.

Was aber den Vorwurf der Ungenauigkeit als einen allgemeinen angeht, so darf vielleicht die Gegenfrage gestellt werden, wer sorgfältiger arbeitet: derjenige, der in einigen Einzelheiten irrt, die die Sache als solche nicht betreffen, oder der, welcher sich ungeprüft eines rechtsfernen Verfahrens höchst subjektiv bedient?

Dies aber ist das entscheidende Ergebnis der Replik, daß W. JELLINEK weder das Verfahren KORMANNs noch sein eigenes grundsätzlich und begründet zu verteidigen vermochte. Ja, es besteht die bemerkenswerte Tatsache, daß JELLINEK in keinem einzigen Punkt, wo sein Verfahren als solches angegriffen wurde, auch nur den Versuch gemacht hat, dessen Berechtigung aufzuweisen.

Nun wäre das hier Ausgeführte unvollständig, wenn der sachlichen Auseinandersetzung, die als solche nur unbedingt geführt werden konnte, nicht auch der menschliche Ausklang angefügt würde. Und so darf gesagt werden, daß sich die Beziehungen zwischen W. JELLINEK und dem Verfasser trotz oder vielleicht auch wegen dieser Auseinandersetzungen herzlich, ja fast freundschaftlich entwickelten. Dies wird bereits äußerlich dadurch bezeugt, daß Verfasser an der Festschrift für Walter Jellinek mitgearbeitet hat [6]), die leider zu einer Gedächtnisschrift wurde. Und so sei als auf ein menschliches Gegengewicht zu dem hier Gesagten auch auf die dort gebrachten Ausführungen des Verfassers hingewiesen.

2. Symptomatische Fehler in der Gegenwart

Die neuere Literatur und Judikatur zum fehlerhaften Staatsakt braucht im einzelnen nicht behandelt zu werden [7]). Denn was hier angeht, ist das Problem als solches und damit das Verfahren, durch das die jeweiligen Ergebnisse wirklich oder vermeintlich gewonnen wurden. Und zwar interessiert vor allem die Frage, ob die jeweils gewählte Methode an sich, d. h. ihrer Art nach, geeignet ist, den *Rechts*gedanken festzuhalten. Ein solches Anliegen aber kann, im Hinblick auf die gerade durchschrittene Zeit vollkommener Rechtlosigkeit, kaum als ein müßiges angesehen werden.

a) Das Ausschalten der Rechtsidee

Die Anlage des Bonner Grundgesetzes verbietet es, den Positivismus an sich wie insbesondere in der Lehre vom fehlerhaften Staatsakt zugrunde zu legen. Denn in dem Augenblick, wo die Verfassung selber

---

[6]) Zur Problematik der Grundbegriffe des öffentlichen Rechts. In: „Forschungen und Berichte aus dem öffentlichen Recht" (Gedächtnisschrift für Walter Jellinek), München 1955, S. 21 ff., auch aufgenommen in die Sammlung des Verfassers „Mechanisches und moralisches Rechtsdenken", 1959, S. 412 ff.

[7]) Die hauptsächlichste Literatur und Rechtsprechung zum fehlerhaften Staatsakt ist angegeben in den Lehrbüchern des Verwaltungsrechts. Siehe für die Weimarer Zeit hier insbesondere das „Verwaltungsrecht" von W. Jellinek. 3. Aufl. 1931, S. 245 f. und Nachtrag 1934, S. 16. Interesse verdient weiter der Entwurf einer Verwaltungsrechtsordnung für Württemberg, Stuttgart 1931. Hier findet sich (Dritter Titel. Nichtigkeit der Verwaltungsakte. Art. 74 ff.) die Nichtigkeit der Verwaltungsakte in Gesetzesform geregelt wie theoretisch in den Erläuterungen (S. 247–281) begründet. Für die Gegenwart seien hervorgehoben Hans Peters, Lehrbuch der Verwaltung, 1949, S. 165 ff.; Ernst Forsthoff, Lehrbuch des Verwaltungsrechts, I. Bd., 7. Aufl. 1958, S. 202–230; Hans J. Wolff, Verwaltungsrecht, 3. Aufl. 1959, I, S. 257–269; B. Bender, Allgemeines Verwaltungsrecht, 2. Aufl. 1956, S. 102–125; E. R. Huber, Wirtschaftsverwaltungsrecht, 2. Aufl., I, 1953, S. 686 f., II, 1954, S. 662–746 und die in diesen Lehrbüchern genannte Literatur und Rechtsprechung. Für den Bereich des Zivilrechts siehe Fritz v. Hippel: Formalismus und Rechtsdogmatik. Hamburg 1935.

zwischen Gesetz und Recht unterscheidet und die Gerechtigkeit, die Rechtsidee, das Naturrecht, oder wie immer man jene Sphäre nennen mag, als eine höhere Rechtsstufe gegenüber dem Gesetz anerkennt, ist es offenbar nicht nur rechtswidrig sondern auch illegal, den bloßen Gesetzesstandpunkt zum Ausgang zu nehmen. Damit aber können heute auch jene Argumente in der Lehre vom fehlerhaften Staatsakt nicht mehr unmittelbar verwendet werden, die W. Jellinek durch seinen positivistischen Ausgang nur vom Gesetz noch für juristisch sachgegeben ansah. Andererseits aber muß man feststellen, daß sich bei nicht wenigen Juristen, denen es schwer wird, sich aus dem Sinnenbereich zur Idee zu erheben, eine ausgesprochene Neigung findet, Bereich und Bedeutung der Rechtsidee so weit wie möglich einzuschränken. Dies geschieht etwa durch den Hinweis auf deren angebliche Unbestimmtheit und Unerkennbarkeit, die der juristischen Methode zuwiderzulaufen scheint. Ein Argument, das universal gebraucht auf die Behauptung hinauslaufen würde, daß man sich um den Willen Gottes darum nicht zu kümmern brauche, weil dieser logisch nicht beweisbar sei.

Noch häufiger jedoch findet sich ein Verfahren, bei welchem die Rechtsidee zwar im Ansatz anerkannt wird, sehr bald aber in Vergessenheit gerät und dann der Sache nach mit dem Gesetz gleichgesetzt wird. Und insbesondere wird so der Begriff der *Rechtswidrigkeit* mit dem bloßer *Gesetzwidrigkeit* identifiziert, wodurch der Gesetzesbegriff zugleich etwas von jener Würde und jenem ideellen Feuer erhält, das zunächst nur der Gerechtigkeit gebührt.

Als symptomatisch wird dabei im Folgenden zunächst die Methode von Hans J. Wolff untersucht, da dieser in seinem Verwaltungsrecht den fehlerhaften Staatsakt verhältnismäßig ausführlich, grundsätzlich und geschlossen behandelt [8]). Damit aber lassen sich die Vorzüge oder auch Mängel des Verfahrens besser erkennen und exemplarisch behandeln, als wenn buntscheckig die Ansichten verschiedener Autoren ohne die Möglichkeit eines näheren Eingehens auf deren jeweilige Grundlagen zusammengetragen würden. Es kommt hinzu, daß Wolff nicht nur ein sehr guter Kenner des Verwaltungsrechts ist, sondern auch als scharfsinniger Denker ernsthaft sich müht, dieses theoretisch zu unterbauen.

---

[8]) Verwaltungsrecht I, Ein Studienbuch. 3. Aufl. 1959, § 51 (S. 257 ff.).

In seinem Verwaltungsrecht unterscheidet H. J. WOLFF einleitend zwischen vorstaatlichem und staatlichem Recht wie zwischen geschriebenen und ungeschriebenen „Rechtsquellen". Auch wird hier von ihm als „Rechtsquelle" im Sinne der „rechtstheoretischen Fragestellung" der „Erkenntnisgrund für etwas als positives Recht" bezeichnet [9]).

Nun bedeutet diese Ansicht aber eine offenbare Verwechslung der *noetischen* mit der *ontologischen* Fragestellung. Durch die noetische Fragestellung kann jedoch niemals die „Quelle" des *Rechts* gewonnen werden, sondern wird nur verwiesen auf die Seite des *Subjekts* und auf das *Organ* der Rechtserkenntnis. Wie aber so die ontologische Seite des Gegenstandes fehlt, bleibt unverständlich und wird auch von WOLFF nicht ausgeführt, was eigentlich das Recht als solches kennzeichnet. Und da auch die noetische Fragestellung, am falschen Ort aufgeworfen, nicht durchführbar ist, bleibt ebenso dunkel, wie eigentlich das Recht erkannt werden soll.

Zwar finden sich im Folgenden, wenn WOLFF die Arten der Rechtsquellen behandelt [10]), „Rechtsgrundsätze als Rechtsquellen", von ihm als „fundamentale Rechtsnormen" bezeichnet, die „sich ergeben aus der Anwendung des Prinzips der Gerechtigkeit auf deutliche Interessenlagen allgemeiner Art". Und diese Rechtsgrundsätze sind nach WOLFF wegen „ihres allgemeinen Charakters mit objektiver Erkenntnisgewißheit aus dem Rechtsprinzip ableitbar und können daher von keinem Rechtsgenossen ernsthaft angezweifelt werden".

Es bleibe nun dahingestellt, was das Postulat der „deutlichen" Interessenlagen juristisch rechtfertigt, da die Interessenlage auf den Bereich der *Wirklichkeit* verweist, die nicht postuliert, sondern nur aufgesucht werden kann, und die sehr oft auch die undeutliche Interessenlage aufweist. Kommt es doch nicht darauf an, was der Jurist subjektiv vorzufinden wünscht, also etwa die „deutliche" Interessenlage, sondern was ihm die *Welt* als Material zur Beurteilung bietet.

Auch kennzeichnet es die rationale und zum Logismus tendierende Grundhaltung von H. J. WOLFF, wenn dieser die „Rechtsgrundsätze" oder „fundamentalen Rechtsnormen" mit „objektiver Erkenntnisgewißheit aus dem Rechtsprinzip" für „ableitbar" hält, weshalb sie auch nach ihm „von keinem Rechtsgenossen ernsthaft angezweifelt werden" können.

---

[9]) a.a.O. S. 87 ff.

[10]) § 25, S. 92 ff.

Nun handelt es sich aber auch bei diesem Postulat angeblicher Erkenntnisgewißheit sowohl um eine Verwechslung der noetischen und ontologischen Seite wie um eine Verkennung des Wesens der rechtlichen Sphäre wie des Bereichs der wahren Rechtsquellen. Liegt es doch zunächst durchaus nicht so, daß gleichsam mit logischem Zwang und „objektiver Erkenntnisgewißheit" sich aus dem „Rechtsprinzip" Folgerungen ziehen lassen, die „ernsthaft" von „keinem Rechtsgenossen" angezweifelt werden können. Vielmehr bezeugt die Erfahrung das genaue Gegenteil, indem etwa die Genossen des Dritten Reichs wie die der Sowjetzone sich offenbar durch die Rechtsidee oder das „Gerechtigkeitsprinzip" [11]) keineswegs davon abhalten lassen, dies anzuzweifeln, ja zu verwerfen. Und Entsprechendes gilt auch vom bürgerlichen Positivismus. Dies aber ist darum sachlogisch möglich, weil es sich bei der Rechtsidee gar nicht um den Bereich der *theoretischen* Vernunft und einer abstrakt-begrifflich-mathematischen Beweisbarkeit handelt, deren Folgerungen und Schlüssen man sich nicht entziehen könnte, sondern um den Bereich der *praktischen* Vernunft.

Der Bereich der praktischen Vernunft aber ist ein solcher der *Moralität,* das Wort im weitesten Sinne objektiver Verbindlichkeit gebraucht, und zu ihm gehört auch die Rechtsidee. Daher ist es sehr wohl möglich, gegen diese zu verstoßen, was praktisch ja auch ständig geschieht, ohne Denkfehler im technischen Sinne zu begehen. Zwar bedeutet ein Verstoß gegen die Gerechtigkeit Unrecht und ist als ein bewußter böse, aber die Unwertigkeit kann als eine solche nicht bewiesen, sondern nur eingesehen werden, was wiederum guten Willen voraussetzt, d. h. die Bereitschaft zur Einsicht. Wie denn Frieden auf Erden nur den Menschen verkündigt wird, die eines guten Willens sind.

Insgesamt erweist so das Recht sich seinem sachlogischen Orte nach als im Ideenbereich wurzelnd, beziehungsweise als von ihm ausgehend, und eben hierin gründet seine Objektivität und Verbindlichkeit. Liegt aber so das Recht gar nicht im Bereich der *Rationalität* sondern der *Moralität,* so kann auch der Verstand allein als Erkenntnismittel nicht hinreichen, wie dies WOLFF meint, beziehungsweise voraussetzt. Vielmehr wird als Erkenntnisweg grundsätzlich der teleologische moralisch-vernünftiger Gewisseneinsicht gefordert, da nur er der Natur des Gegenstandes, d. h. seiner Wertigkeit sachlich entspricht.

---

[11]) a.a.O. S. 93.

Dazu hat die Verwechslung der ontologischen mit der noetischen Fragestellung zur weiteren Folge, daß die von H. J. WOLFF an sich durchaus nicht geleugneten Rechtsprinzipien die Tendenz zeigen, alsbald mit dem positiven Recht zu verschmelzen. Denn indem WOLFF in den Rechtsprinzipien nur den „Erkenntnisgrund für positives Recht" [12]) sieht, also wiederum die ontologische Fragestellung verfehlt, nach der die Rechtsidee nicht *Erkenntnisgrund* sondern *Geltungsgrund* für das positive Recht ist, entzieht er den höheren Rechtsstufen ihre juristische Bedeutung. Denn wie diese nach Wolff nur „Erkenntnisgrund" für das positive Recht sind und ihnen weiter die für „den Rechtssatz notwendige Entschiedenheit und Sinnbestimmtheit" mangeln soll [13]), kommt es zuletzt doch auf das positive Recht hinaus.

In Wahrheit aber genügt die Rechtsidee, genügt die Gerechtigkeit als solche, um staatliches Verhalten im Hinblick auf den Rechtsgedanken als grundsätzlich fehlerhaft, ja als unverbindlich zu kennzeichnen [14]). Eine Feststellung, deren unmittelbare Rechtsbedeutung das Dritte Reich, der Bolschewismus oder die Sowjetzone hinlänglich vor Augen stellen. Bekommt doch Widerstand als aktiver wie als passiver nur durch diese unmittelbare Bedeutung der Rechtsidee seine auch juristische Legitimation.

b) Die „unmögliche Tatsache"

Die Tendenz des Positivismus, das Recht in Tatsachen der Außenwelt und insbesondere in „souveräner Macht" zu suchen, verbunden mit dem doch festgehaltenen idealen Anspruch des Rechtsgedankens, führt notwendig zu einem Wirrwarr der Begründungen. Dies wurde für die frühere Zeit bereits an zahlreichen Beispielen nachgewiesen, gilt jedoch heute kaum minder auch gegenüber H. J. WOLFF, so sehr er an systematischer Schulung und Neigung die meisten seiner Vorgänger übertrifft.

Es zeigte sich bei WOLFF bereits eine Verwechslung der Seinsbereiche, die dadurch sich ergibt, daß WOLFF zwar zu einem Erkenntnisbegriff der Rechtsidee gelangt und diese nicht leugnet, aber nicht zu ihrer ontologischen Sphäre und damit zu ihrer Beschaffenheit. Hier aber

---

[12]) a.a.O. S. 93.
[13]) a.a.O.
[14]) a.a.O.

gilt, daß die Rechtsidee und das ihr verbundene positive Recht Ansprüche erheben, die ihrem letzten Verpflichtungsgrund nach nur als moralische behandelt werden können, und deren Qualität vor allem durch Pflicht und Berechtigung, durch Sollen und Dürfen zum Ausdruck kommt. Denn mag auch immer sich der Rechtspflicht grundsätzlich staatlicher Zwang als ultima ratio verbinden, so trägt doch die Pflicht an sich und als solche den Charakter des *Sollens,* der den moralischen Bereich kennzeichnet. Muß doch das Rechtsgesetz nicht erfüllt werden wie etwa das Naturgesetz, was jede Rechtsprechung überflüssig machen würde, da das, was man tun „muß", ja ohnehin geschähe, sondern es „soll" erfüllt werden. Zwischen Gebot und Tat steht also menschliche *Freiheit,* die sich so und so verhalten kann, und menschlicher Wille, der auf das Gute wie auf das Böse sich zu richten vermag.

Nun hat aber der Anschluß der positivistischen Rechtslehre an die materialistische Naturwissenschaft zur notwendigen Folge, daß auch die Rechtsbegriffe und Rechtsqualitäten naturalistisch mißverstanden werden. Insbesondere zeigt sich so als ganz geläufig, ja, bis in die Terminologie der Gesetze eingedrungen, eine Verwechslung, beziehungsweise Gleichsetzung von „Sollen" und „Müssen", von „Können" und „Dürfen", und da im übrigen auch die Sprache selber seit dem Mittelalter eine Vergröberung erfahren hat, die es erlaubt, ja mitunter nötigt, für idealistische Begriffe naturalistische zu verwenden, finden sich entsprechende Argumentationen auch im Rechtsbereich. So ist es heute eine gewöhnliche Erfahrung, daß etwa ein Rechtskandidat, dem ein Fall aus dem Verwaltungsrecht zur Entscheidung vorgelegt wird, seine Ausführungen mit den Worten beginnt: „Die Behörde konnte dies nicht tun", obwohl sie es doch gerade getan hat, und obwohl nicht ihr „Können" sondern ihr „Dürfen", ihre Berechtigung oder eventuell auch ihre Pflicht hier in Frage stehen. Nun findet sich das gleiche Argument der „unmöglichen Tatsache" aber auch in der Lehre vom fehlerhaften Staatsakt, von wo es sich, Verwirrung stiftend, nicht nur der Studenten sondern auch der Praxis bemächtigt. Und es wird kaum ausgetrieben werden können mit all dem, was an Verschiebung der eigentlichen Rechtsfragen sich ihm verbindet, wenn es nicht gelingt, es zuvor aus den Lehrbüchern des Verwaltungsrechts auszumerzen.

Wiederum sei so als Beispiel auf das Verwaltungsrecht von Wolff hingewiesen, in dem der Begriff der „Unmöglichkeit" als Rechtsbegriff eine bedeutende Rolle spielt. Es versichert hier WOLFF[15]) unter der Überschrift „Unmöglichkeit“: „Wegen absoluter Rechtswidrigkeit rechtlich *unmöglich* ist ein Verwaltungsakt, dessen Regelung so wie erlassen angesichts gültigen objektiven Rechts unter keinen denkbaren Lebensumständen möglich sein oder mangels des im Hoheitsakt selbst bezeichneten Substrats rechtliche Wirkung überhaupt nicht haben kann.“ Eine Definition, bezüglich derer WOLFF auch auf eine Entscheidung des Bundesgerichtshofs verweist, die jedoch hier auf sich beruhen bleiben mag, da Begriffsbestimmungen von wissenschaftlichem Anspruch dort zunächst angehen, wo sie ihren Ursprung haben, nämlich im theoretischen Bereich.

Nun fällt an dieser Definition, die doch heuristisch gemeint ist, d. h. die als Entscheidungsprinzip in Zweifelsfällen dienen soll, zunächst auf, daß das Auszuweisende, nämlich die angeblich rechtliche Unmöglichkeit, dann bestehen soll, wenn ein Verwaltungsakt „unter keinen denkbaren Umständen möglich sein oder ... rechtliche Wirkung überhaupt nicht haben kann“. Es überfordert aber diese Definition offenbar zunächst die Phantasie dessen, dem sie dienen soll, da sie eine Vorausschau auf alle „denkbaren Umstände“ und also göttliche Einsicht verlangt. Wozu noch kommt, daß Umstände niemals „denkbar“, sondern höchstens voraussehbar sind, da nicht die Ratio sondern die Wirklichkeit hier in Frage steht.

Im übrigen aber besteht Unmöglichkeit nach WOLFF dort, wo Möglichkeit nicht besteht, d. h. es wird logisch die Armut durch die pauvreté erklärt, womit sich die Definition als leer, da auf sich selber zurücklaufend erweist und also praktisch unanwendbar ist.

Darüber hinaus wird auch die *Rechts*sphäre durch die Begriffe der „Möglichkeit“ wie der „rechtlichen Wirkung“ verlassen zugunsten naturalistischer Assoziationen. Denn es gibt rechtlich keine Unmöglichkeit sondern nur tatsächlich, wie es denn etwa unmöglich ist, einen Elefanten in einer Streichholzschachtel zu verpacken. Damit aber wird die rechtliche Forderung, dies zu tun, nicht ihrerseits unmöglich; denn alles, was geschieht, wenn auch vielleicht nur als Postulat, ist eben als Forderung möglich, und auch das Nichtausführen des Unmöglichen kann etwa mit Strafe bedroht sein.

Zwar kann aus dieser Unmöglichkeit bei teleologischem Verfahren im Wege rechtlicher Sinnauslegung geschlossen werden, daß das Ge-

[15]) a. a. O. S. 259.

bot als *unrealisierbar* auch *unverbindlich* ist. Dies folgt aber durchaus nicht aus der Unmöglichkeit der Handlung, beziehungsweise des durch sie anzustrebenden Erfolges, sondern aus der vorausgesetzten Werthaftigkeit der Rechtsordnung, nämlich durch deren notwendige Verbindung mit dem Gerechten und Guten der Welt. Wo aber diese gerade durch den Positivismus verleugnete Voraussetzung fehlt, wo also das Recht nur in der Sphäre staatlicher Willensmacht gesucht wird, ist auch der Schluß von der Sinnlosigkeit des Geforderten auf die rechtliche Unverbindlichkeit der Forderung unbegründet. Denn wie in despotischen Systemen der bindende Befehl gilt, da es hier nicht um Recht und Unrecht, sondern um Befehl und Zwang geht[16]), kann auch das Gebot, etwa ein landwirtschaftliches Plansoll zu erfüllen, dem zu entsprechen praktisch keine Möglichkeit besteht, im Sinne des Positivismus verbindlichlich sein und etwa zur Entziehung des Hofes führen. Und wie es umgekehrt sehr wohl möglich ist, Unschuldige zu erschießen oder in Konzentrationslager einzusperren, ist es juristisch um so notwendiger, die Ebenen des Könnens und des Dürfens auseinanderzuhalten.

Diese Verwechslung der Seinsbereiche, die am Beispiel der „rechtlichen Unmöglichkeit" eben gekennzeichnet wurde, findet sich bei Wolff auch an anderen Stellen. So ist nach ihm etwa „rechtliche Unmöglichkeit" bei „absoluten Zuständigkeitsfehlern" gegeben, dann nämlich, wenn die Maßnahme überhaupt nicht von einer Verwaltungsbehörde getroffen werden kann, sondern nur durch Gesetz oder nur durch richterliches Urteil" [17]). Nun „kann" aber jede Maßnahme, die durch Gesetz oder Urteil sich treffen läßt, auch durch Verwaltungsakt getroffen werden, wie dies die Praxis des Absolutismus der

---

[16]) So erzählt etwa I. Sugimoto in ihrem Buch: Tochter des Samurai. 64.–75. Tsd. 1959, S. 68 f. von einem Despoten, der in der Provinz Shinano regierte und befahl, daß alle Alten zu töten seien und daß seine Untergebenen ihm ein „Tau von Asche schenken sollten". „Die ganze Provinz zitterte vor Furcht. Dem Befehl mußte gehorcht werden, aber wer in ganz Shinano konnte aus Asche ein Tau drehen?"

Die „Unmöglichkeit" führt hier also keineswegs im Sinne eines leeren logischen Schlusses, wie Wolff meint, zur Nichtigkeit, da das tyrannische System als ein rechtlich bindendes angenommen wird. Nur durch Bezug auf eine überpositive Wertordnung und deren höheren Rang ließe sich die Unverbindlichkeit des Gebotenen begründen. Und so ergibt sich die Lösung auch in der Erzählung aus Umkehr und Einsicht des Tyrannen.

[17]) Wolff a.a.O. S. 261.

Neuzeit lehrt: der Führerbefehl im Dritten Reich, entsprechende Maßnahmen im Sowjetstaat oder in China. Und so lautet die *Rechtsfrage* auch gar nicht, ob dies *möglich*, sondern ob es *zulässig* ist. Dies aber läßt sich nicht abstrakt ohne Bezug auf etwas, nämlich auf Rechtsnorm und Rechtsidee, beantworten, wogegen WOLFF durch das Verfahren einer frei schwebenden, unbezogenen Ratio zuletzt nur auf sich selber als Ansichtsträger und Begriffsbildner verweist.

Im übrigen aber hat ein Verfahren, das aus der Unzulässigkeit eines Verhaltens auf seine Unmöglichkeit schließt, schon MORGENSTERN in seinem Gedicht „Die unmögliche Tatsache" treffend gekennzeichnet. Und so möge dieser Abschnitt mit einem Hinweis auf dies Gedicht geschlossen werden, da das dort von MORGENSTERN Gesagte WOLFFs Verfahren gleichsam zur Anschaulichkeit bringt.

Es kennzeichnet hier MORGENSTERN die innere Lage Palmströms, der ohne Rechtsgrund von einem Kraftfahrzeug überfahren wurde und so unfähig ist, diese Tatsache als eine „mögliche" zu begreifen. Und so lautet das Resultat seines Nachgrübelns:

„Eingehüllt in feuchte Tücher
prüft er die Gesetzesbücher
und ist allsobald im Klaren:
Wagen durften dort nicht fahren!
Und er kommt zu dem Ergebnis:
Nur ein Traum war das Erlebnis.
Weil, so schließt er messerscharf,
nicht sein kann, was nicht sein darf."

c) Schematismus und Objektivität

Bereits das bisher Gebrachte, wofür H. J. WOLFF nur exemplarisch als Kronzeuge herangezogen wurde, bezeugt eine Neigung des Positivismus zum abstrakten Schema. Eine Tendenz, in der die rationale Seite der alten Begriffsjurisprudenz fortlebt. Auch ist dies kein Zufall, denn es entspricht genau einem Wissenschaftsbegriff, für den wirklich nur ist, was im Bereich der Erfahrung liegt oder im Wege eines begrifflich-mathematischen Beweisverfahrens deduziert werden kann.

Nun wurde die Ungemäßheit dieses Wissenschaftsbegriffs für den Rechtsbereich im Hinblick auf die Rechtsidee bereits aufgewiesen. Es sei daher jetzt das Augenmerk noch der rationalen Seite des Positivismus zugewendet, wobei wiederum WOLFF als ansehnlicher und geschulter Vertreter dieses Wissenschaftsbegriffs als Zeuge dienen mag.

Es kann nun bei WOLFF zunächst seine Neigung auffallen, recht komplizierte Definitionen aufzustellen, ohne zu fragen, ob diese Begriffsbildungen juristisch *berechtigt* und praktisch *anwendbar* sind. Denn ein Begriff kann an sich durchaus sinnvoll sein, woraus aber noch nicht folgt, daß ihm im Leben etwas entspricht. So ist es nicht sinnlos, etwa von einem Einhorn zu sprechen; doch kann daraus begründet nicht geschlossen werden, daß es im Sinnenbereich auch Einhörner gibt. Der Begriff ist daher wohl im poetischen, nicht aber im Erfahrungsbereich verwendbar. Entsprechendes aber gilt juristisch dort, wo WOLFF vom Richter fordert, alle „denkbaren Fälle der Unmöglichkeit“ [18]) sich vor Augen zu stellen und glaubt, damit eine praktische Lösung zu geben. Zwar ist das Gesagte in sich selber nicht sinnlos, aber unanwendbar, da die Ratio nicht ausreicht, alle konkreten Möglichkeiten des Erfahrungsbereichs zu antizipieren, sondern höchstens etwa im Sinne KANTs erlaubt, die formalen Kategorien aufzustellen, innerhalb deren Erfahrung als mögliche liegt.

Im übrigen erhebt sich hier die Frage, was einen Juristen eigentlich berechtigen kann, Schemata der Entscheidung aufzustellen, nach denen sich die Praxis richten soll. Die Antwort hierauf aber könnte begründet offenbar nur lauten, daß sie aus diesen oder jenen Gründen dem *Recht* entsprechen und insbesondere dem Gesetz, auf das der Positivismus als seine vermeinte Quelle so stark verweist. Demgegenüber aber besteht die doch erstaunliche Tatsache, daß WOLFF sich für berechtigt ansieht, ohne Bezug auf das Gesetz abstrakte Definitionen aufzustellen, um diese nun als Grundlage für Entscheidungen zu verwenden.

So liegt etwa nach WOLFF „rechtliche Unmöglichkeit“ nur selten vor, nämlich zunächst dann, „wenn das *Gesetz* selbst einen Tatbestand *ausdrücklich* mit der Nichtigkeitsfolge verknüpft“ [19]). Nun kommt es aber für eine juristische Betrachtung, d. h. eine solche, die von Recht und Gesetz und also der *Norm* als objektiv maßgeblich ausgeht, ganz offenbar auf den Unbegriff der rechtlichen Unmöglichkeit nur dann an, wenn dieser etwa im Gesetz als Kriterium für Rechtsfolgen auftritt. Dagegen lautet die juristische Fragestellung doch, wann etwa Nichtigkeit eines Verwaltungsakts anzunehmen ist, was jedenfalls dann gilt, wenn das Gesetz diese als Rechtsfolge bestimmt.

---

[18]) a.a.O. S. 259.

[19]) a.a.O. S. 260.

Es ist daher wohl begründet, wenn WOLFF von der Gesetzesanordnung ausgeht. Doch macht WOLFF diesen juristischen Normalansatz alsbald zum bloßen Unterfall des von ihm selber gebildeten Begriffs der rechtlichen Unmöglichkeit. Damit aber wird die eigentliche Aufgabe offenbar verschoben, da es ja nicht darum geht, Fälle rechtlicher Unmöglichkeit aufzusuchen, sondern festzustellen, unter welchen Voraussetzungen von Rechts wegen ein Verwaltungsakt als nichtig anzusehen ist. Daß als Kriterium hierfür sich der Begriff der „rechtlichen Unmöglichkeit" nicht eignet, ergab sich bereits. Indem jedoch hier dieser Begriff darüber hinaus normativ gebraucht wird, da ja bei seinem Vorliegen Nichtigkeit eintreten soll, tritt so an Stelle des Rechts das höchst persönliche System eines Autors. Zugleich wird wiederum der Bezug auf die Rechtsidee durch die naturalistische Blickrichtung verbaut, die gleichsam die causa für angebliche Rechtswirkungen sucht. Und insoweit gehört WOLFF zu den Entdeckern der „rechtlichen Unmöglichkeit", wie etwa ein Virusforscher sich mit Grund rühmen mag, einen neuen Bazillus und damit die Ursache für bisher unerklärbare Ansteckungskrankheiten und Todesfälle gefunden zu haben.

Dieser juristische Virus, der einen Staatsakt nichtig macht und ihn wegen „rechtlicher Unmöglichkeit" gleichsam tötet, liegt nun nach WOLFF zweitens dann vor, wenn es an „dem im Verwaltungsakt bezeichneten *Substrat* fehlt" [20]). Und WOLFF sieht hier als Unterfälle des sogenannten „Mangels an Substrat" das Fehlen des „persönlichen", des „sachlichen" wie des „rechtlichen" Substrats an. Nun führt aber dies Verfahren, von dem Verschieben der Problemstellung abgesehen, worauf schon hingewiesen wurde, zu einer abstrakten Begriffsrechnerei, wobei die doch rechtlich zu beurteilenden konkreten Sachverhalte ganz aus dem Blickfeld geraten. So wird etwa die Frage, ob ein Verwaltungsakt darum nichtig ist, weil der Adressat, von dem ein Verhalten höchst persönlicher Art verlangt wurde, bereits verstarb, aus ihrer rechtlichen Einbettung herausgerissen und rechtsunbezogen schematisch beantwortet. Zugleich kommt es *so* nun nicht mehr auf die *Rechtsfrage* an, sondern auf den *Begriff*, da ja der „Mangel an persönlichem Substrat" Nichtigkeit wegen rechtlicher Unmöglichkeit gleichsam automatisch zur Folge hat. Offenbar aber widerspricht eine solche Begriffsrechnerei, bei welcher der Tod eines Menschen als

[20]) a.a.O. S. 160.

eine Art Mangel an Tatbestand zur Nichtigkeit führt, zunächst der Menschenwürde. Denn müßte die Witwe des Verstorbenen, falls ihr auf Anfrage mitgeteilt würde, der an ihren Mann ergangene Verwaltungsakt sei juristisch nichtig wegen „Mangel an persönlichem Substrat", nicht das Gefühl haben, eher unter Robotern als unter Menschen zu leben? Und hat nicht auch im Rechtsbereich die Begründung so zu lauten, daß sie als sinnvoll eingesehen werden kann?

Hinzu aber kommt noch, daß jede wirkliche Begründung bei WOLFF fehlt. Ja, man kann insoweit geradezu von einem „Mangel an Begründungssubstrat" sprechen. Offenbar hat das Verfehlen der ontologischen Sphäre des Rechts und ihre Verwechslung mit dem Erkenntnisbereich zur Folge, daß WOLFF das Aufstellen einer Art von Entscheidungsmechanismus und abstrakte Lösungsschema für juristisch hinlänglich ansieht. Da dieses Schema aber nur im Subjekt zunächst seinen Ausgang hat, während es sich fragt, ob seine Anwendung möglich, sinnvoll und gerechtfertigt ist, kann es für sich nicht eine Begründung ersetzen. Dazu lautet für eine *objektive,* d. h. auf die *Norm* bezogene Auslegung die Frage nicht, ob ein „Mangel an persönlichem Substrat" besteht, d. h. ob ein Seinstatbestand dem Wolffschen Schema Genüge tut, sondern ob ein Verwaltungsakt nichtig ist, falls der Adressat einer höchst persönlichen Verpflichtung bereits verstarb. Dies wird man aus Gründen rechtlicher Vernunft, nicht aber aus „Mangel an rechtlichem Substrat" wohl für den Normalfall annehmen dürfen. Immerhin aber bleibt es für eine objektive Auslegung offenbar erforderlich, darauf zu achten, ob nicht in besonders gelagerten Fällen der Vernunftschluß etwa unvollziehbar ist. Jedenfalls aber widerspricht das bloße Schema der Pflicht konkreter Sachentscheidung.

Zugleich zeigt sich hier die ausgesprochene Neigung des Positivismus zur *Subjektivität.* Denn indem er zu Unrecht annimmt, daß ein logischer Schematismus bereits hinreiche, auch die Ansätze des Schemas zu logisieren, dessen Anwendbarkeit doch jeweils rechtlich zu begründen bleibt, wird der Verfasser des Schemas zu einer Art Gesetzgeber. Und während das objektive Verfahren über Norm und Rechtsidee einen zuletzt theozentrischen Charakter [21]) trägt, findet das positivistische Verfahren im System des jeweiligen Autors und dessen

---

[21]) Ihn brachte das kleine Kaiserrecht (um 1280) zum Ausdruck in den Worten: „Ein jeglicher Mensch soll wissen, daß Gott ist recht, und Recht kommt von Gott, und aus dem Recht kommt Gerechtigkeit."

Ansichten den letzten Bezugspunkt. Damit aber wiederholt sich gleichsam in der Person des einzelnen Auslegenden jener anthropozentrische Ausgang des Positivismus, demzufolge Ratio und Machtwille des Staates und also menschliche Meinung ohne Bezug auf die Rechtsidee zur Rechtssetzung genügen sollen.

d) Die Aufgabe des Positivismus durch Anerkennung von Wertkategorien

Die bisherigen Ausführungen ergaben, daß aus den von H. J. WOLFF angegebenen Kriterien Entscheidungen teils gar nicht, teils nicht als sinnvolle und rechtsbezogene getroffen werden können. Der Grund hierfür aber liegt darin, daß man einem Gegenstand nicht gerecht werden kann, wenn man ihn außerhalb seiner Sphäre sucht. Indem dies WOLFF wie der Positivismus tut, d. h. das Recht bald in der Außenwelt der Dinge, bald durch abstrakte und als solche rechtsunbezogene Ratio im Bereich inhaltsleerer Logistik sucht, kann er auch zu begründeten oder auch nur der Art nach einsichtigen Stellungnahmen nicht gelangen.

Andererseits aber ist WOLFF ein kenntnisreicher Jurist und als solcher am positiven Recht ernsthaft interessiert. Und so sieht man ihn, wie genötigt durch die Logik der Sache, die Fehlerfolge unzulässiger Staatsakte doch zuletzt mit ihrer rechtlichen Bedeutung verbinden, das aber heißt, sie unter dem Normgesichtspunkte *bewerten.* So erklärt WOLFF ganz im Sinne eines teleologischen Verfahrens: „Die Fehler von Verwaltungsakten werden nach ihrer rechtlichen Erheblichkeit unterschieden und sind danach mit verschiedenen Rechtsfolgen verknüpft“ [22]). Und WOLFF unterscheidet entsprechend zwischen „besonders groben“ Fehlern, die den Verwaltungsakt „absolut rechtswidrig“ machen sollen, und die „ohne weiteres dessen Unwirksamkeit (Nichtigkeit) zur Folge“ haben, und „minder schweren rechtlichen Fehlern (Mängeln)“, „die den Verwaltungsakt nur relativ – angesichts der gegebenen Umstände des Einzelfalls – rechtswidrig machen“, und die „dessen Wirksamkeit zunächst nicht beeinträchtigen, sondern nur dann, wenn er fristgerecht angefochten oder widerrufen wird“. Dabei sei „auf die aus der objektiven Rechtsordnung folgende Schwere und Offenkundigkeit des Fehlers“ abzustellen [23]).

---

[22]) a.a.O. S. 257.
[23]) a.a.O. S. 258.

Nun wird aber diese den Juristen erfreuende Hinwendung zur Rechtsnorm durch WOLFF alsbald durch die fehlgehende Verwendung naturalistischer Begriffe wiederum in Frage gestellt. Und hier spielt dann insbesondere der Unbegriff der „rechtlichen Unmöglichkeit" eine Rolle, über den bereits gesprochen wurde. Was jedoch nunmehr interessiert, sind die Unterfälle der rechtlichen Unmöglichkeit und damit die genaueren Kriterien, bei deren Vorliegen Unmöglichkeit bestehen soll. Und zwar besteht eine solche nach WOLFF im Falle „absoluter Gesetzlosigkeit", bei „absoluten Zuständigkeitsfehlern", bei „Verletzung absoluter (elementarer), äußerlich erkennbarer Verfahrensvorschriften", bei „Verstoß gegen absolut zwingende Formvorschriften", „absoluten Willensfehlern" wie bei „absoluten Inhaltsfehlern, die den Verwaltungsakt rechtlich unter allen Umständen unmöglich machen" [24]).

Nun fällt bei dieser Aufzählung die jeweils wiederkehrende Verwendung des Begriffs absolut auf als Kriterium der rechtlichen Unmöglichkeit, d. h. also als Indiz für die anzunehmende Nichtigkeit eines Verwaltungsaktes. Es wird hierauf noch zurückzukommen sein. Im übrigen gilt jedoch, daß die von WOLFF aufgestellten Kriterien weder an sich begründete sind oder durch ihn begründet werden, noch daß eine Möglichkeit besteht, sie in ihrer unbezogenen Abstraktheit juristisch anzuwenden. So läßt sich unter „absoluter Gesetzlosigkeit" durchaus nichts vorstellen, und auch wenn WOLFF sie definiert als das „Fehlen irgendeiner gesetzlichen Grundlage für einen derartigen Verwaltungsakt", so wird hier offenbar der Versuch gemacht, inhaltliche Entscheidungen aus leeren Formprinzipien herauszuspinnen. Dazu liegen die Gründe anzunehmender Rechtsfolgen gar nicht in der Ebene einfacher *Feststellbarkeit*, wie WOLFF hier annimmt, vielmehr im Felde der *Bewertung* eines unter dem Rechtsgesichtspunkt bedeutsamen Verhaltens.

Wie wenig haltbar Ergebnisse sind, die ohne die Rechtsidee und ohne Bezug auf konkrete Normen von WOLFF gewonnen werden, zeigt sich, wenn WOLFF als Beispiel „absoluter Gesetzlosigkeit", da es „überhaupt kein Gesetz gibt, das den Eingriff in abstracto rechtfertigen könnte", das „staatliche Gebot am Gottesdienst teilzunehmen" nennt [25]). Gibt es doch solche Gesetze, die hier als „in abstracto" un-

[24]) a.a.O. S. 262.
[25]) a.a.O. S. 260.

möglich hingestellt werden, sehr wohl, wie dies entsprechende Verbote der Sowjetzone oder des Dritten Reichs gegenüber Parteifunktionären bezeugen. Die Unverbindlichkeit eines solchen Gebots oder Verbots, das im Sinne des Positivismus durchaus „in Kraft stehen" kann, d. h. die Garantie der Macht hinter sich haben mag, folgt daher auch nicht aus einer abstrakten „Unmöglichkeit" des Gesetzesinhalts, sondern aus einem konkreten Verstoß des staatlichen Gesetzes gegen die höhere Pflicht, Gott mehr zu gehorchen als den Menschen, wozu auch das Recht gehört, ihn öffentlich zu verehren und sein Wort zu hören. Die Inhaltlichkeit höherer Normen über dem Gesetz, gegen welche hier verstoßen wird, nicht aber „absolute Gesetzlosigkeit" – liegt doch ein Gesetz gerade vor – macht also ein solches Verbot unverbindlich.

Aber auch wenn WOLFF als ein weiteres Beispiel absoluter Gesetzlosigkeit das Verbot, „zu Hause zu rauchen", nennt, da es hier an „hoheitlicher Kompetenz" fehle, so wird das doch zu Begründende zum Grund. Auch fehlt die „hoheitliche Kompetenz" nur in einer *freiheitlichen* Ordnung, während bei Fortschreiten des Dirigismus und der Herrschsucht in der Welt es sehr wohl vorstellbar ist, daß Rauchen, auch in der Wohnung, etwa aus gesundheitlichen Gründen oder solchen eines nationalen Wirtschaftsegoismus einmal durch Gesetz verboten wird. Auch erging ein entsprechendes Verbot hinsichtlich des Kaffees durch Napoleon anläßlich der Kontinentalsperre. So läßt sich nicht in abstracto mit Grund von „absoluter Gesetzlosigkeit" sprechen, sondern nur von der Unzulässigkeit einer solchen Regelung in der Bundesrepublik im Hinblick auf das Bonner Grundgesetz und dessen freiheitliche Voraussetzungen.

Aber auch die sonstigen Kriterien, mittels deren WOLFF zum Begriff der „rechtlichen Unmöglichkeit", d. h. zu einem Tatbestand hinführen will, bei dessen Vorliegen als Rechtswirkung Nichtigkeit gleichsam von selber eintritt, sind unverwendbar wegen Verwechslung der Seinsbereiche. So gibt es keine „absoluten Zuständigkeitsfehler" an sich, sondern nur solche, bezogen auf einen rechtlich gegebenen Zuständigkeitsbereich. Ob „streng ausschließliche Zuständigkeitsregelungen" [26]) vorliegen, kann ebenfalls nur so gefunden werden und folgt auch nicht aus einem „Können" der Behörde, sondern aus ihren Befugnissen und deren anzunehmendem Umfang.

---

[26]) a.a.O. S. 261.

Insgesamt lassen sich so Kategorien, denen äußere Tatsachen nicht entsprechen, auch nicht abstrakt als Unterscheidungskriterien verwenden, da das Vorliegen von Nichtigkeit nicht aus ihnen folgt, sondern höchstens umgekehrt durch sie bezeichnet wird. Insbesondere entspricht auch dem rechtlichen „Können" der Behörde kein Tatbestand der Außenwelt, der sich feststellen ließe wie etwa das Unvermögen eines Athleten, ein für ihn zu schweres Gewicht zu heben. Damit aber sind die von H. J. Wolff aufgestellten Kategorien empirisch unverwendbar und rechtlich leer, da sich die Frage konkret stellt, ob eine Behörde etwas tun darf oder nicht, was durch den abstrakten und normunbezogenen Begriff „streng ausschließlicher Zuständigkeit" sich nicht beantworten läßt. Nicht anders liegt es bezüglich der „Verletzung absoluter (elementarer), äußerlich erkennbarer Verfahrensvorschriften", wobei dahingestellt sei, welchen Sinn der Begriff „elementar" in rechtlichen Zusammenhängen etwa haben könnte. Und ebensowenig gibt es juristisch „absolut zwingende" Formvorschriften, da nur im Bereich der Naturordnung etwas als absolut zwingend sinnvoll bezeichnet werden kann, wie etwa die Nötigung zu atmen, während es im Rechtsbereich um die *Bedeutung* von Vorschriften geht, die nicht aus Zwang, sondern nur aus Freiheit im Hinblick auf rechtlich-moralische Vernunft wie auf konkrete Regelungen jeweils festgestellt werden kann.

Wie wenig haltbar Argumente sind, die den Ideenbereich außer Ansatz lassen, wird besonders deutlich, wo Wolff von „absoluten Inhaltsfehlern" spricht, die nach ihm den „Verwaltungsakt rechtlich unter allen Umständen unmöglich machen" [27]) sollen. Es nennt hier Wolff als Beispiel für den „Verstoß gegen ein unbedingtes und zwingendes gesetzliches Verbot, insbesondere auch gegen ein Strafgesetz" [28]) die Tötung Geisteskranker. Nun gibt es aber „zwingende" Verbote überhaupt nicht, sondern höchstens kann ein Verbot mit Zwang verbunden sein, wobei aus dem Vorhandensein von Zwang juristisch noch nicht dessen Berechtigung folgt. Im übrigen aber scheint Wolff vergessen zu haben, daß auf legalem Wege – denn in der Despotie entspricht der Führerbefehl dem Gesetz – die Tötung Geisteskranker unlängst in größtem Umfang vorgenommen wurde, so daß also dieser „absolute Inhaltsfehler" entsprechende Verwaltungsakte keineswegs „unmöglich" machte.

[27]) a.a.O. S. 262.

[28]) a.a.O.

Es kann daher die Frage nach „absoluten Inhaltsfehlern“ juristisch sinnvoll offenbar nur lauten, ob es etwa Inhaltlichkeiten gibt, die zwar nicht *zwingen*, die jedoch *verbindlich* sind für jede Ordnung, die sich als Rechtsordnung bezeichnen läßt. Zu diesen Inhaltlichkeiten gehört nun das Verbot, Unschuldige zu morden, weshalb ein Verstoß hiergegen Gesetz wie Verwaltungsakt gleichermaßen unverbindlich macht, ohne daß dadurch die Tat oder das sie fordernde Gebot damit im äußeren Sinne „unmöglich“ wären. Dazu zeigt gerade dieses Beispiel, daß es juristisch nicht genügt, nur bis zum Gesetz zu gehen, das selber ja „absolute Inhaltsfehler“ im Sinne von WOLFF enthalten kann. Denn da gerade „absolute Inhaltsfehler“ sinnvoll nur aus dem Ideenbereich wie aus der lex divina sich ergeben können, muß entsprechend bei ihrer Konstatierung auch der bloße Gesetzesbegriff transzendiert werden.

Es wird dann von H. J. WOLFF als weiteres Beispiel „absoluter Inhaltsfehler“ eine „antisemitische Allgemeinverfügung“ genannt, in der er einen „abstrakten Verstoß gegen eine Grundforderung der verfassungsmäßigen Ordnung oder des Sittengesetzes“ [29]) sieht. Was aber hier gesagt wird, ist im Grunde nur, daß nach dem Bonner Grundgesetz, insbesondere im Hinblick auf Art. 2, eine Allgemeinverfügung gegen jüdische Mitbürger oder Personen im Anordnungsbereich der Bundesrepublik gegen die Verfassung verstößt, die hier das „Sittengesetz“ einbezieht. Dagegen muß ein „absoluter Inhaltsfehler“ offenbar darüber hinaus gegen die materiellen Voraussetzungen des Rechts überhaupt verstoßen, womit wiederum das Prinzip bloßer Legalität durch jene Voraussetzungen zu überhöhen wäre, die im materiellen Sinne für Recht überhaupt maßgeblich sind.

Zugleich zeigt sich bei diesem Beispiel wiederum verwirrend die Verwechslung des noetischen mit dem ontologischen Bereich durch H. J. WOLFF. Denn es gibt keine „abstrakten“ Verstöße gegen rechtliche Grundforderungen, sondern nur konkrete, da Abstraktion bloß im Bereich des Denkens und der Begriffsbildung möglich ist. Und was WOLFF meint, ist offenbar auch nicht Abstraktion, sondern eine Anordnung für viele Fälle im Unterschied zur Individualverfügung.

Nun wird von WOLFF der hoffnungslose Versuch, den Bereich der Ratio und Empirie nicht zu überschreiten – was doch die Rechts-

---

[29]) a.a.O. S. 262.

idee ihrem Wesen nach gerade fordert [30]) – zuletzt, wenn auch unbewußt, aufgegeben. Denn indem WOLFF zwischen „absoluter" und „relativer Rechtswidrigkeit" unterscheidet [31]), *bewertet* er das jeweilige Geschehen, wobei er absolute Verstöße mit Nichtigkeit des Staatsaktes, nur relative mit dessen Anfechtbarkeit verbindet.

Es mag dabei dahingestellt bleiben, ob die Begriffe absolut und relativ im juristischen Bereich einen Sinn ergeben, der ihre Anwendung rechtfertigen könnte, es sei denn, daß man etwa die *Rechtsidee* für *absolut* verpflichtend ansehen wollte, im Verhältnis zu welcher uneingeschränkten Verbindlichkeit dann dem *positiven Recht* eine nur *relative* Geltung zukommen würde. Jedenfalls verwendet sie WOLFF als unbestimmte Rechtsbegriffe, die die Bedeutung eines Fehlers gleichsam unterstreichen oder mildern, ohne daß durch sie sich die Schwere des Verstoßes erkennen ließe. Zwar ist WOLFF seinerseits der Ansicht, daß diese Begriffe wie empirische Fakten gegeben seien, die es ermöglichen, einem Staatsakt anzusehen, ob man ihn zu den Böcken oder zu den Schafen zu zählen hat. In Wahrheit aber hat die Bezeichnung eines Staatsakts als „absolut" oder „relativ" rechtswidrig nicht eine heuretische Bedeutung, sondern höchstens eine klassifikatorische, indem nämlich schwere Fehler als absolute und leichtere als relative bezeichnet werden. Ob aber das eine oder andere begründet ist, kann nicht aus diesen Begriffen entnommen werden, sondern nur aus der Schwere und Bedeutung eines Verstoßes, gesehen unter dem Gesichtspunkt von Norm und Rechtsidee. Und so stellt denn auch das OVG Münster in seinem Bescheid vom 9. III. 1956 [31a]) unter Berufung auf den Verfasser fest, daß der Begriff der „absoluten Unzuständigkeit" "zu seiner Auflösung eine Beziehung auf Werte und Zwecke fordert".

Es widerspricht endlich WOLFFS Versuch, sich nur im Bereich von Ratio und Empirie zu bewegen, seinen eigenen grundlegenden Ausführungen. Denn in dem Abschnitt: „Rechtmäßigkeit der Verwal-

---

[30]) E. v. HIPPEL, Zur Ontologie des Rechts in „Mechanisches und moralisches Rechtsdenken", 1959, S. 210 ff.

[31]) H. J. WOLFF, a.a.O. S. 257 ff.

[31a]) Bd. II, 1958, S. 5 ff. Es heißt hier (S. 5): „Die Beantwortung der Frage, ob im Einzelfall „absolute" oder „relative" Unzuständigkeit vorliegt, hängt von der Kategorie ab, der der jeweils in Frage stehende Verwaltungsakt zugeordnet wird. Die Formel von der „absoluten Unzuständigkeit" verschiebt also nur das Problem und ist an sich inhaltslos".

tung" behandelt WOLFF „das öffentliche Interesse" und unterscheidet hier zwischen bloß „subjektiven, faktischen Interessen" und „objektiven, wahren Interessen", deren Werthöhe vom subjektiven Interesse unabhängig sei. Auch stellt WOLFF fest, daß bei Leugnung eines „objektiven" Maßstabes man weder „wahre Interessen von Subjekten" aufzufinden vermöge, noch einen „objektiven Wert" ermitteln könne, ohne welche doch eine „Rechtsordnung nicht möglich wäre" [32]). So soll „menschliches Verhalten" bei einer Auswahl und Bevorzugung sich nach dem „objektiven Wert" der Interessen richten, nicht aber nach ihrer „subjektiven Stärke" [33]). Und WOLFF kommt zu dem Ergebnis:

„*Wahre* öffentliche Gemeininteressen sind die irrtumsfrei erkannten Interessen der Gemeinschaft. Sie richten sich auf den Bestand einer friedlichen sozialen Ordnung, die Wahrung der Würde und Ehrung des Menschen, die Möglichkeit von Besitz, Eigentum und Rechtsverkehr, die Möglichkeit und Förderung von Bildung und Kultur, kurz die Schaffung oder Bewahrung eines den jeweiligen Verhältnissen entsprechenden jeweiligen Rechtszustandes.

Wie wahre Interessen von Einzelmenschen, so können auch wahre Interessen der Gemeinschaft miteinander *kollidieren*. Ein solcher Widerstreit soll dann dem Rechtsprinzip zufolge zum Nachteil der objektiv minderwertigen Interessen entschieden werden (s. bayVfGH: VwRspr. 7,288 f.). Der Inbegriff der danach vorzugswürdigen Gemeininteressen ist das *Gemeinwohl* . . ."

„Insgesamt bilden die wahren öffentlichen Gemeininteressen inhaltlich einen vielschichtigen Komplex mit verschiedenen, z. T. polaren Tendenzen und sich teilweise überschneidenden Wertreihen. Welche dann jeweils im konkreten Falle als die minderwertigen zurückzutreten haben, läßt sich nicht abstrakt für beliebige Fälle und Situationen eindeutig bestimmen, zumal dabei auch zukünftige Entwicklungen abzuschätzen sind . . . Auch läßt sich ein Gemeininteresse oft auf verschiedene Weise gleich gut verwirklichen. Die Existenz einer Autorität, die verbindliche Entscheidungen trifft, ist daher selbst ein Erfordernis des wahren Gemeininteresses" [34]).

---

[32]) a.a.O. § 29, S. 119 ff.

[33]) a.a.O. S. 120.

[34]) a.a.O. S. 122. Besser würde WOLFF von „minderwertigeren" statt von „minderwertigen" Interessen sprechen.

Nun folgt aus den von WOLFF hier dargelegten Grundlagen sachlogisch die Notwendigkeit eines teleologischen Verfahrens bei der Behandlung des fehlerhaften Staatsakts. Und wenn dies WOLFF entgeht, so offenbar darum, weil er das doch im Bereich der *praktischen* Vernunft liegende Problem alsbald in den Bereich der *theoretischen* verschiebt. Denn nichts anderes besagt WOLFFS Ansicht, daß die „wahren Gemeininteressen" die „irrtumsfrei erkannten" seien, wo es sich doch um Werte und Bewertung und nicht um rationale Erkenntnis handelt. Dazu enthält das illusionistische Postulat der „Irrtumsfreiheit", die es im menschlichen Bereich nicht gibt, im Keim die Vorstellung des mathematisch-logischen Beweisverfahrens und der Begriffsjurisprudenz. Doch ist nach seinen ursprünglichen Ausgangspunkten die Hoffnung vielleicht nicht unbegründet, daß WOLFF aus dem Irrgarten bloßer Empirie wie der subjektiven Ratio, in den er entgegen seiner Grundintention geriet, durch den Ariadnefaden der Rechtsidee vielleicht doch noch den Ausgang finden möge.

XII. Zur Erläuterung des teleologischen Verfahrens

1. Das Prinzip der konkreten Entscheidung

Es wurde im Verlaufe dieser Arbeit das teleologische Verfahren so eingehend und an Hand so vieler Beispiele dargestellt, daß kaum ein Anlaß vorliegt, dies noch weiter auszuführen. Auch zeigen gerade die eben bekämpften Ansichten, Fehler wiederholend, die Verfasser bereits am Beispiel anderer Autoren hinlänglich klargestellt zu haben meinte, daß ohne die Bereitschaft oder auch Fähigkeit, zu hören und anzunehmen, selbst die umfänglichsten Darlegungen ergebnislos bleiben. Dagegen erscheint es wohl sinnvoll, jenen Satz noch näher zu erläutern, in dem W. JELLINEK den „Kern der Ansichten des Verfassers" sah: „Es ist offenbar ein sittliches Postulat, als richtig nur diejenige Lösung anzuerkennen, welche sich als höchstwertigste darstellt, d. h. als geeignetes Mittel zur Erreichung des höchsten Zweckes, den ein konkreter Normenkomplex überhaupt zuläßt" [1]). Haben sich doch gerade gegen ihn aus dem Streben nach größerer Allgemeinheit der wissenschaftlichen Aussage Einwendungen erhoben. So sieht etwa

[1]) S. S. 65 dieser Arbeit.

Ernst Forsthoff, der das teleologische Verfahren an sich voll anerkennt, hier einen Verzicht „auf den kategorialen Apparat", der „zur Lösung des Problems des fehlerhaften Staatsakts entstanden" sei, und ein Verharren „in der Kasuistik der Einzelfälle" [2]). Und seinerseits hält Wolff der Rechtsprechung vor, „meist kasuistisch und recht uneinheitlich" [3]) zu sein.

Nun ist dieser Hinweis von Forsthoff insofern durchaus zutreffend, als wirklich der Verfasser auf die *konkrete* Entscheidung abstellt. Auch kann er sich hierbei auf H. J. Wolff berufen, wenn dieser feststellt, daß „die sich teilweise überschneidenden Wertreihen" nicht erlauben, „abstrakt für beliebige Fälle und Situationen eindeutig" zu bestimmen, welche „jeweils im konkreten Falle als die minderwertigen zurückzutreten haben", zumal ja auch „zukünftige Entwicklungen abzuschätzen sind" [4]).

Es geht also nicht an, gleichsam am Fließband einer professoralen Gedankenfabrik Fertigteile herstellen zu wollen, deren sich dann die Praxis im jeweiligen Bedarfsfall nur zu bedienen braucht. Und es kann insofern auf das verwiesen werden, was zum Postulat der Eindeutigkeit wie zum Streben nach dem Schema hier bereits ausgeführt wurde [5]). Es kommt hinzu, daß in einer freiheitlichen Ordnung auch die Zukunft als eine konkret-individuelle und damit menschliche anzustreben ist, was grundsätzlich auch für die jeweilige Lösung von Bedeutung ist, und es unterscheidet sich gerade dadurch eine freiheitliche Ordnung vom Massenstaat des Materialismus, der seinerseits die Schablone anstrebt.

Andererseits aber bleibt die von Forsthoff aufgeworfene Frage sinnvoll, da auch für die konkrete Entscheidung als eine juristische allgemeine Gesichtspunkte gelten und aufweisbar sind. Auf diese soll daher im folgenden eingegangen werden.

2. Das Postulat der begründeten Lösung

Es wurde bisher klargestellt, daß die Wirklichkeit des fehlerhaften Staatsakts nicht als abstraktes Phänomen, sondern als ein *bestimmtes*

---

[2]) Ernst Fortshoff, Lehrbuch des Verwaltungsrechts I, 7. Aufl. 1958, S. 204.

[3]) H. J. Wolff a.a.O. S. 258.

[4]) a.a.O. S. 122.

[5]) Siehe S. 154 ff.

Ereignis im menschlichen Zusammenleben entsprechend eine *konkrete* Entscheidung verlangt, d. h. eine solche, die dieser Wirklichkeit genügt. Darüber hinaus aber fordert die Rechtsidee, daß die zu treffende Lösung eine *begründete* und also nicht eine nur willkürliche sei. Und so verstehen sich auch jene Versuche, eine solche Lösung generalisierend durch Rückgriff auf einen „kategorialen Apparat", um mit FORSTHOFF zu sprechen, zu gewinnen, womit nach Ansicht der betreffenden Autoren zugleich Subjektivität verhindert und dem Ideal der Gleichmäßigkeit und Rechtssicherheit gedient werden soll.

Nun ergab sich jedoch im Laufe dieser Arbeit, daß die gebrauchten Verfahren durch eine unbewußte Gleichsetzung von Rechtsgesetz und Naturgesetz die Rechtsidee verloren und damit aus der Rechtssphäre geradezu herausführten. Andererseits zeigte sich jedoch auch echtes, obwohl fehlgehendes Bemühen, im Streben nach Allgemeinheit der Erkenntnis wie nach dem Gewinnen von Maßstäben, die den jeweiligen Fall und also die Wirklichkeit des Problems unter Gesichtspunkte bringen, die an sich, d. h. sowohl für wirkliche wie auch für mögliche Fälle gelten. Auch erscheint erst so das wissenschaftliche Interesse an dem *Problem* des fehlerhaften Staatsakts, ganz abgesehen von dessen jeweiliger praktischer Lösung, als befriedigt.

Nun bedeuten aber eine solche Haltung und ein solches Verfahren, ihrer wahren Intention und ihrem möglichen Sinn nach, nichts anderes als den Versuch, *naturrechtliche Prinzipien* zu gewinnen, die zur Entscheidung konkreter Fälle der Möglichkeit nach sich vom Boden der Rechtsauslegung her sachgefordert ergeben. Damit aber kann das, was unter dem Gesichtspunkt der verwendeten Methode sich als fehlgehend erwies, doch als Anzeichen einer an sich begründeten, ja notwendigen Bemühung gelten. Und so zeigte sich am Problem des fehlerhaften Staatsakts ein Doppeltes: nämlich zunächst die Unmöglichkeit, ohne allgemeine Prinzipien und damit ohne Naturrecht im Bereich des positiven Rechts auszukommen. Und des weiteren die ungenügende Inhaltlichkeit dessen, was als Surrogat des wahren Naturrechts der Rechtspositivismus hier zu bieten hat, nämlich abstrakt-subjektive Schemata, in denen die rationale oder begriffliche Seite des Positivismus (Begriffsjurisprudenz) fortlebt, wie andererseits das naturalistische Suchen nach Fakten, aus denen Rechtswirkungen kausal und zwingend und also nach Art von Naturgesetzen hervorgehen sollen.

Nun liegt jedoch das Rechtsproblem als solches, wie bereits festgestellt wurde, weder im Denkprozeß einer leeren Logistik noch in der Wirklichkeit äußerer Fakten, sondern in dem Bereich des *Rechts*, d. h. der Rechtsidee und der Gerechtigkeit als den normativen Voraussetzungen oder Postulaten für juristische Lösungen überhaupt. Damit aber können auch die Kriterien oder Prinzipien der Entscheidung weder in abstrakter Rationalität noch in der Ebene bloßer Fakten gefunden werden. Es gilt vielmehr, den Blick zu erheben zu einer Sphäre, die als eine solche rechtlicher Sinnhaftigkeit bezeichnet werden könnte. Dies besagt aber der Sache nach nichts anderes, als daß von dem vermeinten und irrigen Naturrecht des Positivismus, das sich, von seinen Vertretern als solches nur selten erkannt, hinter rechtsfernen Generalisierungen verbirgt, zum *wahren Naturrecht* fortgeschritten werden muß. Finden sich doch hier auch die Prinzipien, die das positive Recht als Recht konstitutieren, die ihm Sinn und Würde geben, es auf das Gute beziehen, und die es zugleich abgrenzen gegenüber Unrecht, Willkür, Lüge und bloßer Gewalt.

3. Qualitäten des Rechtlichen

Es können für das Problem des fehlerhaften Staatsaktes Lösungen nicht aus einem „kategorialen Apparat" gewonnen werden, wie FORSTHOFF meint [6]), ein Begriff, durch den zuletzt nur die rationale Seite des Denkprozesses wie das Mechanische (Apparat) eines abstrakten Verfahrens ausgesagt wird. So wird kein „kategorialer Apparat" jemals ausmachen können, ob Sokrates mit *Recht* den Befehl der dreißig Tyrannen nicht befolgte, den Leon von Salamis zur Hinrichtung herüberzuholen und also Menschenraub zu begehen. Sokrates tat dies vielmehr mit Grund, weil, um mit ERNST VON LASSAULX zu sprechen, der Befehl „schändlich und ungerecht" war [7]). Denn begründete Lösungen können sich nur aus dem Wesen des Rechts selber und also aus seiner ontologischen Sphäre ergeben.

Nun hat jedoch die Herrschaft des Positivismus das Bemühen um wahres Rechtsverständnis, zum mindesten im staatlichen Bereich, fast zum Erliegen gebracht. So gibt es in Deutschland, einst dem Land

---

6) FORSTHOFF a.a.O.

7) E. v. LASSAULX: Des Sokrates Leben, Lehre und Tod. 1848 (S. 35 d. Neudrucks v. 1958).

der Dichter und Denker, heute keinen einzigen Lehrstuhl für Staatsphilosophie, Rechtsphilosophie, Naturrecht oder Grundfragen des Rechts, womit jede Bemühung nach dieser Richtung amtlich als unnötige gekennzeichnet wird und praktisch dem Zufall etwaiger Neigungen überlassen bleibt. Damit aber wird es notwendig, wenn auch in äußerster Vereinfachung und Gedrängtheit, auf jene Qualitäten des Rechtlichen wenigstens hinzuweisen, an denen zuletzt auch die Lösung vom Problem des fehlerhaften Staatsaktes hängt.

a) Das Gute

Wird der Begriff des Rechts wahrheitsgemäß und nicht lügenhaft gebraucht, wie dies der Sowjetstaat heute tut, so wird damit zugleich seine Qualität notwendig dem *Guten* verbunden. Dieses Gute als Ausgang, Ideal, Substanz, Ziel und Geltungsgrund jeder moralischen Ordnung kann in philosophischer Wendung als das Urgute, in theologischer als das Göttliche bezeichnet werden. Ihm kommt damit als Ideal auch des Rechts unmittelbare, normative Bedeutung zu, da nur die Verbindung mit dem Guten, die Bezogenheit auf dieses einer Ordnung die Qualität der *Rechts*ordnung verleihen kann. Dies aber hat für die Lehre vom fehlerhaften Staatsakt unmittelbare und rechtlich entscheidende Bedeutung, muß doch so zwischen Rechts- und Unrechtsordnung, zwischen bloßer Gewalttat und Willkürhandlung wie zwischen erlaubter Maßnahme auch juristisch unterschieden werden. Die positivistische Jurisprudenz hat durch ihren Ausgang von moralisch leerer Staatsgewalt und deren In-Kraft-Stehen zum allgemeinen Unglück übersehen, daß sie so auch dem *Bösen* die Qualität rechtlicher Verbindlichkeit zuerkannte. Demgegenüber kann hier, in Übereinstimmung weitgehend mit der deutschen Rechtsprechung der Nachkriegszeit [8]), festgestellt werden, daß jede Ordnung fehlerhaft ist, die nicht das Gute sondern das Böse anstrebt. Und Entsprechendes gilt von Einzelmaßnahmen solcher Art.

Im übrigen aber verleiht das Gute nicht nur einer Ordnung die Qualität des Rechts, denn die Gesetze des Bösen sind für den Menschen unverbindlich, wenn auch vielleicht zwingend, sondern es bedeutet zugleich den letzten Bezugspunkt jeder Auslegung, die als eine begründete anerkannt werden kann. Dies aber heißt für die Lehre vom fehlerhaften Staatsakt, daß nicht nach abstrakten Schemata

---

[8]) S. die S. 153, Anm. 2 genannten Schriften.

und also *mechanisch,* sondern nur *moralisch,* d. h. im Hinblick auf das Gute die jeweilige Lösung zu suchen und zu treffen ist. Entsprechend aber muß sich auch die *Begründung* im Bereich moralischer Vernunft und Einsichtigkeit bewegen, weshalb der Hinweis auf rechtsferne Schablonen nicht als Ersatz für die jeweils zu gebende und zu findende Begründung angesehen werden kann. Entsteht doch andernfalls eine Art positivistischer Geheimjurisprudenz, die ihre wirklichen Intentionen hinter der Undurchsichtigkeit von Argumenten verbirgt, deren Logik bedenklich an die jenes Angetrunkenen erinnert, der in der Straßenbahn auf eine Streichholzschachtel sah, feststellte: heute ist Donnerstag, und schloß: also muß ich hier aussteigen.

b) Die Ideen oder Grundwerte

Findet das Recht und findet damit auch dessen Auslegung im Guten der Welt seinen letzten Ausgang und Bezug, so besondert sich andererseits dessen geistiges Licht, so wie im Sinnenbereich sich das Sonnenlicht in verschiedene Farben bricht. Als solche Teilaspekte des Guten lassen sich die *Ideen* bezeichnen, von denen hier auf eine Anzahl hingewiesen werden soll, die moralische und damit zugleich normative Bedeutung besitzen. Wie aber die normative Bedeutung in gewisser Hinsicht nur der Ausdruck für maßgebliche Wertigkeit ist, dürfen die Ideen insofern auch als *Grundwerte* bezeichnet werden. Zugleich wird durch diese Kennzeichnung ausgesagt, daß Werte, die eine Grundbedeutung haben und damit für das menschliche Leben als solches verpflichtend sind, offenbar auch im Bereich der Gemeinschaft und des Staates nicht außer acht gelassen werden dürfen, weshalb Verstöße gegen sie Staatsakte zu fehlerhaften machen.

Von diesen Ideen oder Grundwerten besitzt nun im juristischen Bereich die *Rechtsidee* oder *Gerechtigkeit* offenbar eine besondere Bedeutung. Ja, selbst der Positivismus konnte nicht umhin, entgegen seinem voluntaristischen Ausgang, der im Staatswillen, aber nicht in der Gerechtigkeit den Ursprung des Rechts sah [9]), diese wenigstens als Begriff und Wort festzuhalten. Auch wurden Verstöße gegen sie in

---

[9]) Entsprechend heißt es bei R. v. JHERING in „Der Zweck im Recht": „Der Maßstab des Rechts" sei nicht „der absolute der Wahrheit . . ., sondern der relative des Zwecks", und „Recht" sei „nicht die Negation des Unrechts, sondern das Kind der Gewalt". Siehe dazu näher den Abschnitt über Jhering bei E. v. HIPPEL: Geschichte der Staatsphilosophie. II, 2. Aufl. 1958, S. 278 ff.

Randgebieten wie etwa dem Steuerrecht im Hinblick auf ungleiche Besteuerung oder dergleichen für unzulässig erklärt. Immerhin aber bezeugt es, wie wenig der Positivismus der Gerechtigkeit zu bedürfen schien, daß er die Rechtsidee durch das Prinzip bloßer Legalität ersetzte. Auch verdient es Beachtung, daß weder im Sachverzeichnis des zweibändigen Handbuchs des Staatsrechts [10]) noch in dem Index des großen Kommentars zur Weimarer Verfassung von GERHARD ANSCHÜTZ [11]) das Wort Gerechtigkeit sich auch nur erwähnt findet, obwohl beide Werke unmittelbar vor dem Ausbruch des Dritten Reichs abgeschlossen wurden.

Demgegenüber ist festzustellen, daß offenbare und grobe Ungerechtigkeit staatliches Verhalten einschließlich der Gesetzgebung zum mindesten fehlerhaft macht, wobei die Rechtsfolge, die von Beschwerde und Anfechtung bis zum Widerstandsrecht reichen kann, ohne Bezug auf ein konkretes Rechtsmittelsystem und die hier gegebenen Möglichkeiten sich nicht im Vorhinein begründet aussagen läßt. Im übrigen wird heute die Idee des Rechts durch das Bonner Grundgesetz ausdrücklich anerkannt, was zwar für ihre Geltung an sich nur deklaratorische Bedeutung hat, andererseits aber auch im Bereich bloßer Legalität verbietet, sie zu vernachlässigen.

Nun spielt jedoch – was von Juristen meist übersehen wird – nicht nur die Idee der Gerechtigkeit für das öffentliche Wesen eine Rolle. Denn eine Rechtsgemeinschaft soll das Gute an sich anstreben und also seine *Fülle*, die durch die Gesamtheit der Ideen Ausdruck findet. Daher ist es nicht nur möglich, sondern auch vielfach praktisch geworden, daß staatliches Verhalten durch den Verstoß gegen den *Wahrheitswert* fehlerhaft wird. Wie aber die Ideen an sich verpflichten, ist auch der Staat an sie gebunden und hat so keine Befugnis, den Wahrheitswert willentlich zu verletzen. Damit aber erweisen sich alle jene Praktiken als rechtlich unzulässig, die auf die Bildung einer amtlichen Wahrheit im Gegensatz zur wahren Wahrheit hinauslaufen, wie dies im Dritten Reich, im Sowjetstaat oder in der Sowjetzone gang und gäbe war oder noch ist. Entsprechend sind auch staatliche Maßnahmen als fehlerhafte und grundsätzlich unverbindliche zu betrach-

---

[10]) Handbuch des deutschen Staatsrechts, hrsg. v. Gerhard Anschütz u. Richard Thoma, Bd. I, 1930, Bd. II, 1932.

[11]) GERHARD ANSCHÜTZ, Die Verfassung des Deutschen Reichs, 14. Aufl. 1933.

ten, die auf die Verbreitung von Lügen und auf den Zwang zum Glauben an sie hinauslaufen. Bedarf doch der Mensch der Wahrheit zu seiner rechten Entwicklung, und er darf so nicht gehindert werden, sich nach ihr zu bilden.

Aber auch dort, wo die Wahrheit als Grundwert an sich nicht verleugnet wird, kann es sehr wohl möglich sein, daß Behörden im Einzelfall gegen sie verstoßen. Dies hat zwar nach positivistischer Ansicht wenig auf sich, muß aber für eine moralische Rechtsauslegung als unzulässig gelten [12]). Wo daher etwa eine Behörde zu Auskünften verpflichtet ist, wird jedenfalls die bewußte Lüge in wesentlichen Punkten, d. h. in solchen, die für das anschließende Verhalten des Unterrichteten Bedeutung haben, den Staatsakt zu einem fehlerhaften machen.

Als fehlerhaft sind weiter Staatsakte zu betrachten, die das *Heilige* verletzen und also gegen jene Sphäre verstoßen, der juristisch die lex divina entspricht. So sind etwa Gebote unverbindlich, deren Befolgung auf die Besudelung von Kultstätten, auf das Zerstören von Kirchen und Synagogen oder auf die Mißhandlung von Gottesdienern hinauslaufen würde, wobei die Unverbindlichkeit des Gebotenen im Rechtssinne nicht durch die Möglichkeit, es etwa zwangsweise durchzusetzen, aufgehoben wird. Denn die Rechtsidee kann auch den Geboten „souveräner Macht" die Qualität der Rechtmäßigkeit vorenthalten.

Doch auch der ästhetische Grundwert oder das *Schöne* kann staatliche Maßnahmen, die es grob verkennen, zu fehlerhaften und unverbindlichen machen. So waren die Gebote des Dritten Reichs, Bilder und Plastiken von anerkanntem Kulturrang zu vernichten, rechtlich unverbindlich, wenn auch vielleicht ihre Befolgung im Einzelfalle unvermeidbar war. Denn wenn auch der Kunstwert eines Gegenstandes in bestimmten Grenzen und in einzelnen Fällen mit Grund angezweifelt werden kann, so bleibt es darum doch rechtswidrig, wenn barbarische Instinkte Halbgebildeter sich die Entscheidung und die Macht über einen Bereich anmaßen, der ihrem Wesen unzugänglich ist. Und Entsprechendes gilt hinsichtlich des Verbots und der Beschlagnahme

[12]) Fritz v. Hippel, Wahrheitspflicht und Aufklärungspflicht der Parteien im Zivilprozeß, 1939; H. Dresbach, Die Wahrheitspflicht im Verwaltungsrecht, 1958.

von Schriften, die nicht an sich wertlos sind, sondern die nur unter dem Aspekt egoistischer und dunkler Triebe lichtlosen Hirnen mißfallen.

c) Die Rechtsprinzipien

Die gebrachten Beispiele dürften genügen, um erkennbar zu machen, welche Bedeutung dem Ideenbereich für das Recht an sich und insbesondere auch im Hinblick auf den fehlerhaften Staatsakt zukommt. Zugleich liegen hier die „Inhaltlichkeiten", an die WOLFF gedacht haben mag, wenn er von „absoluten Inhaltsfehlern" sprach, die „den Verwaltungsakt rechtlich unter allen Umständen unmöglich machen" [13]).

Nun gibt es aber nicht nur Ideen, sondern auch *Prinzipien,* welche mehr oder weniger als Folgerungen aus diesen angesehen werden können, die die moralische Vernunft zieht. Und insofern und insoweit diese Folgerungen offenbar rechtliche Evidenz besitzen, macht ein Verstoß gegen sie den Staatsakt fehlerhaft.

So ist es offenbar ungerecht, wenn Gleiches ungleich behandelt wird, ein Prinzip, das auf dem Bereich des Steuerrechts, der Straffestsetzung wie überhaupt dem staatlicher Verbote oder Gebote eine Rolle spielt. Dabei ist das Prinzip als solches unanfechtbar, wenn auch gegebenenfalls sich fragen mag, ob wirklich Gleichheit der Lagen unter dem rechtlich entscheidenden Gesichtspunkt jeweils besteht.

Und ebenso ist es unzulässig, Ungleiches gleich zu behandeln, ein Prinzip, gegen das gerade in der Gegenwart unter dem Einfluß eines bloß quantitativ-mechanischen Denkens besonders häufig verstoßen wird.

Es widerspricht weiter dem Prinzip, daß niemand Partei und Richter zugleich sein darf, wenn Personen oder Stellen, die egoistische Interessen in einer Sache haben oder auch nur haben könnten, maßgeblich und zuletzt in dieser entscheiden.

Es widerspricht schließlich dem Postulat der geeigneten Person, wenn Staatsstellen, von denen für das Leben wichtige Entscheidungen ausgehen, mit unfähigen oder unwürdigen Leuten besetzt werden, obwohl fähige und würdige zur Verfügung stehen. So verweisen auch

---

[13]) H. J. WOLFF a.a.O. S. 262.

die Rechtsprinzipien auf Inhaltlichkeiten, deren Vernachlässigung dem Gemeinwohl zuwiderläuft, in dessen Dienst in einer Rechtsgemeinschaft die staatlichen Organe stehen [14]).

d) Die personalen Werte und die autonomen Bereiche

Fand in den vorstehenden Fällen die Fehlerhaftigkeit staatlicher Akte ihren Rechtsgrund darin, daß gegen Postulate verstoßen wurde, die für den Menschen als solchen verbindlich sind, oder die sich aus seiner vernünftig-moralischen Beziehung zum Seinsgrund ergeben, so können andererseits staatliche Maßnahmen auch dadurch rechtswidrig und fehlerhaft werden, weil sie den Menschen als Person an sich oder in dem Recht, sich als solche zu gestalten, kränken.

Der hauptsächlichste Fall ist hier die Verletzung des Menschen in seiner Würde, die das Grundgesetz heute so nachdrücklich anerkennt. Doch würde diese Verpflichtung auch an sich gelten. Beruht doch die Würde des Menschen zuletzt darauf, daß er ein Abbild und Gleichnis Gottes ist, das als solches zu achten und anzuerkennen damit zur überpositiven Rechtspflicht auch der Staatsordnung wird [15]). Entsprechend sind Maßnahmen unzulässig, die diese Würde antasten, was etwa im Westen durch die unbegründete Eintragung einer Person in eine Verbrecherkartei geschehen kann. Auch ist zu beachten, daß die Personwürde an sich gilt und also nicht erst vom Staat verliehen wird. Die gegenteilige Ansicht des Positivismus, derzufolge erst der Staat einem Verhalten die Qualitäten Recht und Unrecht verleiht oder einer Person die Würde des Subjekts, folgt aus seiner Blindheit gegenüber dem Ideenbereich und macht den Staat zum Gott des Menschen [16]). Entsprechend verletzt etwa die Ordnung des Sowjetstaates oder der

---

[14]) Vgl. auch E. v. Hippel, Ungeschriebenes Verfassungsrecht in: „Veröffentlichungen der Vereinigung der deutschen Staatsrechtlehrer“, 1952, S. 1 ff. Auch in „Mechanisches und moralisches Rechtsdenken“, S. 380 ff.

[15]) S. zu diesem Gegenstand W. Wertenbruch, Grundgesetz und Menschenwürde, 1958; E. v. Hippel, Naturrecht und Menschenwürde im Bonner Grundgesetz in „Die Kirche in der Welt“, 1952, S. 185 ff. und in „Mechanisches und moralisches Rechtsdenken“, 1959, S. 368 ff.

[16]) Dem entspricht es, wenn Kelsen versichert: „Die Zurechnung eines Unrechts zum Staate, den ich als Personifikation der Rechtsordnung erkannte, wäre die gleiche logische Antinomie, die in der Vorstellung einer Sünde Gottes gelegen wäre“. Der soziologische und der juristische Staatsbegriff, 1922, S. 233.

Sowjetzone bereits als solche die Menschenwürde, weil sie den Menschen als Person verleugnet und ihn zum unpersönlichen Glied eines Kollektivs zu machen sucht.

Es verstößt weiter gegen die Menschenwürde die Unterbringung von Menschen in Konzentrationslagern, von allem anderen hier abgesehen. Auch wird die Menschenwürde verletzt, wo etwa koloniale Mächte Eingeborene als bloße Objekte merkantiler Interessen behandeln und betrachten. Damit aber sind solche Ordnungen wie die ihnen entsprechenden Verhaltensweisen staatlicher Organe insoweit fehlerhaft und rechtswidrig, mag immer die Möglichkeit bestehen, demgemäß zu handeln.

Es sind weiter unzulässig Maßnahmen, die es dem Menschen unmöglich machen, sich als Person frei zu gestalten, da auf der Freiheit das Wesen des Menschen entscheidend beruht. Auch wird die Freiheit im Grundgesetz als Recht der Person ausdrücklich anerkannt, zugleich aber in der Auslegung durch materialistische Vorstellungen vielfach in Richtung bloß physischer Bewegungsmöglichkeit mißverstanden [17]). Doch ist eine Einengung der Freiheit auch in Maßnahmen zu sehen, die etwa Menschen nötigen, Schulen zu besuchen oder zu beschicken, in denen das menschenfeindliche Weltbild einer bloß mechanischen Gesetzmäßigkeit eingetrichtert wird bei gleichzeitiger Verhinderung des Blicks auf die moralischen Weltprinzipien.

Im übrigen ist die Freiheit nicht nur mit der Person verbunden, sondern sie kommt als Autonomie oder Recht der Selbstgestaltung auch Gemeinschaften wie etwa den Gemeinden, den Kirchen oder den Universitäten zu. Damit aber werden auch Maßnahmen fehlerhaft, die dies Grundrecht der Selbstgestaltung beeinträchtigen, in dem auch die Freiheit der Person als eine gemeinsam geübte Ausdruck findet. Dabei widerstrebt dieser Freiheit gerade die positivistische Jurisprudenz, für die alle Befugnis ursprünglich beim Staate liegt, deren sich dieser nur ungern und gnadenweise entäußert. So aber sind auch Verwaltungsmaßnahmen häufig, welche diese Autonomie beeinträchtigen oder sie, wie etwa in der Ostzone, nach Möglichkeit überhaupt beseitigen. Es zeigt sich hier die Frucht der positivistischen Staatslehre, für welche etwa die Universitäten aus Einrichtungen kultureller Autonomie, und als solche dem Ideenbereich verpflichtet, zu Staats-

---

[17]) E. v. Hippel, Die Freiheit der Person als rechtliches Grundproblem in: „Mechanisches und moralisches Rechtsdenken", 1959, S. 437 ff.

anstalten wurden, die ihre Ausrichtung nun am politischen Sektor und dessen jeweiligen Interessen finden. Diese Grundkonzeption aber ist als solche rechtswidrig, weil sie in ihrem materialistischen Ansatz die Geltung des Wahrheitswertes leugnet. Auch ergeben sich aus ihr heute in der Sowjetzone zahlreiche Maßnahmen, die als rechtswidrig und fehlerhaft bezeichnet werden müssen, und die zum begründeten Widerstand der Betroffenen, sei es auch nur im Wege der Flucht und Auswanderung, vielfach führen.

e) Die positiven Sinnsetzungen und Zwecke

Verbindliche Zielsetzungen, gegen welche staatliches Verhalten wohl verstoßen kann, aber nicht darf, ergeben sich auch aus dem Bereich menschlich-moralischer Freiheit. Diese Freiheit findet ihren Ausdruck im positiven Recht, dessen Wesen nicht, wie der Positivismus meint, durch eine Art naturgesetzlichen Zwang gekennzeichnet wird, sondern durch die Befugnis wie Aufgabe des Menschen, innerhalb der an sich geltenden Ordnungsprinzipien des Guten sein Leben selber zu gestalten. Entsprechend kommt auch den erlaubten Zielsetzungen der positiven Satzung rechtliche Verbindlichkeit zu, was staatliches Verhalten, das ihm zuwiderläuft, insoweit fehlerhaft macht.

Dabei zeigt das positive Recht in sich einen hierarchischen Aufbau und damit teleologische Bezüge, insofern nämlich die Grundziele und Grundbekenntnisse einer Gemeinschaft – wie etwa die Idee demokratischer Gestaltung – sich in der Verfassung finden, um sich von hier aus durch Gesetze, Verordnungen, Verfügungen usw. zu konkretisieren und zu besondern. Allerdings pflegt der Positivismus die wesentlichere Freiheit des Bürgers, sein Leben nach diesen Zielsetzungen zu gestalten – und also seine Autonomie – über der Betrachtung der Behörden- und Anordnungsseite zu vergessen. Dies geschieht insbesondere durch die rechtswidrige Konstruktion der Autorität als Macht und Zwang, derzufolge sich nun der Bürger juristisch in den verschiedensten „Gewaltverhältnissen“ befindet wie eine Maus in der Falle. In Wahrheit aber gründet Autorität juristisch nicht in Zwang und Übermacht, sondern in der Pflicht der Behörden, für jene Ideale, Ideen und Sinngehalte einzustehen, auf denen menschliche Gemeinschaft als Zustand der Ordnung an sich wie als konkrete Ordnung hier und dort beruht.

Im übrigen regelt das positive Recht nicht nur *Sinn*bezüge, die auf den moralischen Bereich verweisen, der etwa durch das Strafrecht oder die Aufgabe der Polizei vor groben Verstößen geschützt wird, sondern auch konkrete *Zweck*setzungen, die – wenigstens innerhalb des Ermessensbereichs, den das Rechtliche stets nur gibt – verschieden geregelt werden können. Es kann entsprechend staatliches Verhalten auch gegen diese Zwecke verstoßen, die zwar im höheren Sinne einer moralischen Ordnung nicht notwendig sind, dies aber aus praktischen Erfordernissen bestimmter Lagen sehr wohl sein können. Daraus aber folgt auch, daß ohne Bezug auf eine positive Ordnung die etwaige Fehlerhaftigkeit staatlichen Verhaltens nur insoweit, als gegen höhere Rechtsstufen verstoßen wird, sich feststellen läßt. Eine abstrakte Möglichkeit, dies für den Bereich menschlicher Satzung gleichsam a priori zu tun, etwa im Wege bloßer Begriffsbestimmungen, gibt es also nicht. Auch würde andernfalls ja das positive Recht aus den Angeln gehoben werden können, das seinerseits als ein konkretes, geltendes und verpflichtendes doch anzuerkennen ist.

f) Die Rechtsqualität der Tatbestände

Die Fehlerhaftigkeit amtlicher Maßnahmen kann ferner darauf beruhen, daß etwa eine Stelle ein polizeiwidriges Verhalten dort annimmt, wo ein solches an sich nicht besteht. Diese Irrtumsmöglichkeit ist vom Boden des Positivismus aus nahezu unverständlich, da seinem naturalistischen Denken die Rechtsbegriffe wie Planquadrate erscheinen, die auf Tatbestände nur zu projizieren sind. Und so ist es kaum begreiflich, daß Menschen von auch nur mittlerer Intelligenz nicht in der Lage sein sollten, das angenommene Deckungsverhältnis von Begriff und Tatbestand im Wege einfacher Feststellung seines Bestehens oder Nichtbestehens zur fehlerfreien Aussage zu bringen.

In Wahrheit liegt es jedoch so, daß alle Rechtsbegriffe, und zwar selbst solche, die aus dem Bereich der äußeren Natur entnommen wurden, einen teleologischen Charakter haben, da ihr Verständnis nur durch den Sinnzusammenhang, zu dem sie gehören, wie durch den Bezug des Systems als Rechtssystem auf das Gute und Gerechte an sich ermöglicht wird. Damit werden zwar Begriffe, die auf die Außenwelt verweisen, indem ihre Norm etwa den Schutz der Vogelwelt bezweckt, zunächst aus der Ornithologie zu verstehen sein, wenn etwa bestimmte Vogelarten ausdrücklich genannt werden. Dennoch aber erhebt sich grundsätzlich auch hier die Frage, ob nicht Vögel, die nach herrschender Ansicht der Zoologie zu den genannten Arten nicht gehören, trotzdem nach dem Sinn des Gesetzes als geschützt anzusehen sind, da auch sie offenbar unter dessen Schutzintention fallen, für welche die gattungsmäßige Ordnung der Zoologie juristisch nur einen Anhalt bedeutet.

Nun gilt das eben Gesagte aber in noch weit höherem Grade dort, wo ein Tatbestand im Verhältnis zu etwas zu beurteilen ist, indem etwa die Frage nach dem Vorliegen ruhestörenden Lärms sich erhebt. Zugleich wird hier vollends deutlich, daß es rechtliche Tatbestände als solche in der Außenwelt nicht gibt, wie dies der Positivismus meint, sondern nur in bezug zu einer Norm und damit zu dem in dieser sich aussprechenden Sinngehalt, der entsprechend durch falsche Bewertung verfehlt werden kann. Und so ist etwa für die unteren Organe, die einfache Tatbestände des äußeren Seins aufzunehmen meist sehr wohl in der Lage sind, die Bewertung dieser Tatbestände unter dem Rechtsgesichtspunkt oft schwierig, da sie das Maß ihrer Gesamtübersicht und ihr kulturelles Niveau übersteigt. Daraus aber ergeben sich dann Fehler, die ihren Ursprung nicht in unzutreffender Wiedergabe äußerer Ereignisse haben – die als solche natürlich auch möglich bleibt –, sondern in einem Mißkennen ihrer rechtlichen *Bedeutung*, welche sich nur teleologisch, d. h. durch Bezug des Ereignisses auf die Wertungsebene der jeweiligen Rechtsnorm ergibt.

g) Die unbestimmten Rechtsbegriffe

In diesem Zusammenhang seien auch die unbestimmten Rechtsbegriffe genannt, die dem Positivismus ein besonderes Ärgernis bedeuten, da sie seiner Vorstellung von mathematischer Exaktheit wie von logischer oder empirischer Beweisbarkeit als Ideal der Jurisprudenz schnurstracks zuwiderlaufen. Und so sieht man ihn emsig am Werke, das, was dem Wertbereich angehört, der Logik oder Empirie zu verbinden. Nun wird aber so verkannt, daß nur in *bezug auf etwas* ein Fehler als schwer oder leicht erscheint, was wiederum eine sinnvolle Bewertung im Hinblick auf Tatbestand und Norm wie auf den Ideenbereich erfordert.

Darüber hinaus aber wird auch das Wesen der Rechtsordnung verkannt, indem diese im Sinne mechanischer Abläufe und rationaler Denknotwendigkeiten aufgefaßt wird. Dies bedeutet aber im Endergebnis den Versuch, an Stelle sinnvoll geübter Freiheit die Wiederkehr des Gleichen und damit an Stelle der Gerechtigkeit und Verwirklichung des Guten als sogenannte Rechtssicherheit quantitative Unterschiedslosigkeit heraufzuführen. Zugleich werden so der Auslegende wie der Richter, ja zuletzt auch der Bürger determiniert, d. h. sie werden zu Sklaven des als Idol angeblicher Rechtssicherheit postulierten Denk- und Staatsmechanismus – des Leviathans.

Nun soll aber der Mensch im Recht nicht ein mechanisches Gesetz und durch dies die *Vergangenheit* wiederholen, sondern sich im Hinblick auf die *Zukunft* frei und sinnvoll gestalten, indem er vom Guten zum Besseren fortschreitet. Eben die Möglichkeit hierzu aber gewähren im Bereich der Rechtsauslegung die unbestimmten Rechtsbegriffe, da sie als solche offen sind für die moralische Zukunft. Denn stets müssen auch Entscheidungen getroffen werden, die bisher noch niemals gewagt wurden, und eben in dieser Möglichkeit höherwertiger Gestaltung des Lebens, nicht aber im mechanisch wiederholten Einerlei liegen Wert und Aufgabe des Rechts. Damit aber erlauben es gerade die unbestimmten Rechtsbegriffe, auch eine positive Ordnung so zu handhaben, wie dies der jeweils bestehenden oder erreichbaren Stufe sinnvoller Gemeinschaftsgestaltung auch im Hinblick auf das Problem des fehlerhaften Staatsakts entspricht.

h) Die Sinnbezogenheit der Rechtsfolgen

Die Frage nach den Rechtsfolgen fehlerhafter Staatsakte wird durch die Gegenstellung Nichtigkeit–Anfechtbarkeit oft unzulässig vereinfacht. Es geschieht dies meist aus materialistischen Überlegungen heraus, die den fehlerhaften Staatsakt als die Ursache möglicher Rechtswirkungen ansehen, die bei Nichtigkeit überhaupt fehlen sollen, bei Anfechtbarkeit dagegen durch Gegenwirkung vernichtet werden können.

Da über diese Dinge bereits hinlänglich gehandelt wurde, sei hier nur nochmals in Kürze festgestellt: Die anzunehmenden Rechtsfolgen fehlerhafter Staatsakte entstehen nicht wie von selbst aus dem Naturbereich, sondern sie sind festzusetzen aus der Rechtssphäre heraus. Dieser aber entspricht ein sinnvoller Bezug von Fehler und Folge, durch die dem, was als ein Unzulässiges geschah, Rechnung getragen wird durch Vorenthalten der Rechtsverbindlichkeit überhaupt, durch deren Aberkennung oder auch in anderer Weise. Dabei sind die Rechtsfolgen fehlerhaften Verhaltens zunächst dem Gesetz zu entnehmen, das nicht durch kausale Notwendigkeit seinerseits zu bestimmten Antworten genötigt ist, vielmehr nur verpflichtet durch Erwägungen der Vernunft, der Moralität und des Rechts. In wie unterschiedlicher Weise dies geschehen kann, sei noch an einigen Beispielen dargelegt:

Nach § 12 des Landesbeamtengesetzes für Nordrhein-Westfalen vom 15. 6. 1954 ist „eine Ernennung nichtig, wenn sie von einer sachlich unzuständigen Behörde ausgesprochen wurde. Die Ernennung kann jedoch von der sachlich zuständigen Behörde mit rückwirkender Kraft vorgenommen werden".

Trotzdem bleibt der so nichtig Ernannte befugt, die Dienstgeschäfte weiterzuführen, was ihm nach § 14 der Dienstvorgesetzte erst dann zu verbieten hat, wenn die sachlich zuständige Behörde es ablehnte, die Ernennung mit rückwirkender Kraft vorzunehmen.

Auch bei Nichtigkeit der Ernennung sind nach § 15 die bis zum Verbot der weiteren Führung der Dienstgeschäfte vorgenommenen Amtshandlungen des „Ernannten in gleicher Weise gültig, wie wenn sie ein Beamter ausgeführt hätte. Die gezahlten Dienst- und Versorgungsbezüge können belassen werden". Es zeigt sich hier eine Regelung, die auf vernünftigen Erwägungen beruht, denen im einzelnen hier nicht nachgegangen werden kann, und jedenfalls ganz und gar nicht auf vorgeblicher Denknotwendigkeit oder Kausalität.

Des weiteren ist nach § 12 des Landesjagdgesetzes für Nordrhein-Westfalen vom 31. 3. 1953 ein Jagdpachtvertrag, der gegen die Bestimmungen über die Anzahl von Jagdpächtern verstößt, nichtig, soweit es sich nicht um die Vergebung von Einzelabschlüssen handelt.

Endlich heißt es in § 47 des nordrhein-westfälischen Gesetzes über das Verfassungsgericht vom 4. 3. 1952: „Kommt der Verfassungsgerichtshof zu der Überzeugung, daß die beanstandete Rechtsnorm mit der Verfassung unvereinbar ist, so stellt er in seiner Entscheidung deren Nichtigkeit fest. Er kann die Entscheidung auf das Gesetz ausdehnen, in dem die nichtige Rechtsnorm enthalten ist, wenn es aus denselben Gründen nichtig ist."

Hier besteht also „Nichtigkeit" nicht an sich, sondern nur dann, wenn sie in einem bestimmten Verfahren festgestellt wurde. Ein Widerstandsrecht oder die Befugnis zur Gehorsamsverweigerung wegen angeblicher Nichtigkeit der beanstandeten Norm an sich ist also – jedenfalls vom Boden der Legalität aus – nicht gegeben.

i) Moralische Vernunft als Organ der Rechtserkenntnis

Es zeigte sich, daß die Lösung des Problems vom fehlerhaften Staatsakt an sich, d. h. der Art nach, wie im besonderen, d. h. in jedem einzelnen Fall, nur von der *Norm* her juristisch begründet erfolgen kann. Denn weder im Bereich noetischer Überlegungen, zu denen insbesondere KANTS Kritik der reinen Vernunft oft Juristen treibt, die eine philosophische Grundlage suchen, noch im Bereich der äußeren Natur, auf welchen der Positivismus sich verlor, können rechtliche Lösungen gefunden werden. Denn Recht kann immer nur aus Recht erfließen.

Es steht somit fest, daß sich als Maßstab und Bezugspunkt für die Bestimmung der Rechtsfolgen fehlerhafter Staatsakte nur die *Norm* bietet, will man nicht in das Außerrechtliche geraten. Andererseits ergab sich auch, daß zwischen Norm und Tatbestand von seiten des auslegenden oder maßgeblich entscheidenden und richtenden Subjekts eine Beziehung hergestellt werden muß, die das Problem des fehlerhaften Staatsakts jeweils sinnvoll löst. Diese Beziehung mag sich in vielen Fällen unschwer aus dem Hinsehen auf das Geschehene in seinem Verhältnis zu dem nach der Norm Gesollten ergeben, noch wo Spezialgesetze die Folgen von Verstößen amtlicher Stellen bis in die Einzelheiten regeln. Aber auch dann bleibt die Beziehung eine Sinnbeziehung, die nur im Hinblick auf konkrete Anordnungen, Zwecke, Werte und Ideale sich herstellen läßt, nicht aber ist sie als eine kausale oder an sich logische vorhanden.

Damit aber ergibt sich zugleich, daß offenbar auch das Organ der Rechtserkenntnis weder in den Sinnen noch in einer leeren und gleichsam technischen Ratio gesehen werden kann. Und so erhebt sich die Frage: wo findet sich das Organ der Rechtserkenntnis?

Die Antwort hierauf muß offenbar der Natur der Sache entnommen werden und also der Natur des Rechts. Hier aber gilt, daß Recht zwar auf die Außenwelt angewendet wird, aber nicht aus ihr stammt. Denn das Recht gründet im moralischen Bereich, wogegen egoistische Gewalt, die den Namen des Rechts nur usurpiert, an der Verbindlichkeit des moralischen Bereichs und seinem Sollenscharakter keinen Anteil hat, sondern nur zwingt.

Ist aber das Recht seinem Wesen nach verbunden mit Ideen und insbesondere mit Wahrheit und Gerechtigkeit, und findet es seinen Urgrund im Guten der Welt, so kann es auch nur durch ein Organ erkannt werden, das dieser objektiven Seite entspricht. Muß doch die Methode ihrem Gegenstand adäquat sein, ein Grundsatz, gegen den das Verfahren des Positivismus so schwer verstößt. Nun entspricht aber die bloße Ratio, das leere Verstandeswesen, einem Recht, das als sinnentleerter Apparat vorgestellt wird, wie es denn nach der reinen Rechtslehre nur auf die Form, nicht aber auf den Inhalt ankommen soll. Und seinerseits vermag der empirische Positivismus in der Außenwelt nur Zwang und positive Macht, nicht aber Recht zu finden. Gehört aber das Recht seinem Wesen nach zum moralischen Bereich, von dem es der Kantianismus durch seine Lehre von der Legalität trennte, so kommt als Organ der eigentlichen Rechtserkenntnis offenbar nur die *moralische Vernunft* in Frage. Denn Vernunft überhöht den Verstand durch ihre Beziehung auf die Idee der Wahrheit, nicht auf bloß gewillkürte Zwecke, und sie enthält so in sich auch einen Abglanz des Lichtes der Weisheit, das von der Idee ausgeht, wogegen bloße Technik dem Dunkel verhaftet bleibt. Dazu entspricht der Vernunft als einer moralischen ihre Bezogenheit auf das Gute der Welt, womit zu dem Licht Herzenswärme tritt, während das positivistische Machtrecht der Kälte des Stofflichen verbunden ist.

Damit aber besagt das teleologische Verfahren, das hier für die Behandlung des fehlerhaften Staatsakts sich als sachgefordert ergab, zuletzt nichts anderes, als daß nur durch moralische Vernunft im Hinblick auf die wahren Rechtsnormen sich das Problem des fehlerhaften Staatsakts begründet jeweils lösen läßt.

4. Das Prinzip der konkreten Entscheidung und die Allgemeinheit der Normen und Grundsätze

Es kann nunmehr eine Frage wiederum aufgenommen werden, die sich im Hinblick auf das hier vertretene Prinzip der konkreten Entscheidung erhob, die Frage nämlich nach dem Bestehen allgemeiner Grundsätze und ihr Verhältnis zum jeweiligen Einzelfall.

Es ergab sich hier zunächst, daß sich aus einem „kategorialen Apparat" begründete Lösungen nicht finden lassen, daß es jedoch andererseits gerade Inhaltlichkeiten gibt, wie etwa die der Grundwerte, die für die einzelne Entscheidung Ziel, Maßstab und Ermessensgrenze bedeuten. Und insoweit lassen sich allerdings allgemeine Gesichtspunkte von normativer Bedeutung finden.

Andererseits wird jedoch hierdurch das Prinzip der konkreten Entscheidung so wenig aufgehoben, wie etwa das Vorhandensein moralischer Grundsätze im Leben die Notwendigkeit aufhebt, sich jeder neuen Lage als einer besonderen zu stellen. Denn menschliches Verhalten als ein sittliches kann nicht aus allgemeinen Grundsätzen errechnet werden, wie dies der Positivismus anstrebt, sondern es bleibt ein *freies* im Hinblick auf mögliche Wertverwirklichung. Gleiches aber gilt auch dort, wo die Rechtsfolgen fehlerhafter Staatsakte nicht in allen Einzelheiten gesetzlich vorbestimmt sind, sondern wo sie erst aus rechtlicher Vernunft im Hinblick auf verbindliche Inhaltlichkeiten gewonnen werden müssen. Denn trotz der Geltung allgemeiner Prinzipien und dem Vorhandensein verbindlicher Inhaltlichkeiten kann durch das Komplexe einer konkreten Lage sich die Frage erheben, welche Gesichtspunkte für sie als maßgebliche und überwiegende anzusehen sind. Und eben hierauf beruht die Möglichkeit sinnvoller juristischer Auseinandersetzungen, die andernfalls nur Ausdruck denkerischer Unfähigkeit, mangelnder Gesetzes- oder Tatsachenkenntnis oder rechthaberischer Eigenbrödelei sein würden.

Indem jedoch bei der Bestimmung der Rechtsfolgen eines fehlerhaften Staatsakts von einer konkreten Situation ausgegangen werden muß, die als solche nicht immer, auch unter dem Rechtsgesichtspunkt, sich voll übersehen läßt, und indem geordnet werden muß im Hinblick auf eine Zukunft, die noch weniger sich errechnen läßt, kommt so in die Entscheidung oft ein Moment des Fragwürdigen, das die verbindliche Stellungnahme als Wagnis erscheinen läßt. Eben dieses Wagnis aber muß auch der Jurist auf sich nehmen, weil es im menschlichen Leben durch die Freiheit des Menschen mitgesetzt wird. Ja, jeder Versuch, es durch Schablonen aufzuheben, enthält in sich bereits ein unbewußtes Streben nach dem Kollektiv, das den Menschen die Entscheidung abnimmt, indem es Person und Freiheit gleichermaßen vernichtet.

Damit aber muß die Notwendigkeit der konkreten Entscheidung als Ausdruck menschlicher Freiheit gerade im Hinblick auf die Ostzone nochmals betont werden, trotz aller Anerkennung jener höheren juristischen Ebenen, auf die hier hingewiesen wurde. Denn die höheren Rechtsstufen zwingen nicht, noch wollen sie Einerleiheit, wie dies der Positivismus unbewußt anstrebt, sondern sie lassen innerhalb verbindlicher Sinngehalte doch Freiheit, sich in konkreten Lagen konkret zu bestimmen. Eben hierauf aber beruht auch im Rechtsbereich die moralische Zukunft der Menschheit, die andernfalls determiniert wäre durch ein mechanisches Denken, das im Positivismus zuletzt bösen Willen, Zwang und Gewalt und die öde Wiederkehr des Gleichen zu allgemeinen Rechtsprinzipien werden ließ.

In Wahrheit aber beruht die Würde des Menschen als Person und damit auch die des Juristen gerade auf dem, was sich *nicht* generalisieren läßt, sondern worin sich *Freiheit* bewährt im Hinblick auf das Gute und in ihm auf die moralische Zukunft der Welt.